PHEROMO HOLIC

Wataru Nagi

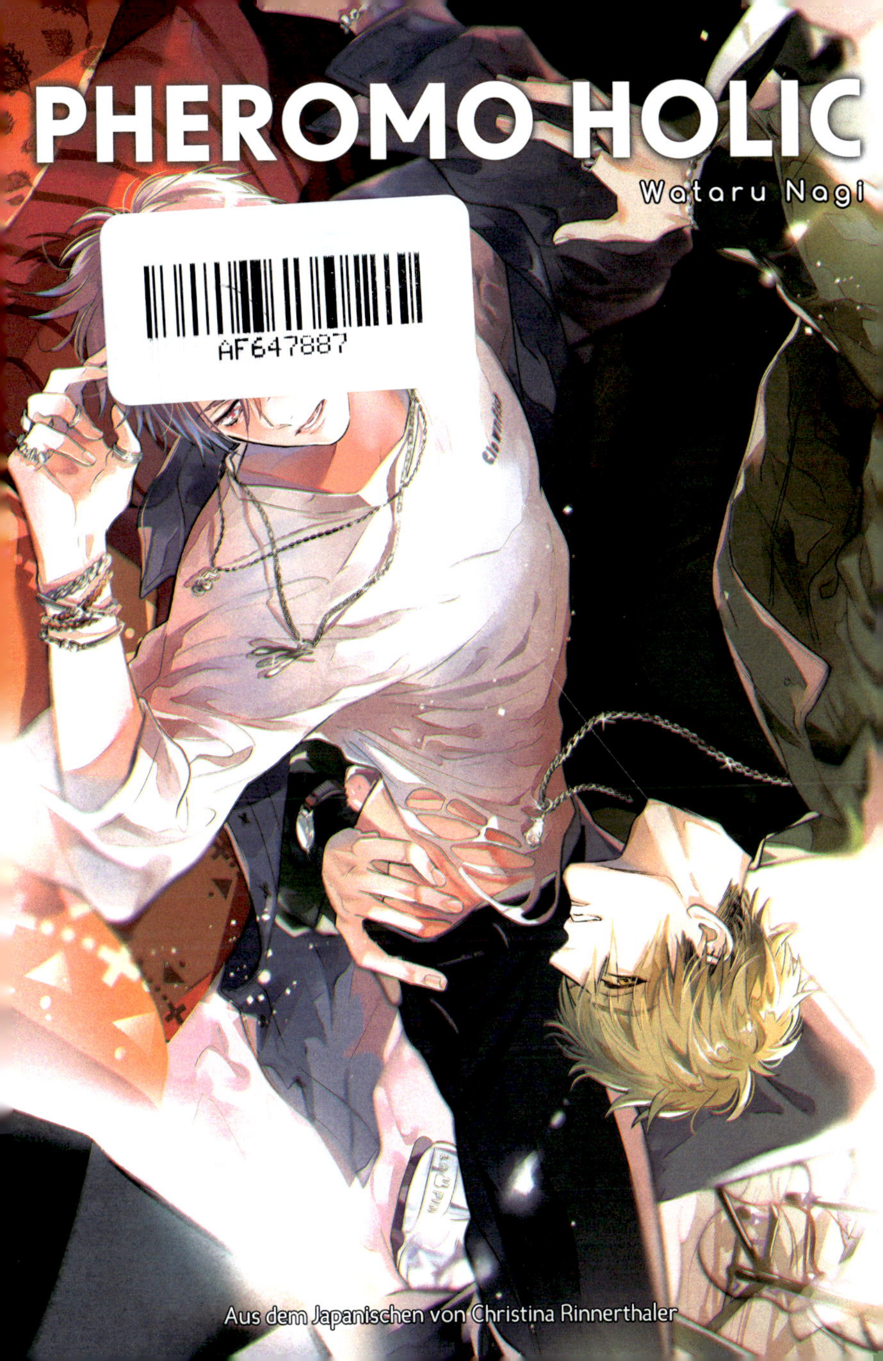

Aus dem Japanischen von Christina Rinnerthaler

INHALT

Die Welt von Pheromo-holic

Die Menschheit

Die Menschheit setzt sich aus »Menschen« und »Chimären« zusammen. Chimären werden wiederum in »Fleischfresser« und »Pflanzenfresser« unterteilt.

Menschen	Chimären	
	Pflanzenfresser	**Fleischfresser**
	Große Arten: Schön und weise	Raubtiere: Schön, stark und charismatisch
	Kleine Arten: Liebenswert und fruchtbar	

Was sind Chimären?

Vor langer Zeit wurde die Menschheit durch die Pest und andere Krankheiten an den Rand des Aussterbens gebracht. Es wurden Gene von Tieren in Menschen eingepflanzt, um die Menschen stärker zu machen und sie eben davor zu bewahren. So entstanden Chimären. Die Menschen-Population hat sich erholt und lebt nun Seite an Seite mit Chimären in einer gleichberechtigten Gesellschaft. Allerdings verfügen Chimären durch ihre Tiercharakteristika gegenüber den Menschen über mehr Schönheit, Wissen und Stärke. Dadurch fällt es ihnen leicht, gesellschaftlich aufzusteigen und mit ihrer Anziehungskraft Leute um sich zu versammeln.

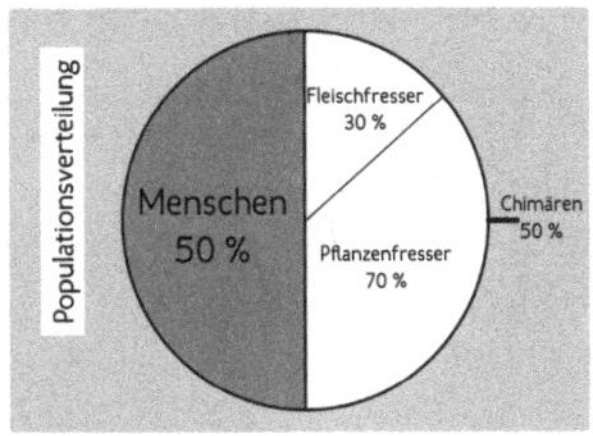

Die Pheromone von Chimären

Aufgrund ihrer Entstehungsgeschichte besitzen Chimären einzigartige Lock-Pheromone, die der Fortpflanzung dienen. Arten, die besonders fruchtbar sind, stoßen stärkere Pheromone aus.

Tiermerkmale kommen am Körper zum Vorschein!

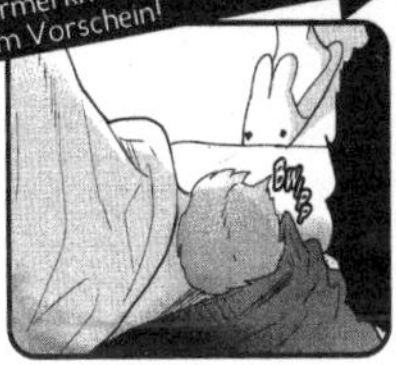

▲ Bei Towa ein Kaninchen-Schwanz

▼ Bei Issei sind es Löwenzähne

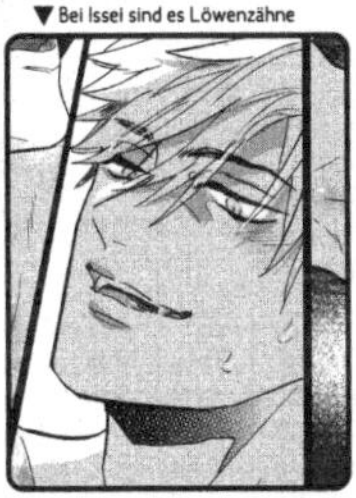

* Welches Merkmal zum Vorschein kommt, ist je nach Person unterschiedlich.

Eine Besonderheit von Chimären

Wenn Chimären erregt oder besonders emotional sind, kommt ein Merkmal* ihrer Tierart zum Vorschein.

Paarung von Chimären

Die Fortpflanzung zwischen Männern und Frauen ist am häufigsten, doch es gibt auch Arten, bei denen es zwischen zwei Männern zu einer Schwangerschaft kommen kann. Zum Beispiel bei den dichogamen Meerninchen.

Hier einige Chimären!

Pflanzenfresser

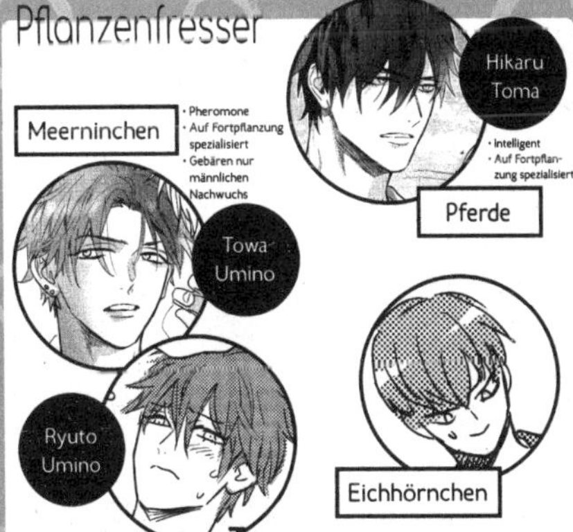

Fleischfresser

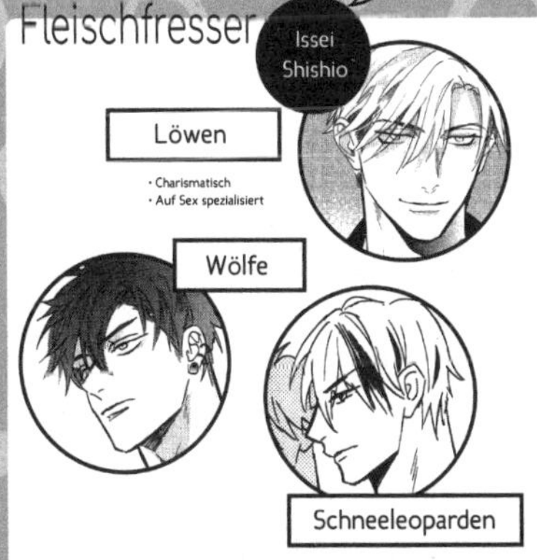

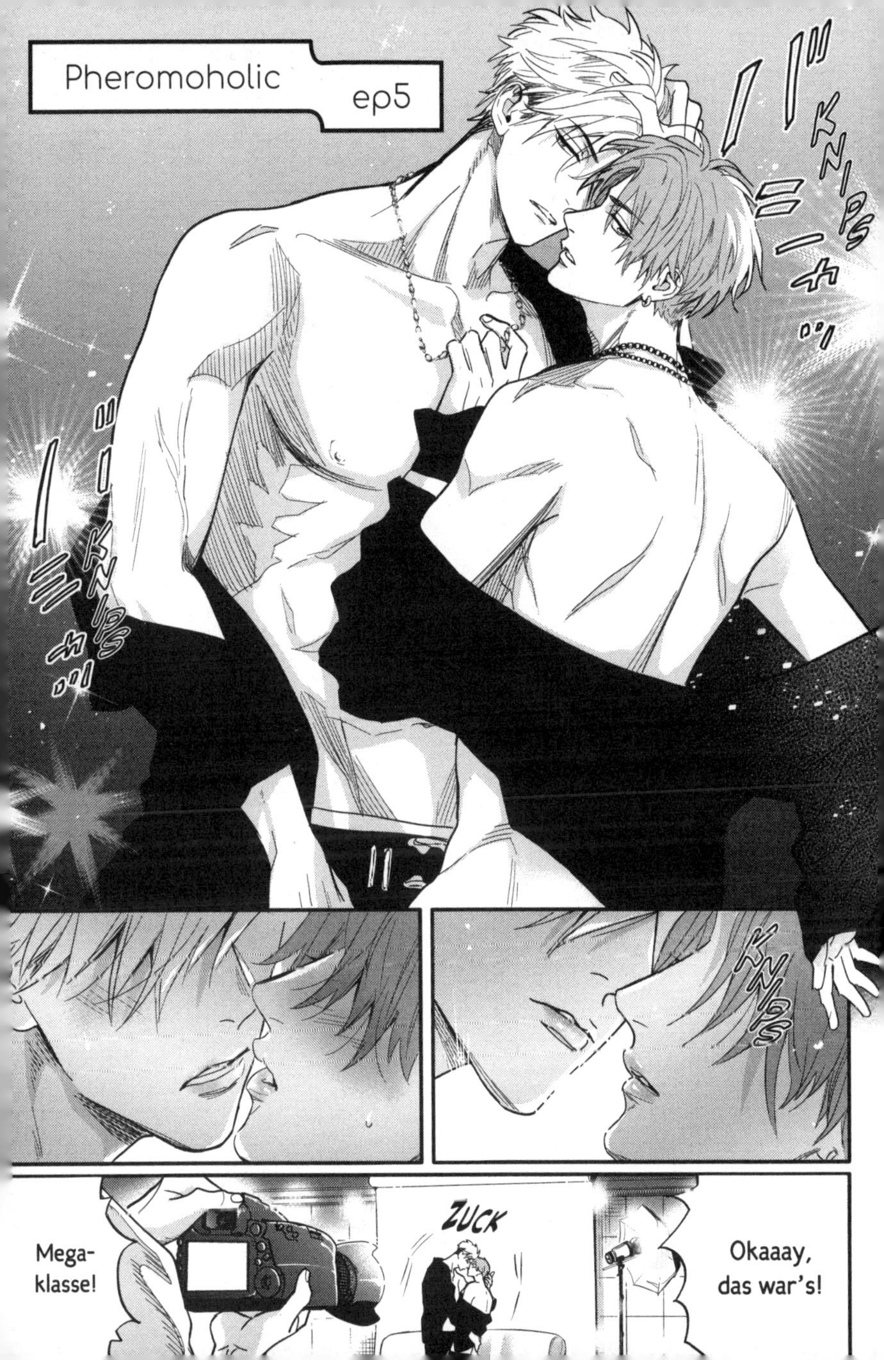
Pheromoholic ep5
KNIPS
KNIPS
KNIPS
Okaaay, das war's!
ZUCK
Mega-klasse!

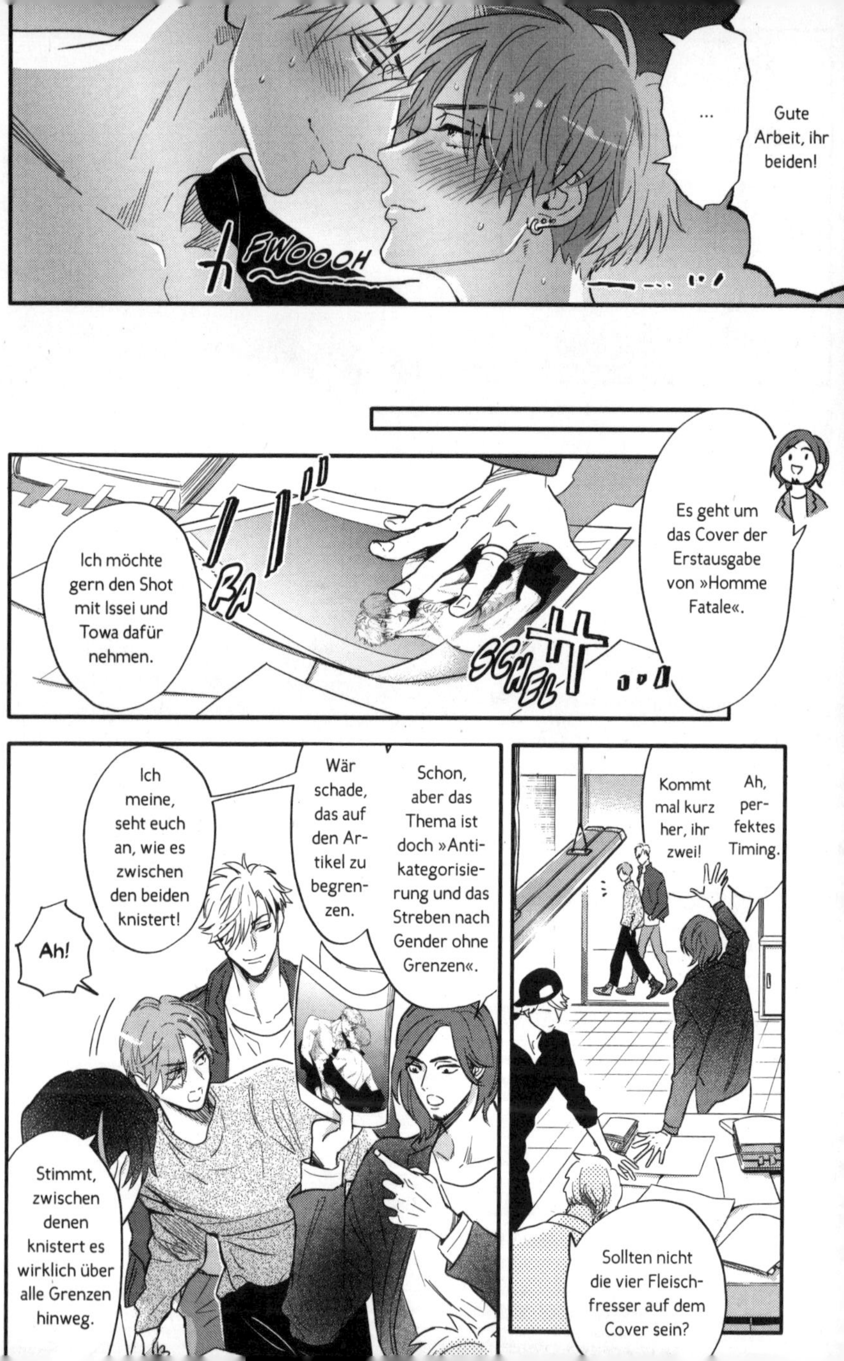
Gute Arbeit, ihr beiden!
…
FWOOOOH
Es geht um das Cover der Erstausgabe von »Homme Fatale«.
Ich möchte gern den Shot mit Issei und Towa dafür nehmen.
BA
SCHEL
Ah, perfektes Timing.
Kommt mal kurz her, ihr zwei!
Sollten nicht die vier Fleischfresser auf dem Cover sein?
Schon, aber das Thema ist doch »Antikategorisierung und das Streben nach Gender ohne Grenzen«.
Wär schade, das auf den Artikel zu begrenzen.
Ich meine, seht euch an, wie es zwischen den beiden knistert!
Ah!
Stimmt, zwischen denen knistert es wirklich über alle Grenzen hinweg.

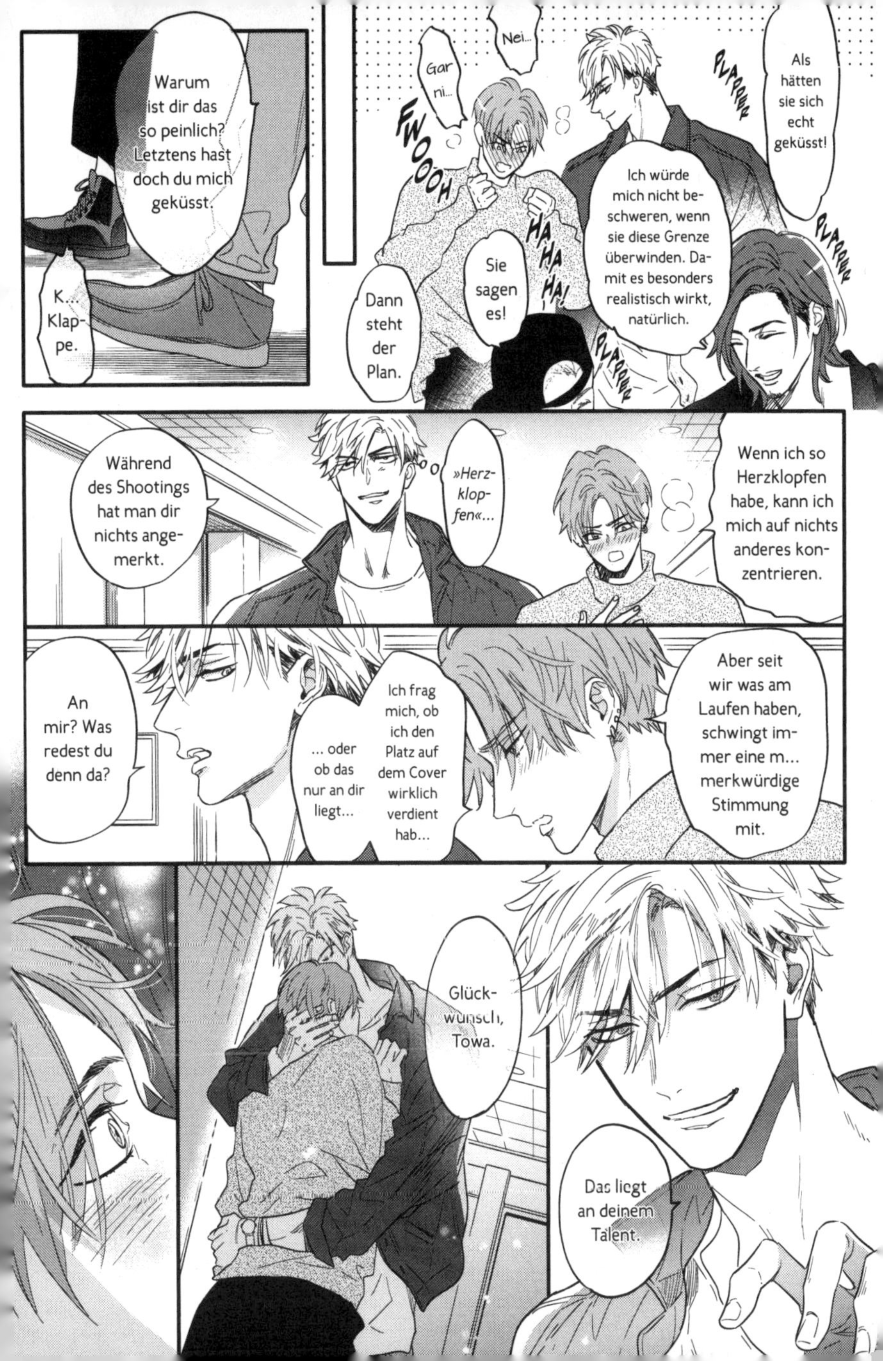
Als hätten sie sich echt geküsst!
PLAPPER
PLAPPER
Ich würde mich nicht beschweren, wenn sie diese Grenze überwinden. Damit es besonders realistisch wirkt, natürlich.
PLAPPER
Nei...
Gar ni...
FWOOOH
HAHAHA!
Sie sagen es!
Dann steht der Plan.
Warum ist dir das so peinlich? Letztens hast doch du mich geküsst.
K... Klappe.
Wenn ich so Herzklopfen habe, kann ich mich auf nichts anderes konzentrieren.
»Herzklopfen«...
Während des Shootings hat man dir nichts angemerkt.
Aber seit wir was am Laufen haben, schwingt immer eine m... merkwürdige Stimmung mit.
Ich frag mich, ob ich den Platz auf dem Cover wirklich verdient hab...
... oder ob das nur an dir liegt...
An mir? Was redest du denn da?
Das liegt an deinem Talent.
Glückwunsch, Towa.

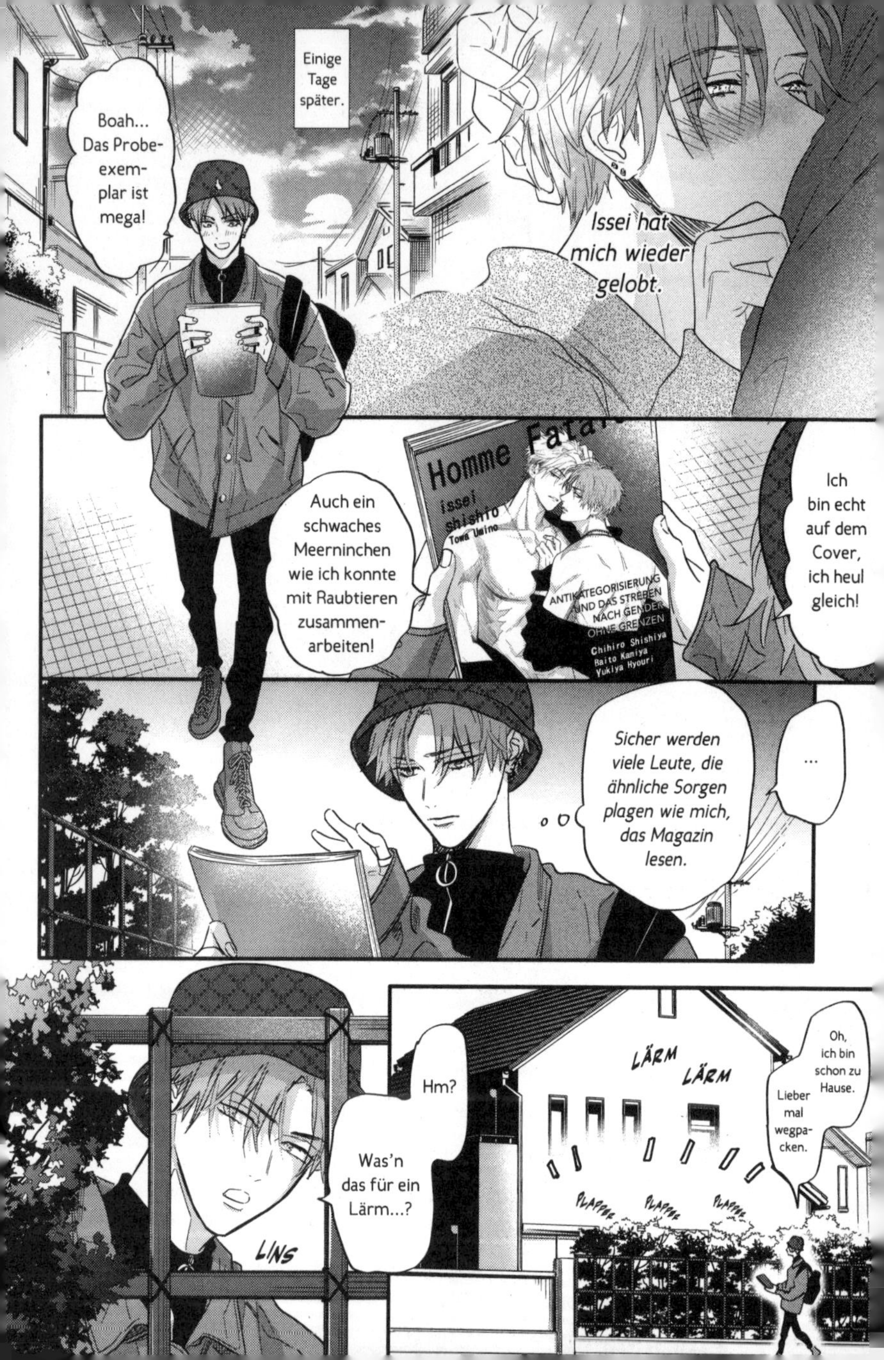
Issei hat mich wieder gelobt.
Einige Tage später.
Boah... Das Probeexemplar ist mega!
Ich bin echt auf dem Cover, ich heul gleich!
Homme Fata
issei shishio
Towa Umino
ANTIKATEGORISIERUNG UND DAS STREBEN NACH GENDER OHNE GRENZEN
Chihiro Shishiya
Raito Kamiya
Yukiya Hyouri
Auch ein schwaches Meerninchen wie ich konnte mit Raubtieren zusammenarbeiten!
...
Sicher werden viele Leute, die ähnliche Sorgen plagen wie mich, das Magazin lesen.
Oh, ich bin schon zu Hause.
Lieber mal wegpacken.
LÄRM
LÄRM
PLAPPER
PLAPPER
PLAPPER
Hm?
Was'n das für ein Lärm...?
LINS

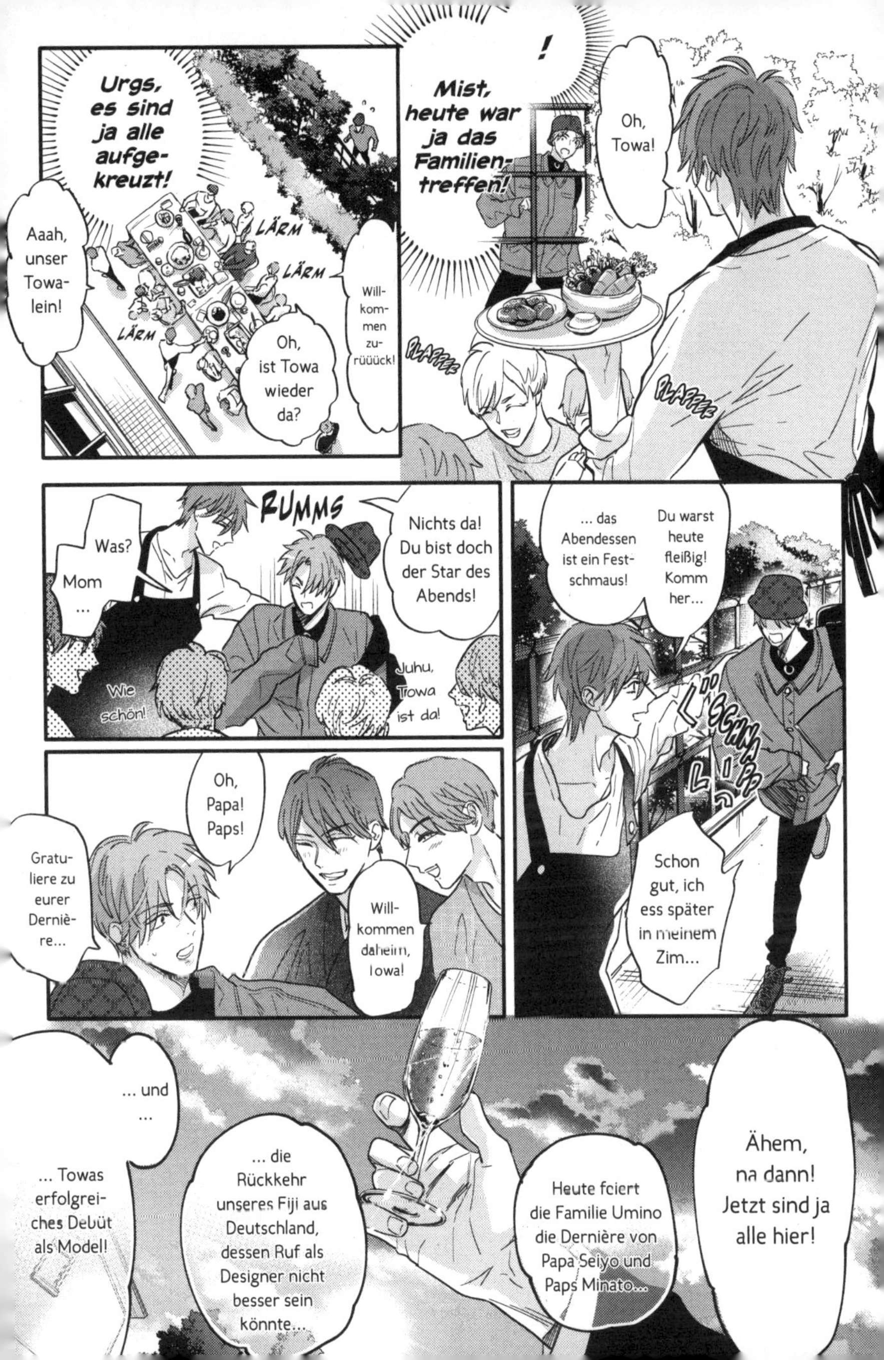
!
Mist, heute war ja das Familien-treffen!
Oh, Towa!
PLAPPER
PLAPPER
Urgs, es sind ja alle aufgekreuzt!
Willkommen zurüüück!
Oh, ist Towa wieder da?
Aaah, unser Towalein!
LÄRM
LÄRM
LÄRM
Du warst heute fleißig! Komm her...
... das Abendessen ist ein Festschmaus!
Schon gut, ich ess später in meinem Zim...
SCHNAPP
Nichts da! Du bist doch der Star des Abends!
RUMMS
Was?
Mom ...
Juhu, Towa ist da!
Wie schön!
Oh, Papa! Paps!
Willkommen daheim, Towa!
Gratuliere zu eurer Dernière...
Ähem, na dann! Jetzt sind ja alle hier!
Heute feiert die Familie Umino die Dernière von Papa Seiyo und Paps Minato...
... die Rückkehr unseres Fiji aus Deutschland, dessen Ruf als Designer nicht besser sein könnte...
... und ...
... Towas erfolgreiches Debüt als Model!

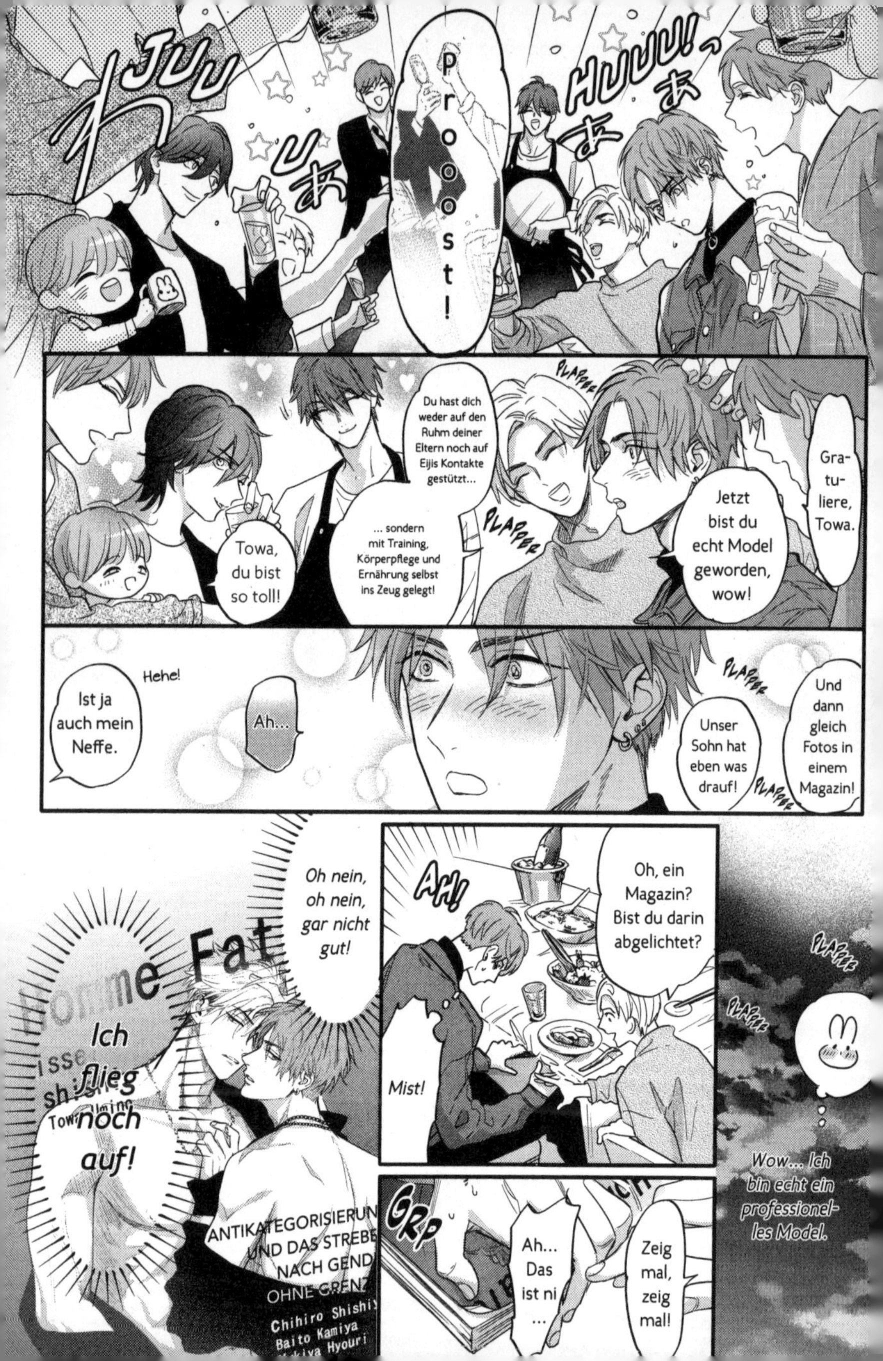
Huuu!
Proooost!
Juuu
Gratuliere, Towa.
Jetzt bist du echt Model geworden, wow!
Plapper
Du hast dich weder auf den Ruhm deiner Eltern noch auf Eijis Kontakte gestützt…
… sondern mit Training, Körperpflege und Ernährung selbst ins Zeug gelegt!
Plapper
Towa, du bist so toll!
Und dann gleich Fotos in einem Magazin!
Plapper
Unser Sohn hat eben was drauf!
Plapper
Ah…
Hehe!
Ist ja auch mein Neffe.
Plapper
Plapper
Wow… Ich bin echt ein professionelles Model.
Oh, ein Magazin? Bist du darin abgelichtet?
Ah!
Mist!
Oh nein, oh nein, gar nicht gut!
Ich flieg noch auf!
Zeig mal, zeig mal!
Ah… Das ist ni …
Grp

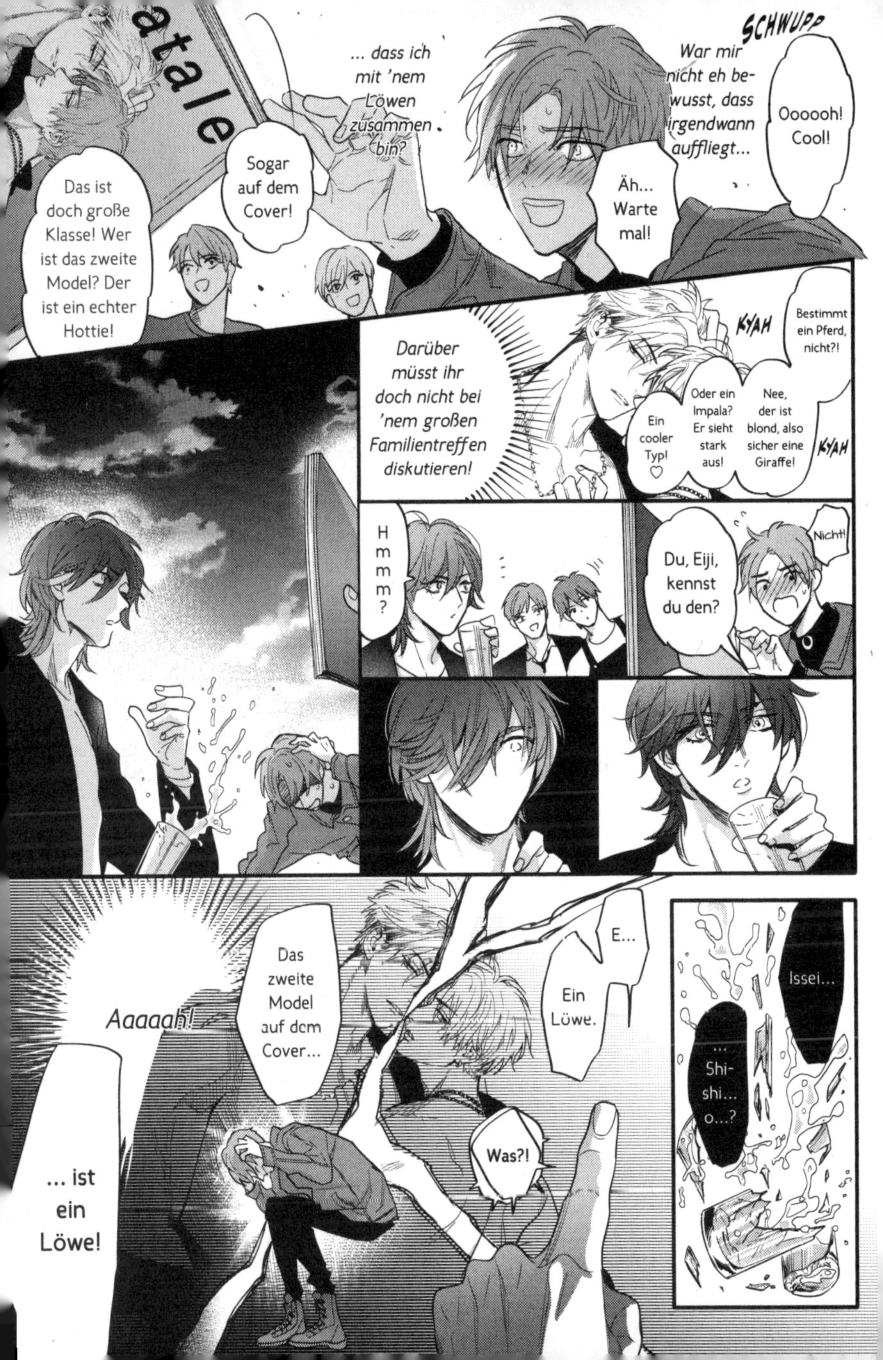
SCHWUPP
Oooooh! Cool!
War mir nicht eh bewusst, dass irgendwann auffliegt...
Äh... Warte mal!
... dass ich mit 'nem Löwen zusammen bin?
Sogar auf dem Cover!
Das ist doch große Klasse! Wer ist das zweite Model? Der ist ein echter Hottie!
Bestimmt ein Pferd, nicht?!
KYAH
Nee, der ist blond, also sicher eine Giraffe!
KYAH
Oder ein Impala? Er sieht stark aus!
Ein cooler Typ! ♡
Darüber müsst ihr doch nicht bei 'nem großen Familientreffen diskutieren!
Nicht!
Du, Eiji, kennst du den?
Hmmm?
Issei...
... Shi-shi... o...?
E...
Ein Löwe.
Was?!
Das zweite Model auf dem Cover...
Aaaaah!
... ist ein Löwe!

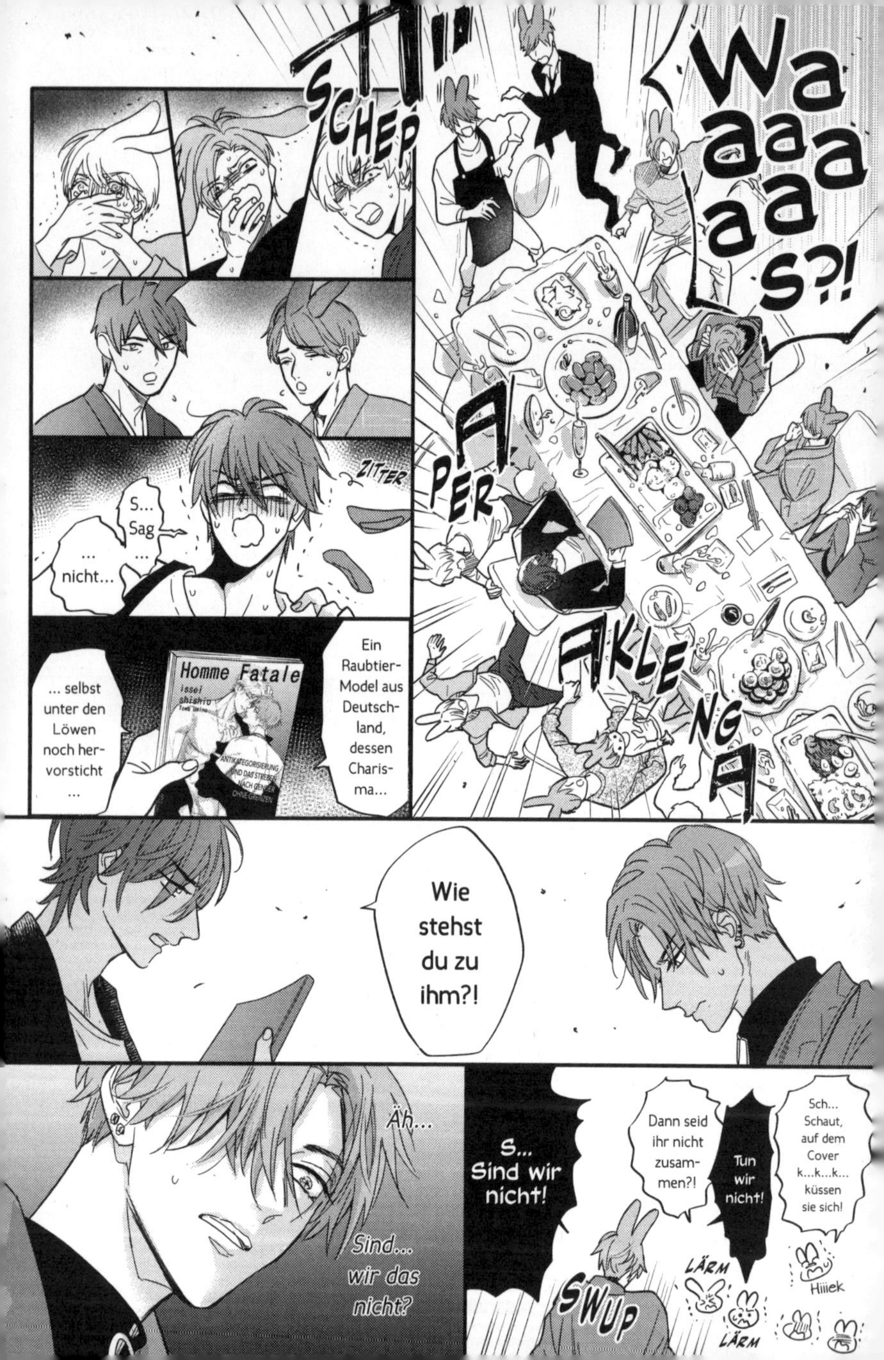
Waaaaaas?!
SCHEP
A
PER
A
KLE
NG
A
ZITTER
S... Sag ... ... nicht...
Ein Raubtier-Model aus Deutschland, dessen Charisma...
Homme Fatale
ANTIKATEGORISIERUNG UND DAS STREBEN NACH GENDER OHNE GRENZEN
... selbst unter den Löwen noch hervorsticht ...
Wie stehst du zu ihm?!
Sch... Schaut, auf dem Cover k...k...k... küssen sie sich!
Tun wir nicht!
Dann seid ihr nicht zusammen?!
S... Sind wir nicht!
LÄRM
Hiiiek
LÄRM
SWUP
Äh...
Sind... wir das nicht?

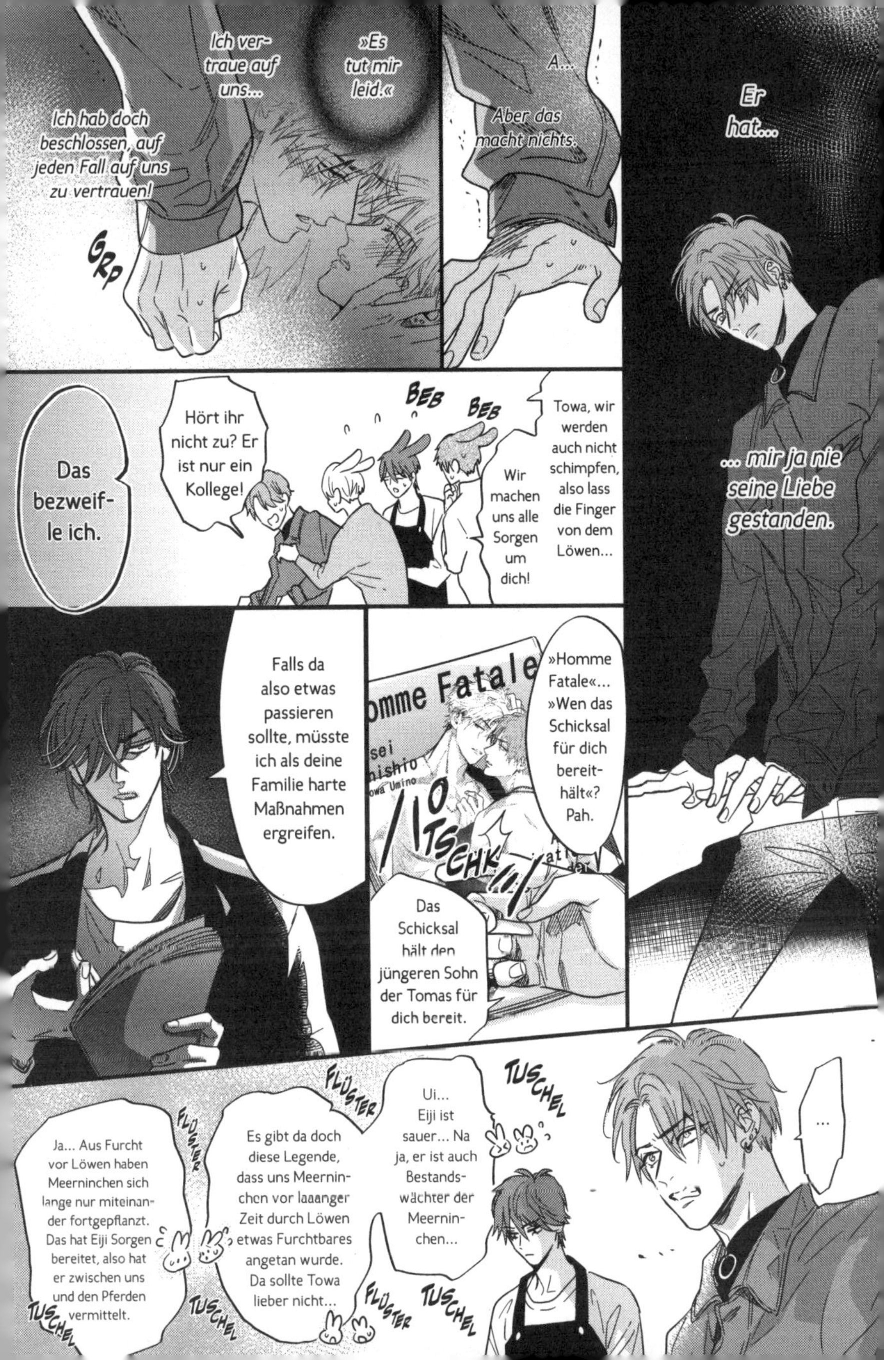
A…
Aber das macht nichts.
»Es tut mir leid.«
Ich vertraue auf uns…
Ich hab doch beschlossen, auf jeden Fall auf uns zu vertrauen!
GRP
Er hat…
… mir ja nie seine Liebe gestanden.
Towa, wir werden auch nicht schimpfen, also lass die Finger von dem Löwen…
Wir machen uns alle Sorgen um dich!
BEB
BEB
Hört ihr nicht zu? Er ist nur ein Kollege!
Das bezweifle ich.
»Homme Fatale«… »Wen das Schicksal für dich bereithält«? Pah.
Homme Fatale
TSCHK
Das Schicksal hält den jüngeren Sohn der Tomas für dich bereit.
Falls da also etwas passieren sollte, müsste ich als deine Familie harte Maßnahmen ergreifen.
…
TUSCHEL
Ui… Eiji ist sauer… Na ja, er ist auch Bestandswächter der Meerninchen…
FLÜSTER
Es gibt da doch diese Legende, dass uns Meerninchen vor laaanger Zeit durch Löwen etwas Furchtbares angetan wurde. Da sollte Towa lieber nicht…
FLÜSTER
TUSCHEL
FLÜSTER
Ja… Aus Furcht vor Löwen haben Meerninchen sich lange nur miteinander fortgepflanzt. Das hat Eiji Sorgen bereitet, also hat er zwischen uns und den Pferden vermittelt.
TUSCHEL
TUSCHEL

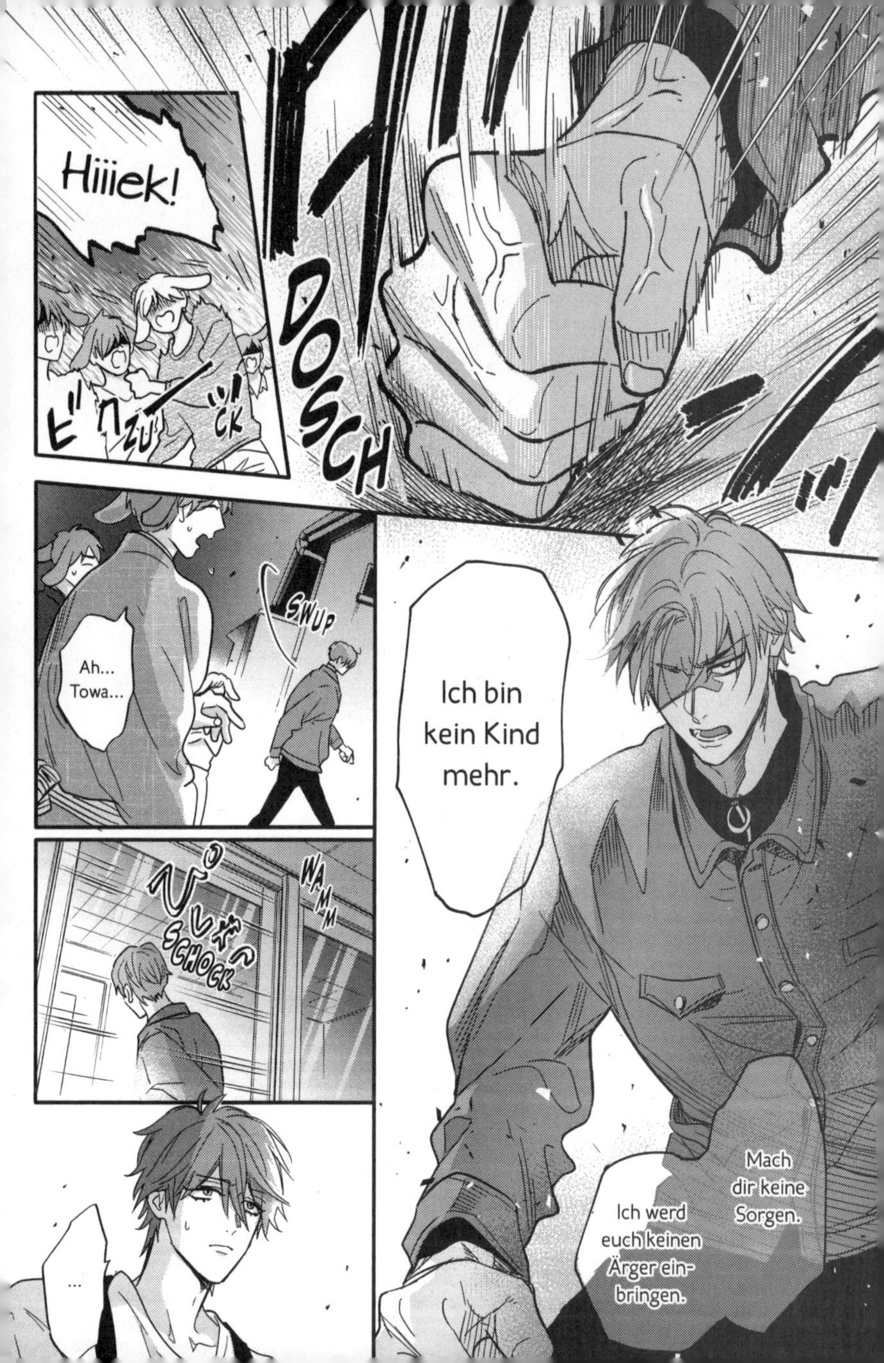
DOSCH
Hiiiek!
ZU
CK
Ich bin kein Kind mehr.
Mach dir keine Sorgen.
Ich werd euch keinen Ärger einbringen.
SWUP
Ah... Towa...
WAMM
SCHOCK
...

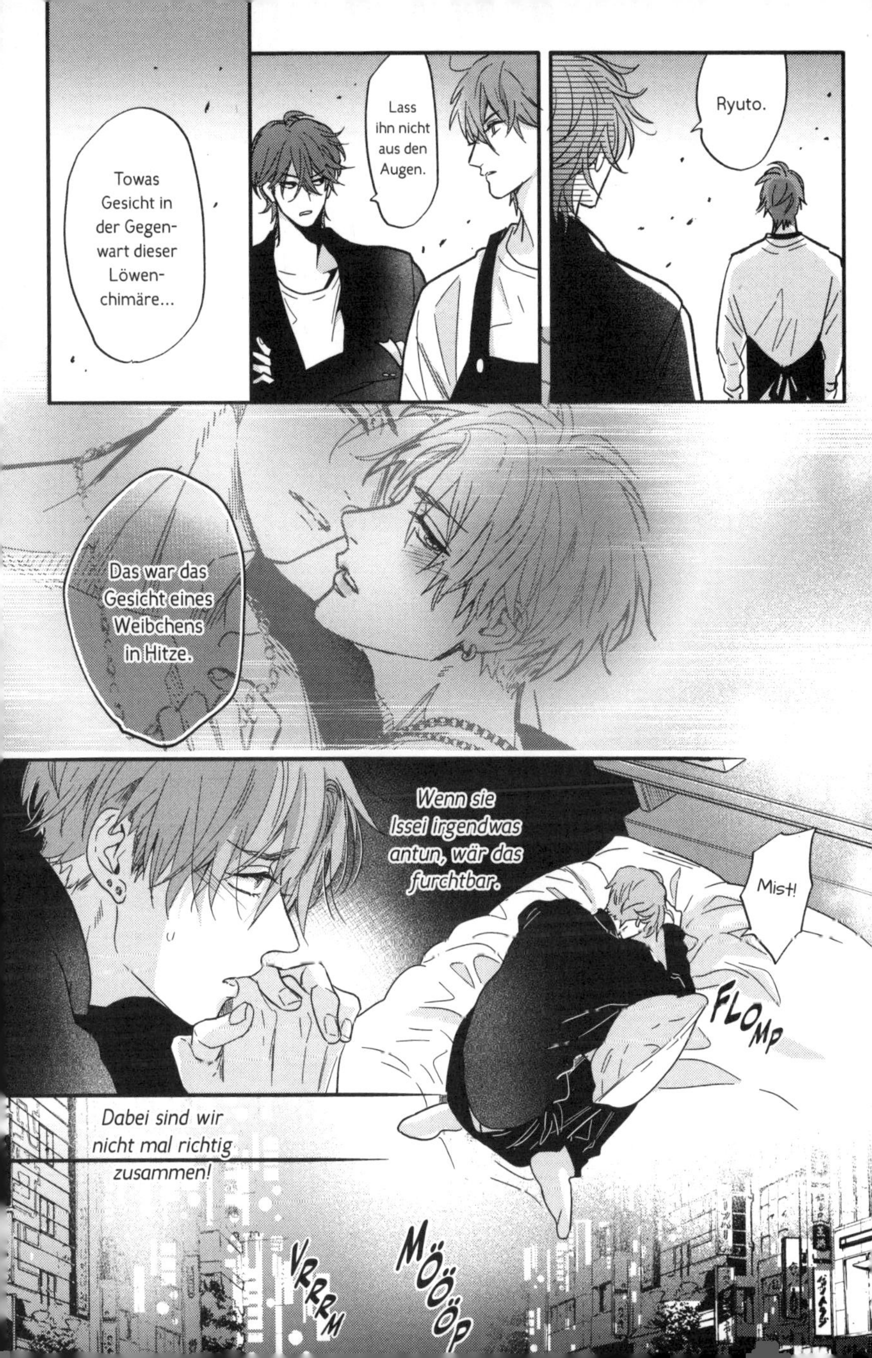
Ryuto.
Lass ihn nicht aus den Augen.
Towas Gesicht in der Gegenwart dieser Löwenchimäre...
Das war das Gesicht eines Weibchens in Hitze.
Mist!
FLOMP
Wenn sie Issei irgendwas antun, wär das furchtbar.
Dabei sind wir nicht mal richtig zusammen!
MÖÖÖP
VRRRM

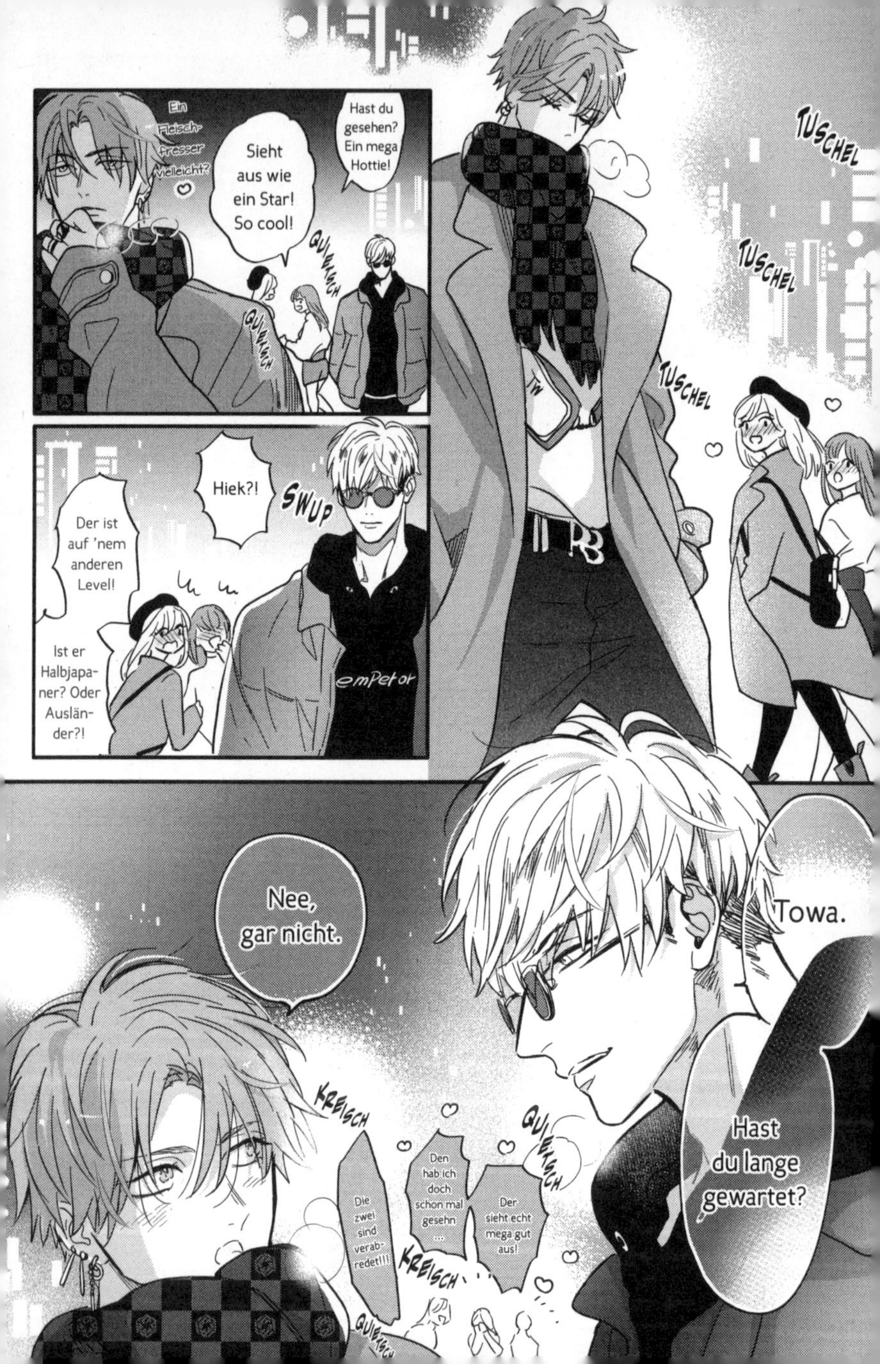

Tuschel
Tuschel
Hast du gesehen? Ein mega Hottie!
Sieht aus wie ein Star! So cool!
Ein Fleischfresser vielleicht?
Quietsch
Quietsch
Tuschel
Hiek?!
Swup
Der ist auf 'nem anderen Level!
Ist er Halbjapaner? Oder Ausländer?!
emperor
Towa.
Hast du lange gewartet?
Nee, gar nicht.
Quietsch
Der sieht echt mega gut aus!
Den hab ich doch schon mal gesehn …
Kreisch
Die zwei sind verabredet!!!
Kreisch
Quietsch

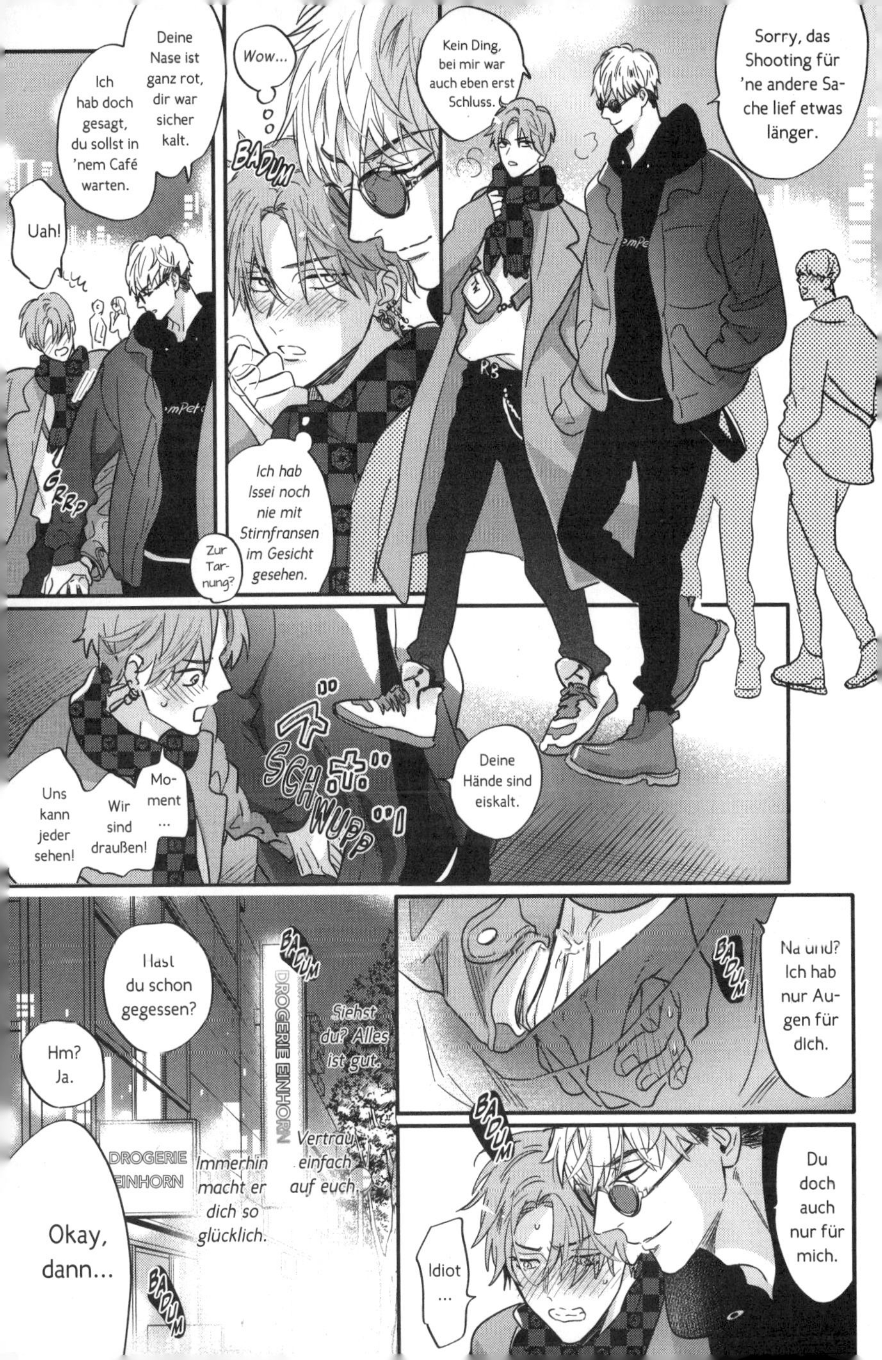

Sorry, das Shooting für 'ne andere Sache lief etwas länger.
Kein Ding, bei mir war auch eben erst Schluss.
Wow...
BADUM
Ich hab Issei noch nie mit Stirnfransen im Gesicht gesehen.
Zur Tarnung?
Deine Nase ist ganz rot, dir war sicher kalt.
Ich hab doch gesagt, du sollst in 'nem Café warten.
Uah!
GRRP
Deine Hände sind eiskalt.
SCHWUPP
Moment ...
Wir sind draußen!
Uns kann jeder sehen!
BADUM
Na und? Ich hab nur Augen für dich.
BADUM
Du doch auch nur für mich.
Idiot ...
BADUM
DROGERIE EINHORN
Hast du schon gegessen?
Hm? Ja.
Siehst du? Alles ist gut.
Vertrau einfach auf euch.
DROGERIE EINHORN
Immerhin macht er dich so glücklich.
Okay, dann...
BADUM

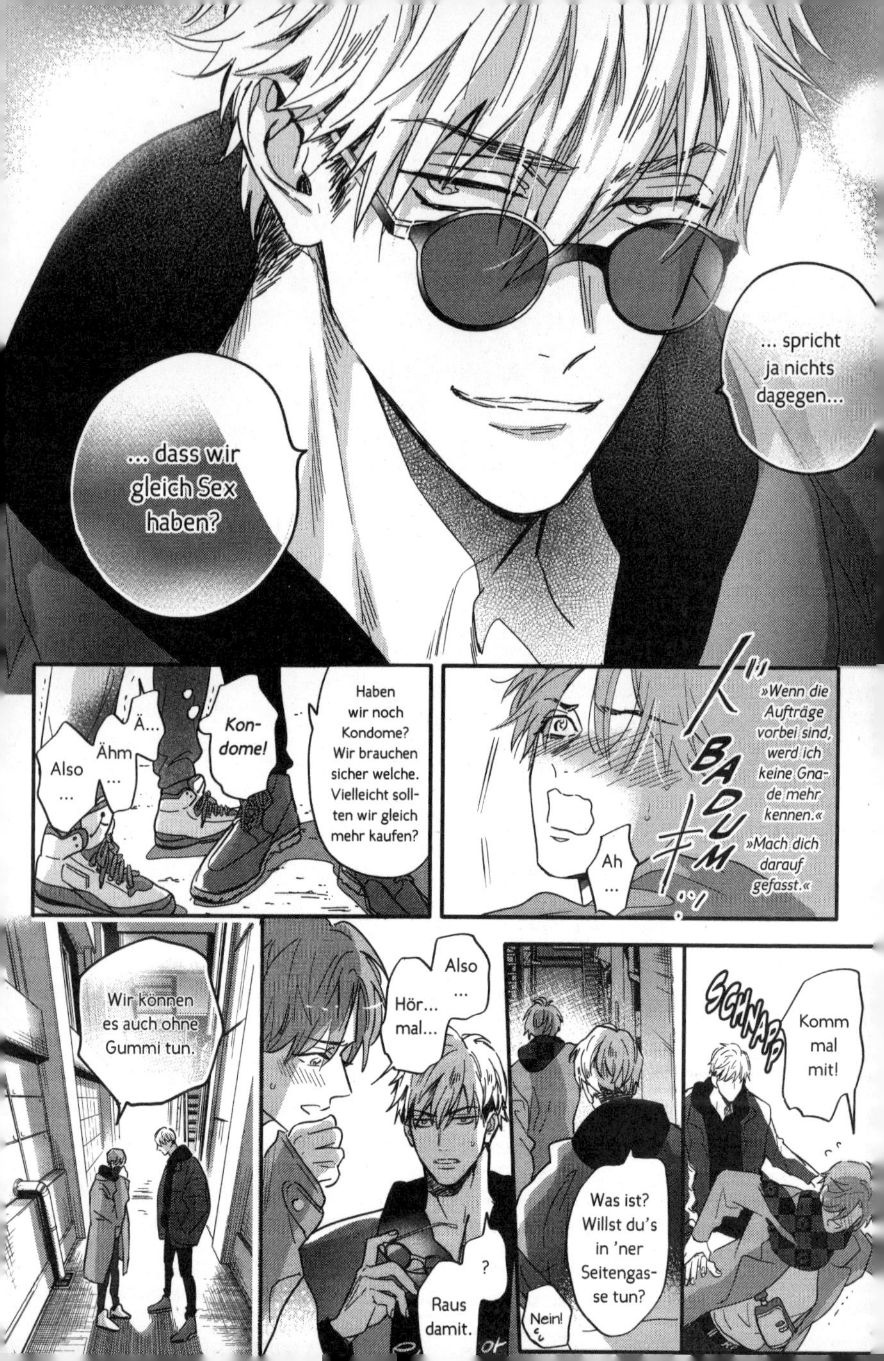
... spricht ja nichts dagegen...
... dass wir gleich Sex haben?
»Wenn die Aufträge vorbei sind, werd ich keine Gnade mehr kennen.«
»Mach dich darauf gefasst.«
BADUM
Ah ...
Haben wir noch Kondome? Wir brauchen sicher welche. Vielleicht sollten wir gleich mehr kaufen?
Kondome!
Ä...
Ähm ...
Also ...
SCHNAPP
Komm mal mit!
Was ist? Willst du's in 'ner Seitengasse tun?
Nein!
Also ...
Hör... mal...
?
Raus damit.
Wir können es auch ohne Gummi tun.

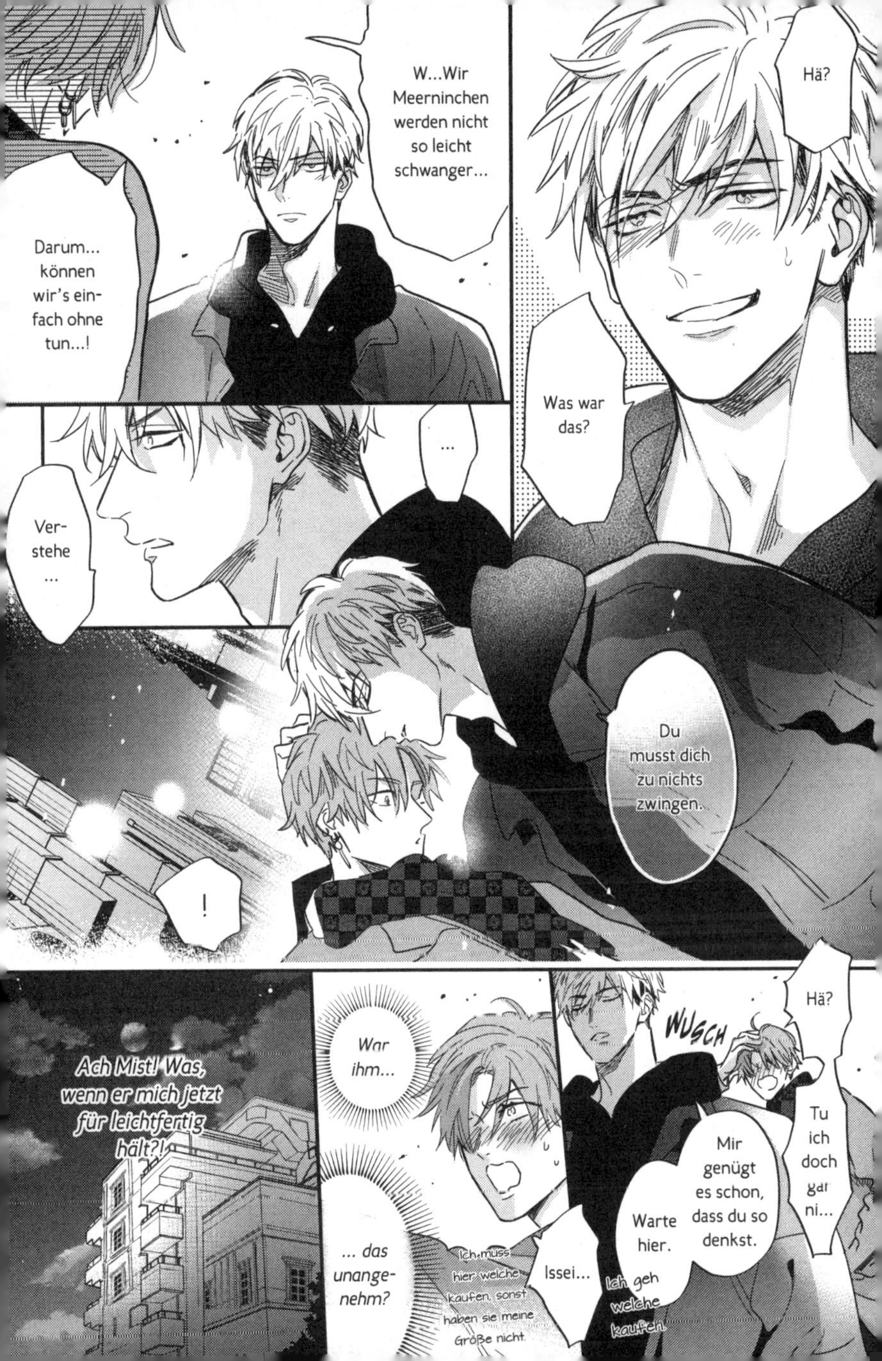
Hä?
Was war das?
W...Wir Meerninchen werden nicht so leicht schwanger...
Darum... können wir's ein-fach ohne tun...!
...
Ver-stehe ...
Du musst dich zu nichts zwingen.
!
Hä?
WUSCH
Tu ich doch gar ni...
Mir genügt es schon, dass du so denkst.
Warte hier.
Issei...
Ich geh welche kaufen.
War ihm...
... das unange-nehm?
Ich muss hier welche kaufen, sonst haben sie meine Größe nicht.
Ach Mist! Was, wenn er mich jetzt für leichtfertig hält?!

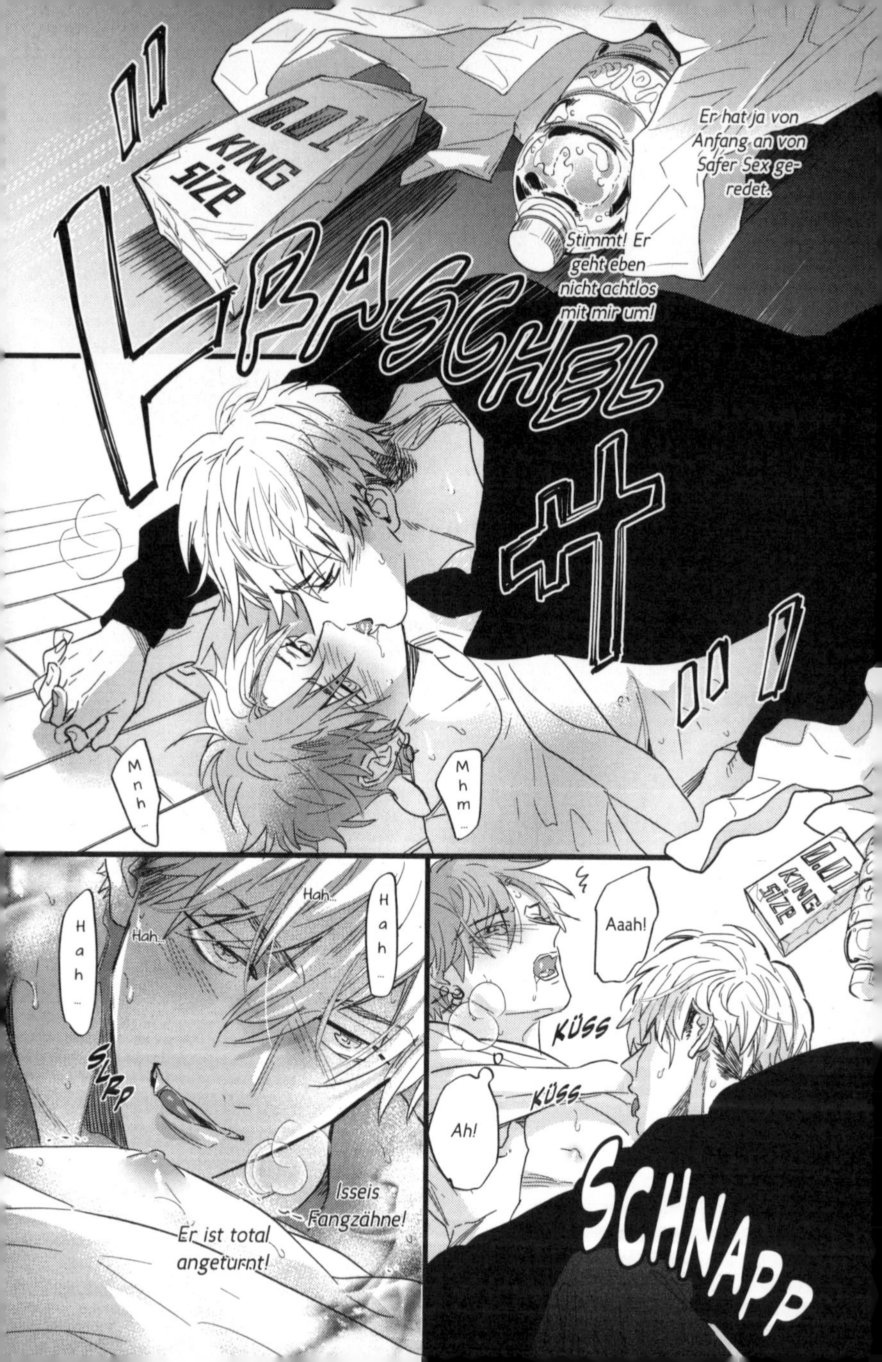
0.01 KING SIZE
Er hat ja von Anfang an von Safer Sex geredet.
Stimmt! Er geht eben nicht achtlos mit mir um!
RASCHEL
Mhm…
Mnh…
0.01 KING SIZE
Aaah!
KÜSS
KÜSS
Ah!
SCHNAPP
Hah…
Hah…
Hah…
Hah…
SLRP
Isseis Fangzähne!
Er ist total angeturnt!

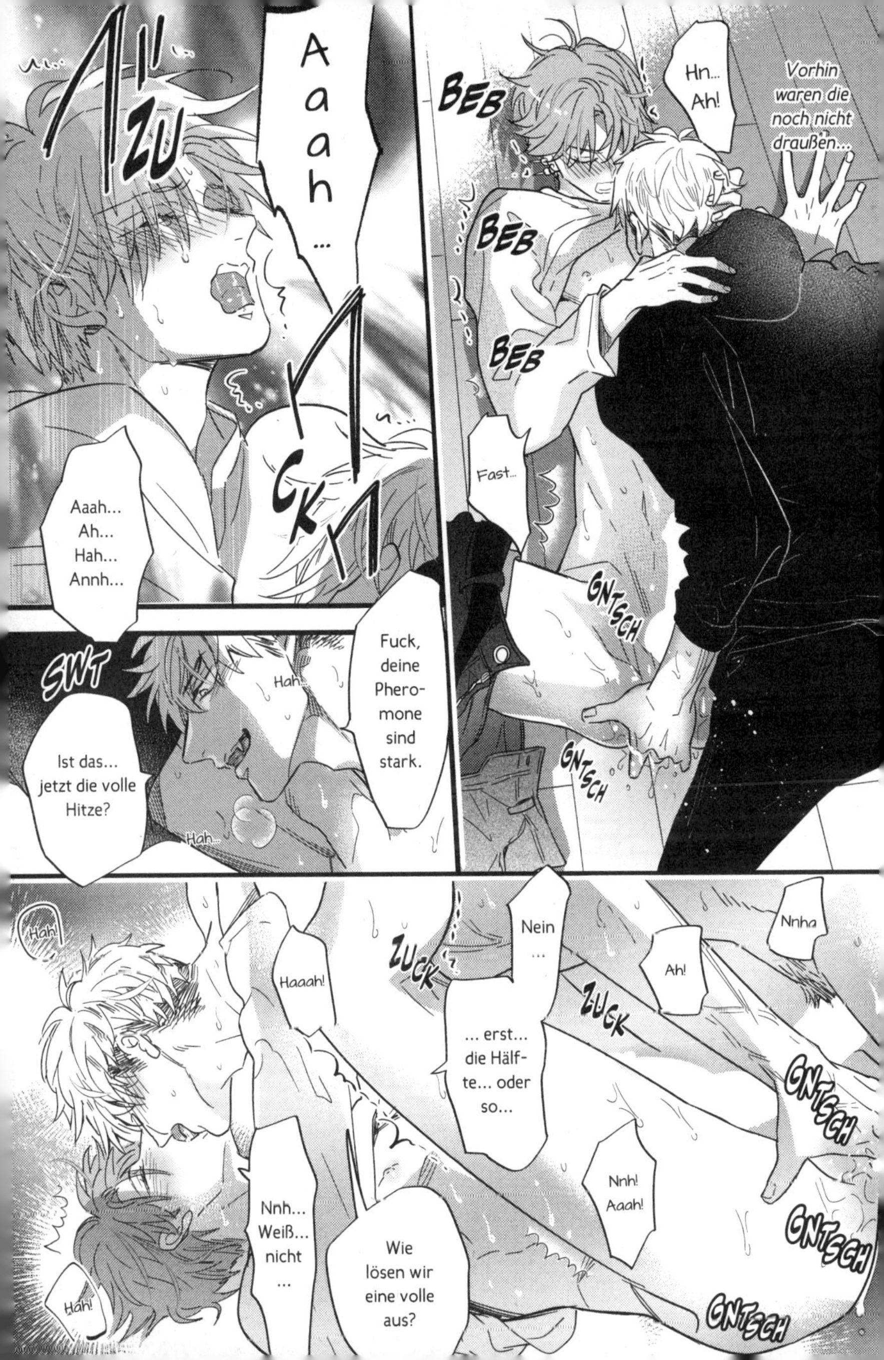
BEB
Hn... Ah!
Vorhin waren die noch nicht draußen...
BEB
BEB
Fast...
GNTSCH
GNTSCH
Aaaah...
ZUCK
Aaah... Ah... Hah... Annh...
Fuck, deine Phero-mone sind stark.
Hah...
SWT
Ist das... jetzt die volle Hitze?
Hah...
Nnha
Ah!
Nein ...
ZUCK
... erst... die Hälf-te... oder so...
Haaah!
Hah!
ZUCK
GNTSCH
Nnh! Aaah!
GNTSCH
Wie lösen wir eine volle aus?
Nnh... Weiß... nicht ...
GNTSCH
Hah!

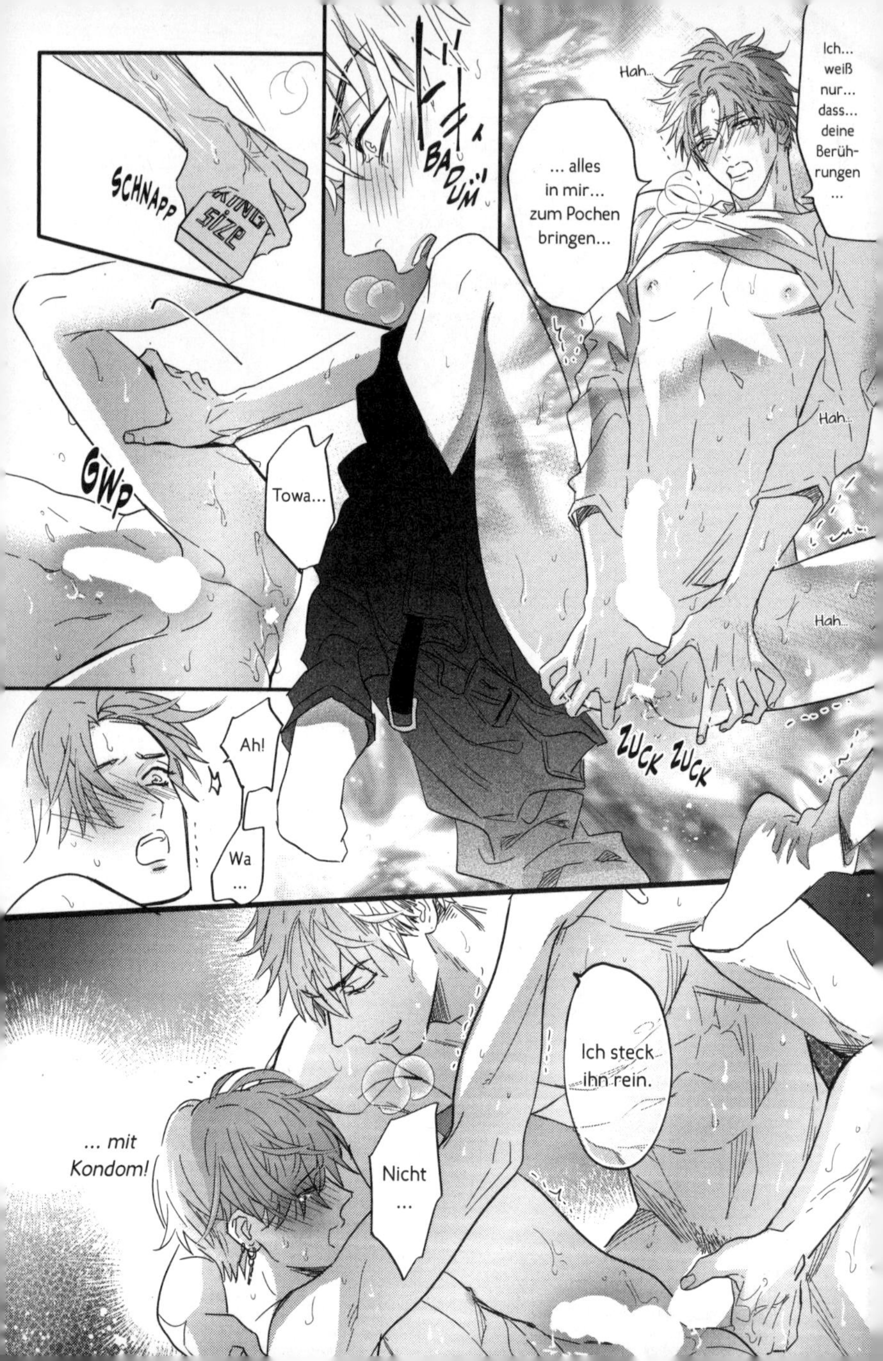
Ich... weiß nur... dass... deine Berührungen ...
Hah...
... alles in mir... zum Pochen bringen...
Hah...
Hah...
ZUCK ZUCK
BADUM
SCHNAPP
KING SIZE
Towa...
GWP
Ah!
Wa ...
Ich steck ihn rein.
Nicht ...
... mit Kondom!

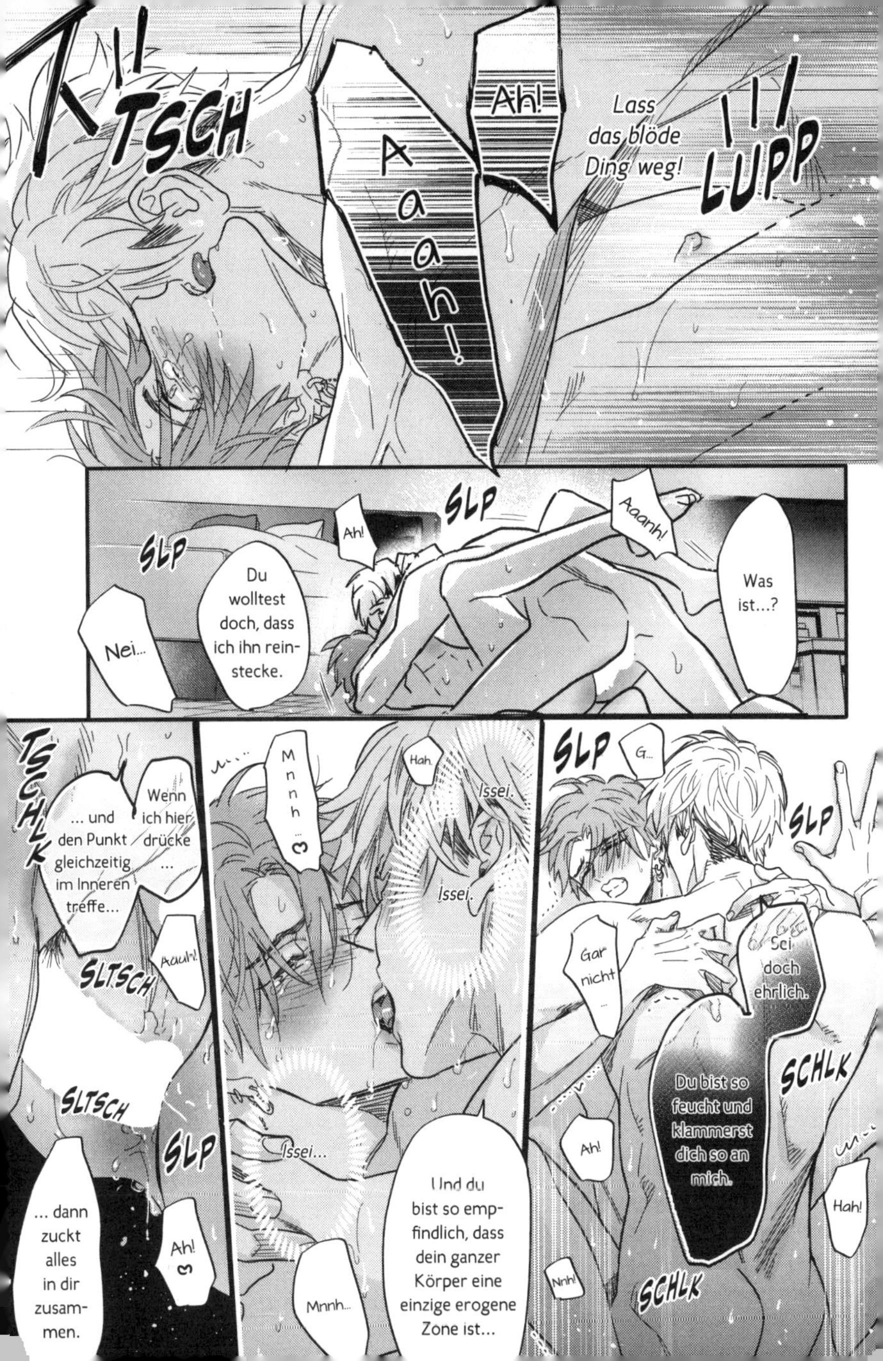
LUPP
Lass das blöde Ding weg!
Ah!
Aaah!
TSCH
Was ist...?
Aaanh!
SLP
Ah!
Du wolltest doch, dass ich ihn reinstecke.
SLP
Nei...
SLP
G...
SLP
Sei doch ehrlich.
Gar nicht ...
SCHLK
Du bist so feucht und klammerst dich so an mich.
Ah!
Hah!
Nnh!
SCHLK
Hah.
Issei.
Mnnh ...
Issei.
Issei...
Und du bist so empfindlich, dass dein ganzer Körper eine einzige erogene Zone ist...
Mnnh...
TSCHLK
Wenn ich hier drücke ...
... und den Punkt gleichzeitig im Inneren treffe...
Aauh!
SLTSCH
SLTSCH
SLP
... dann zuckt alles in dir zusammen.
Ah!

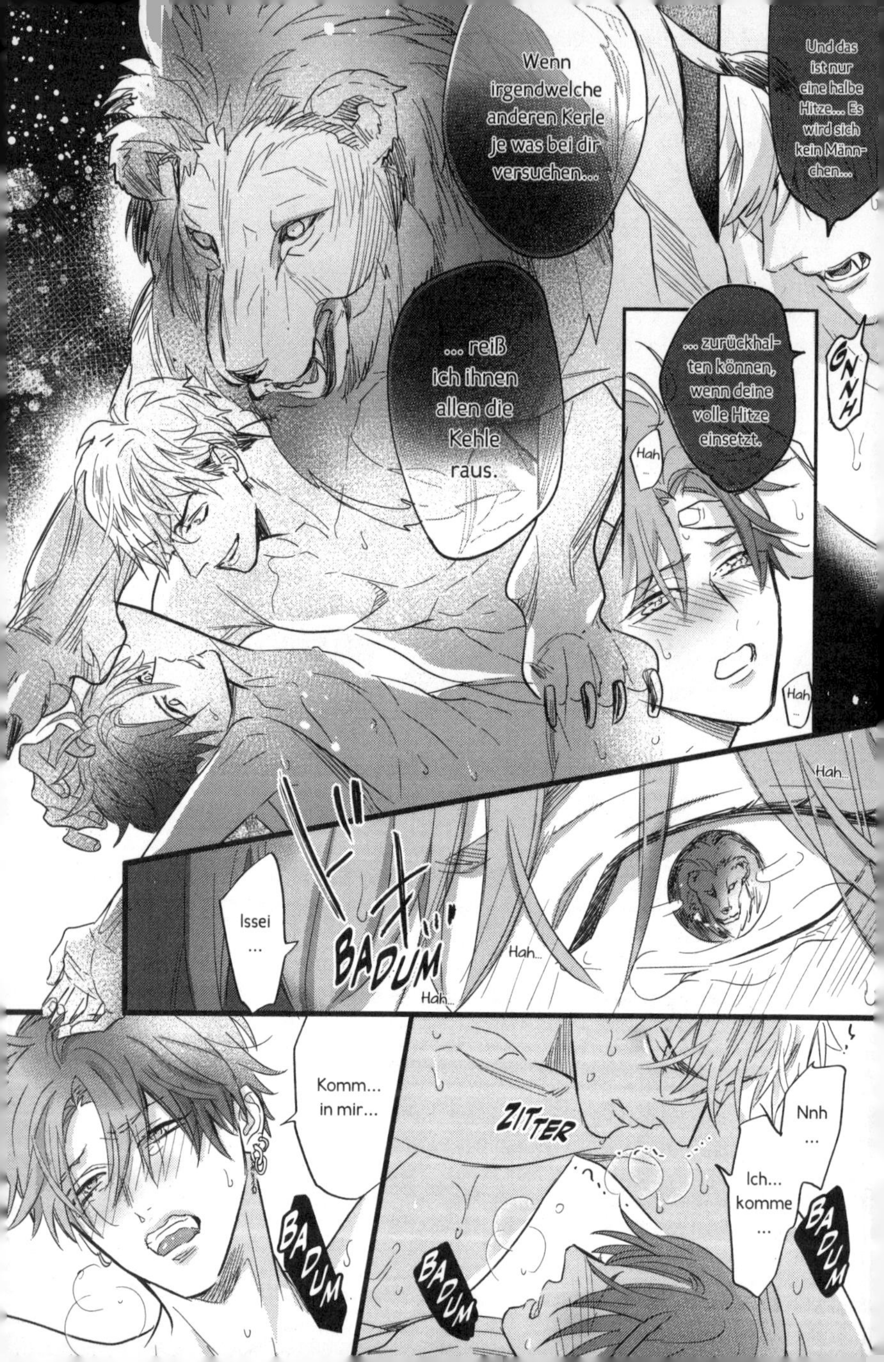
Und das ist nur eine halbe Hitze… Es wird sich kein Männchen…
Wenn irgendwelche anderen Kerle je was bei dir versuchen…
GNNH
… zurückhalten können, wenn deine volle Hitze einsetzt.
Hah…
… reiß ich ihnen allen die Kehle raus.
Hah…
Hah…
Hah…
BADUM
Issei…
Hah…
Nnh…
Ich… komme…
BADUM
ZITTER
BADUM
Komm… in mir…
BADUM

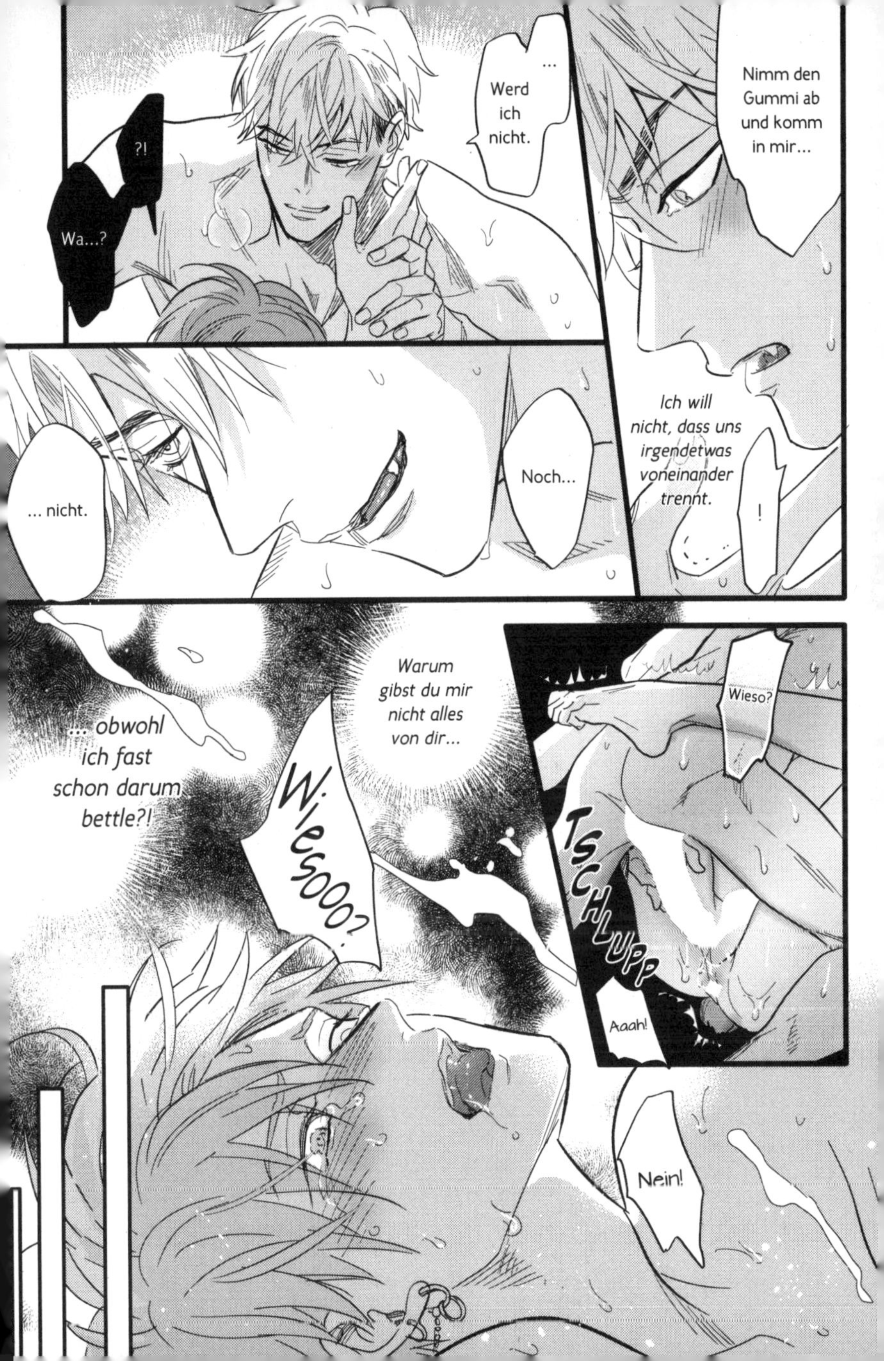
Nimm den Gummi ab und komm in mir...
Ich will nicht, dass uns irgendetwas voneinander trennt.
!
... Werd ich nicht.
?!
Wa...?
Noch...
... nicht.
Wieso?
TSCHLUPP
Aaah!
Warum gibst du mir nicht alles von dir...
Wiesooo?
... obwohl ich fast schon darum bettle?!
Nein!

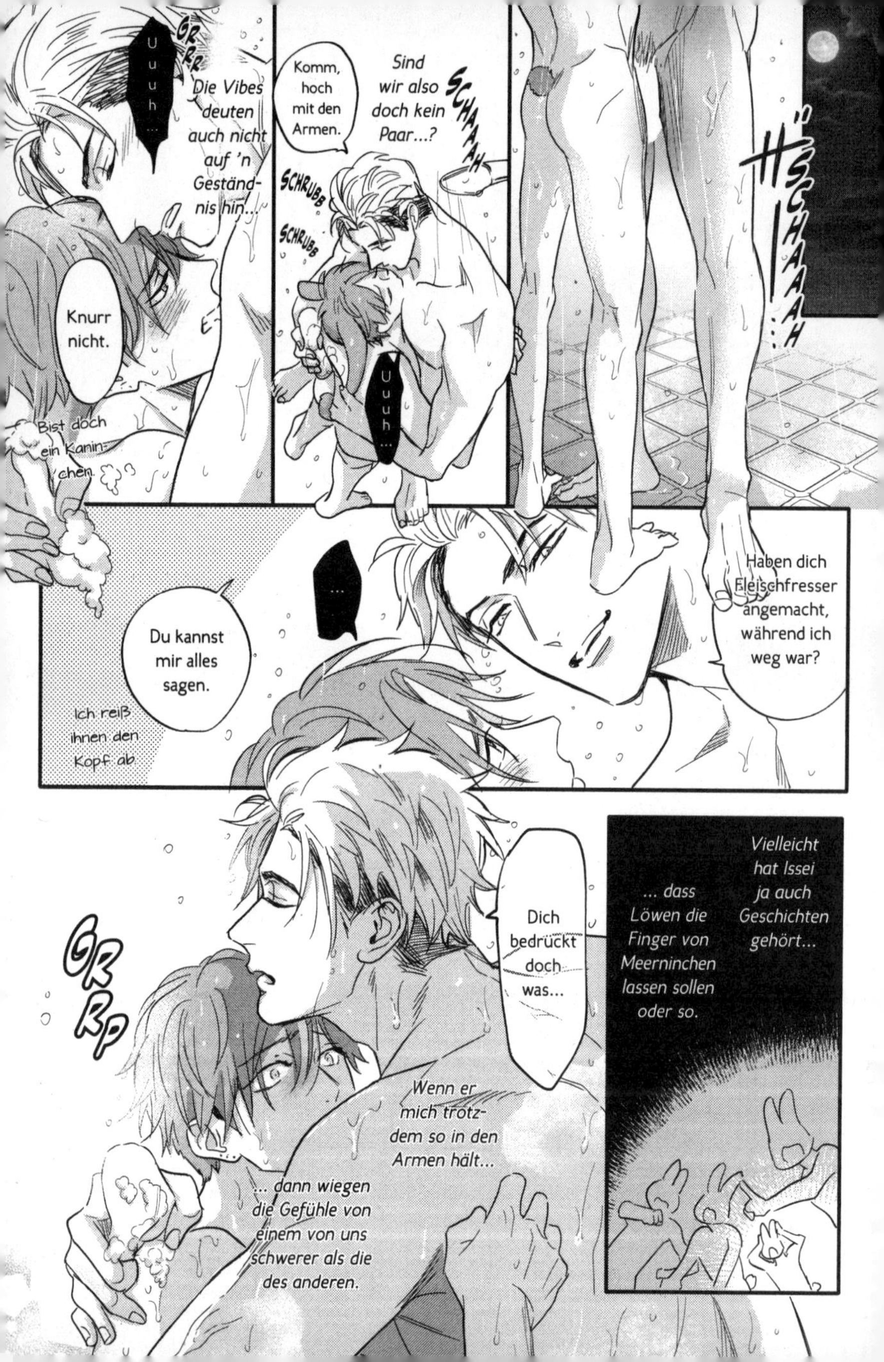
HÄSCHAAAAAH!...
Sind wir also doch kein Paar...?
SCHAAAAH
Komm, hoch mit den Armen.
SCHRUBB
SCHRUBB
Uuuh...
GRR
Uuuh...
Die Vibes deuten auch nicht auf 'n Geständnis hin...
Knurr nicht.
Bist doch ein Kaninchen.
Haben dich Fleischfresser angemacht, während ich weg war?
...
Du kannst mir alles sagen.
Ich reiß ihnen den Kopf ab
Vielleicht hat Issei ja auch Geschichten gehört...
... dass Löwen die Finger von Meerninchen lassen sollen oder so.
Dich bedrückt doch was...
GRRP
Wenn er mich trotzdem so in den Armen hält...
... dann wiegen die Gefühle von einem von uns schwerer als die des anderen.

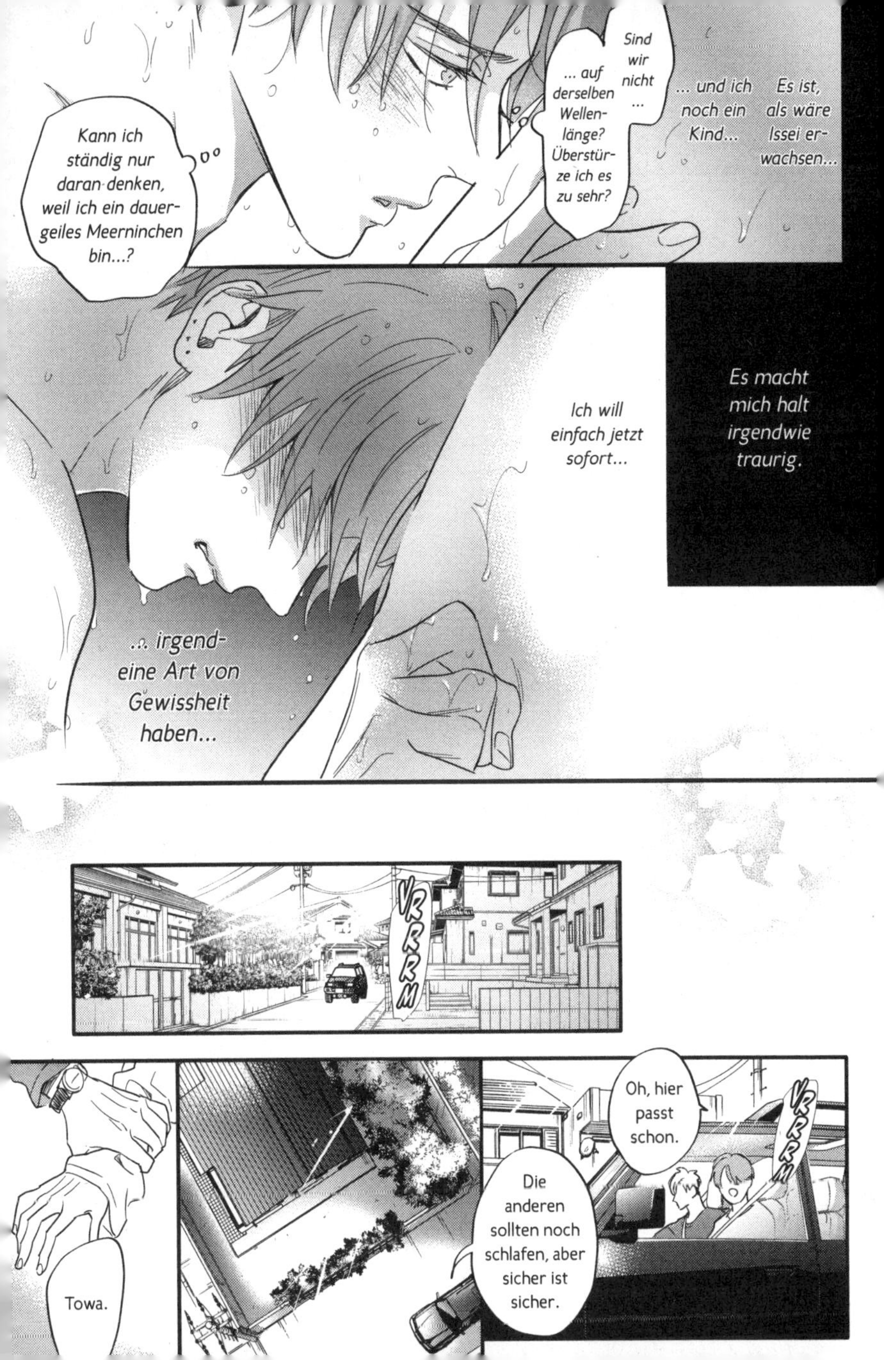
Es ist, als wäre Issei erwachsen...
... und ich noch ein Kind...
Sind wir nicht ...
... auf derselben Wellenlänge? Überstürze ich es zu sehr?
Kann ich ständig nur daran denken, weil ich ein dauergeiles Meerninchen bin...?
Es macht mich halt irgendwie traurig.
Ich will einfach jetzt sofort...
... irgendeine Art von Gewissheit haben...
VRRRM
VRRRM
Oh, hier passt schon.
Die anderen sollten noch schlafen, aber sicher ist sicher.
Towa.

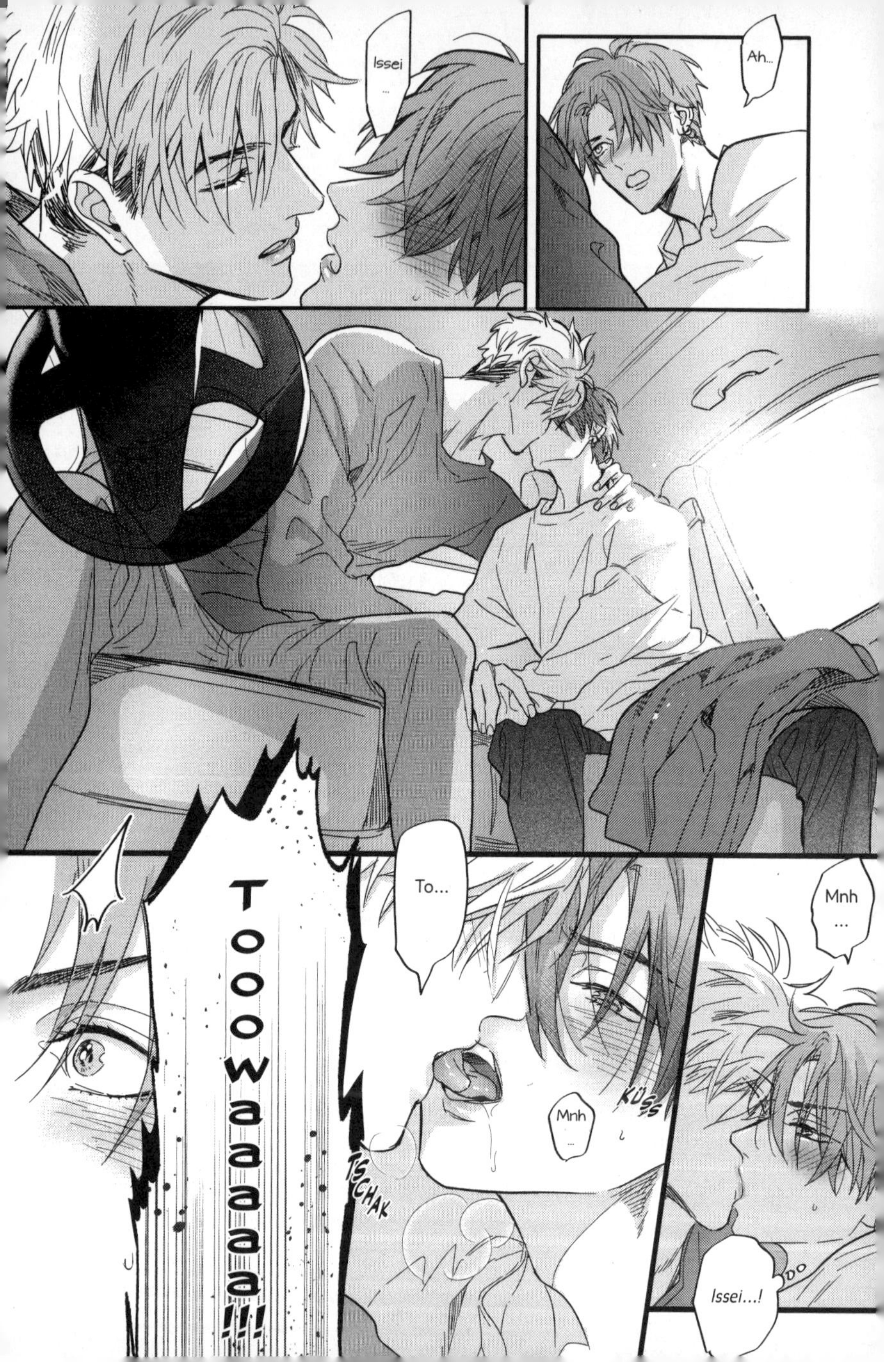

Ah...
Issei ...
Mnh ...
To...
KÜSS
Mnh ...
TSCHAK
Toooowaaaaaa!!!
DO
Issei...!

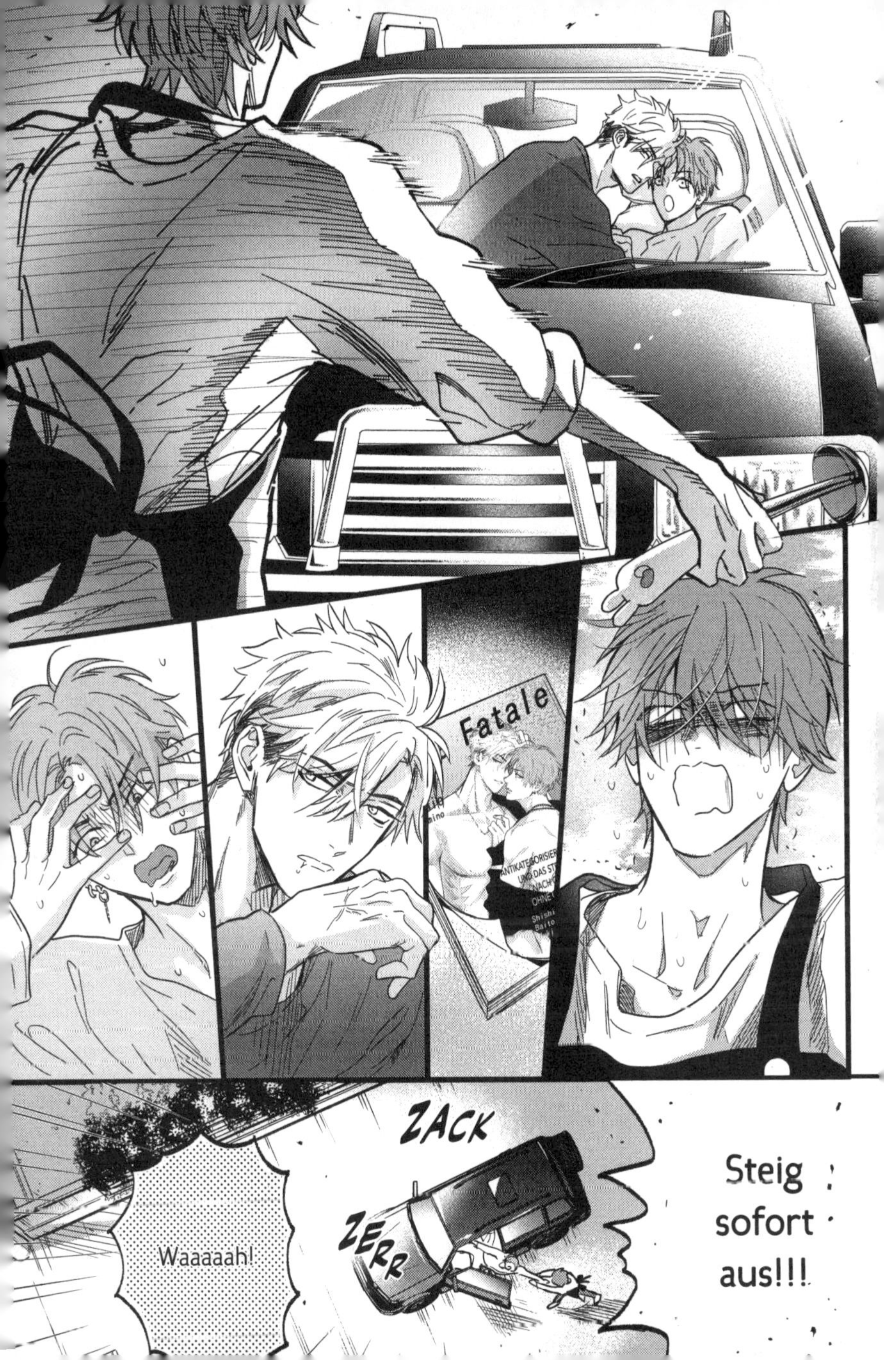

Fatale
Steig sofort aus!!!
ZACK
ZERR
Waaaaah!

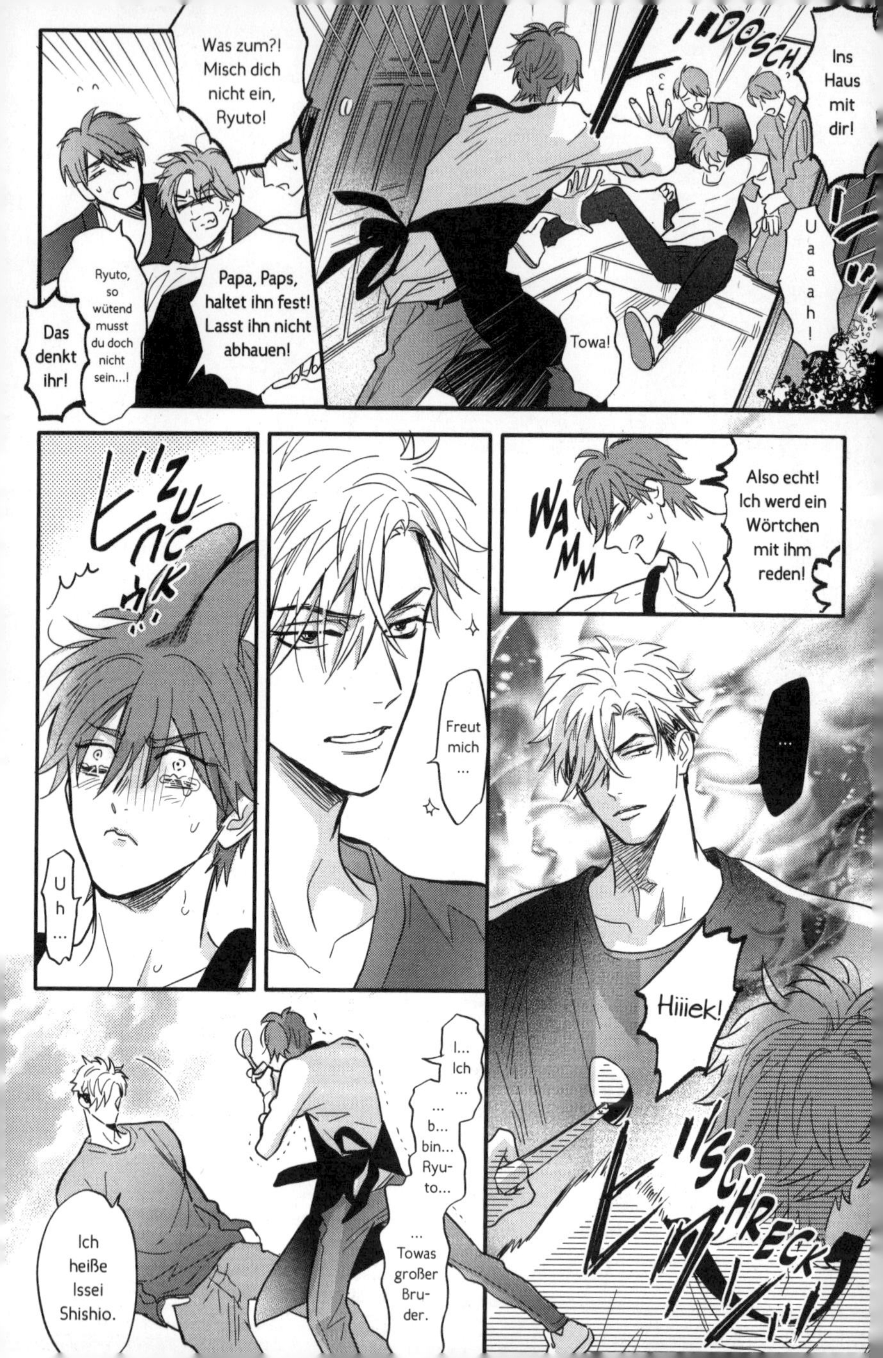
Ins Haus mit dir!
DOSCH
Uaaah!
Towa!
Was zum?! Misch dich nicht ein, Ryuto!
Papa, Paps, haltet ihn fest! Lasst ihn nicht abhauen!
Ryuto, so wütend musst du doch nicht sein...!
Das denkt ihr!
Also echt! Ich werd ein Wörtchen mit ihm reden!
WAMM
Freut mich ...
ZUCK
Uh ...
...
Hiiiek!
SCHRECK
I... Ich ... ... b... bin... Ryuto... ... Towas großer Bruder.
Ich heiße Issei Shishio.

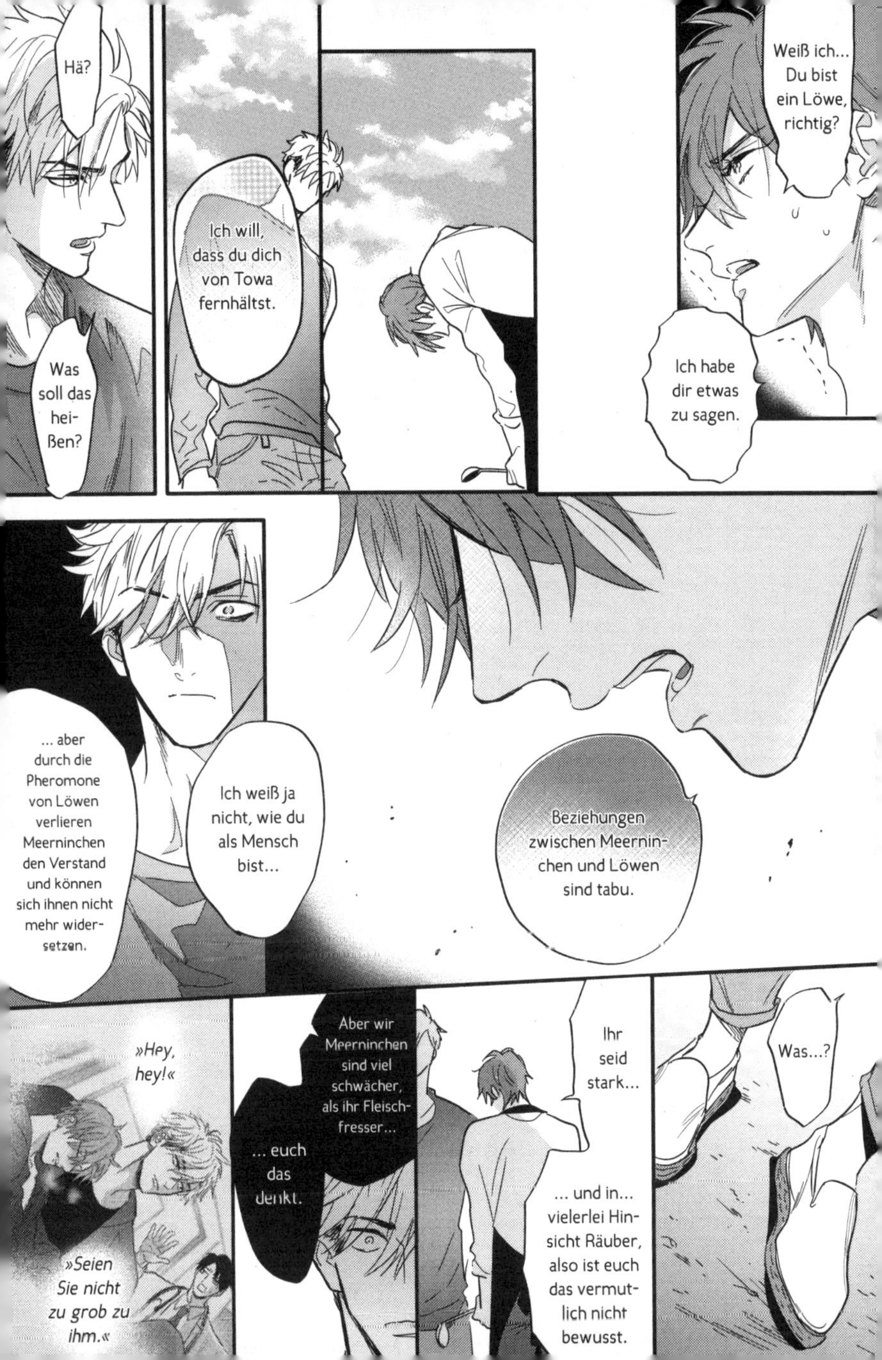

Weiß ich... Du bist ein Löwe, richtig?
Ich habe dir etwas zu sagen.
Ich will, dass du dich von Towa fernhältst.
Hä?
Was soll das heißen?
Beziehungen zwischen Meerninchen und Löwen sind tabu.
Ich weiß ja nicht, wie du als Mensch bist...
... aber durch die Pheromone von Löwen verlieren Meerninchen den Verstand und können sich ihnen nicht mehr widersetzen.
Was...?
Ihr seid stark...
... und in... vielerlei Hinsicht Räuber, also ist euch das vermutlich nicht bewusst.
Aber wir Meerninchen sind viel schwächer, als ihr Fleischfresser...
... euch das denkt.
»Hey, hey!«
»Seien Sie nicht zu grob zu ihm.«

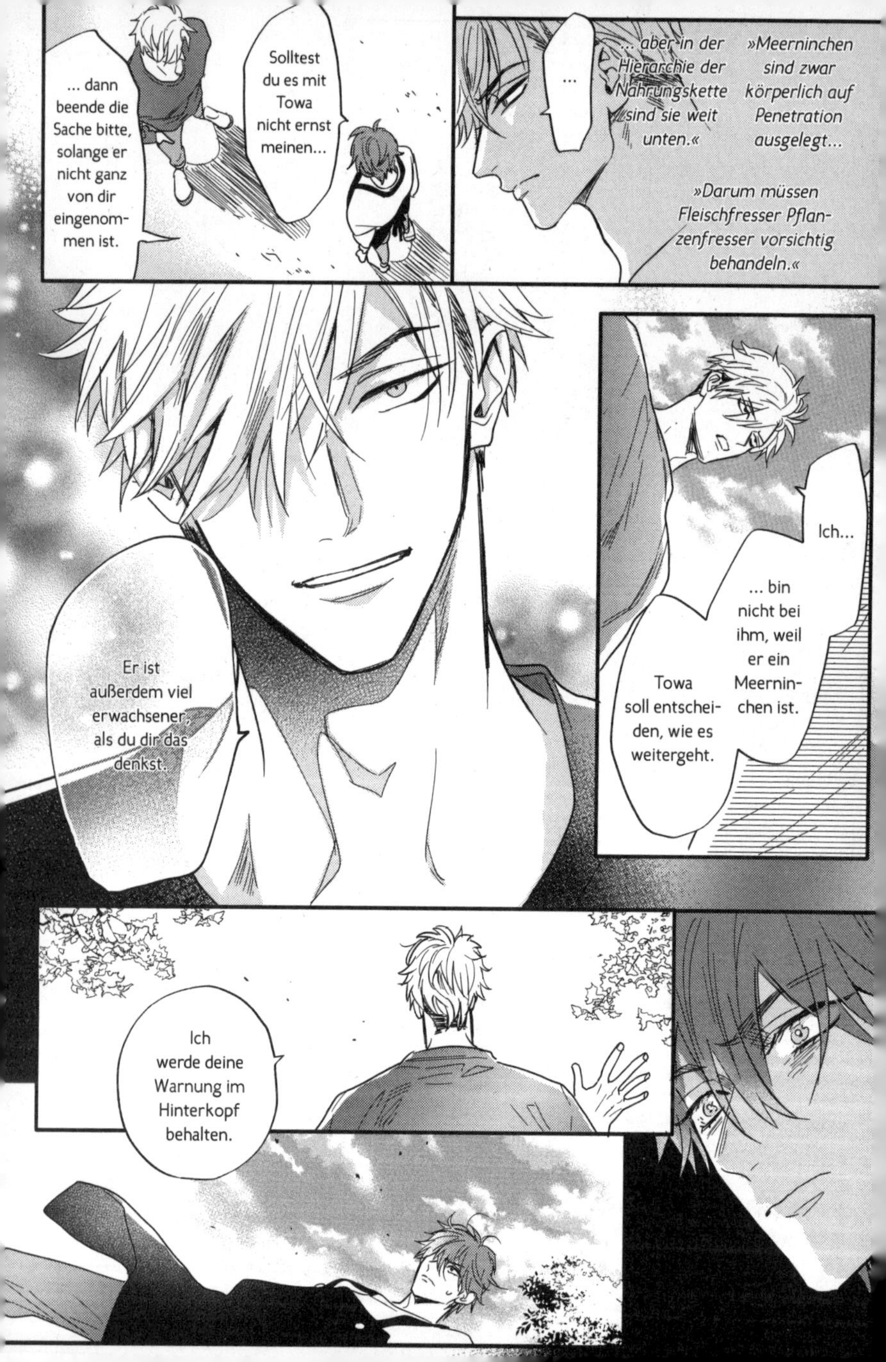
»Meerninchen sind zwar körperlich auf Penetration ausgelegt…
… aber in der Hierarchie der Nahrungskette sind sie weit unten.«
…
»Darum müssen Fleischfresser Pflanzenfresser vorsichtig behandeln.«
Solltest du es mit Towa nicht ernst meinen…
… dann beende die Sache bitte, solange er nicht ganz von dir eingenommen ist.
Ich…
… bin nicht bei ihm, weil er ein Meerninchen ist.
Towa soll entscheiden, wie es weitergeht.
Er ist außerdem viel erwachsener, als du dir das denkst.
Ich werde deine Warnung im Hinterkopf behalten.

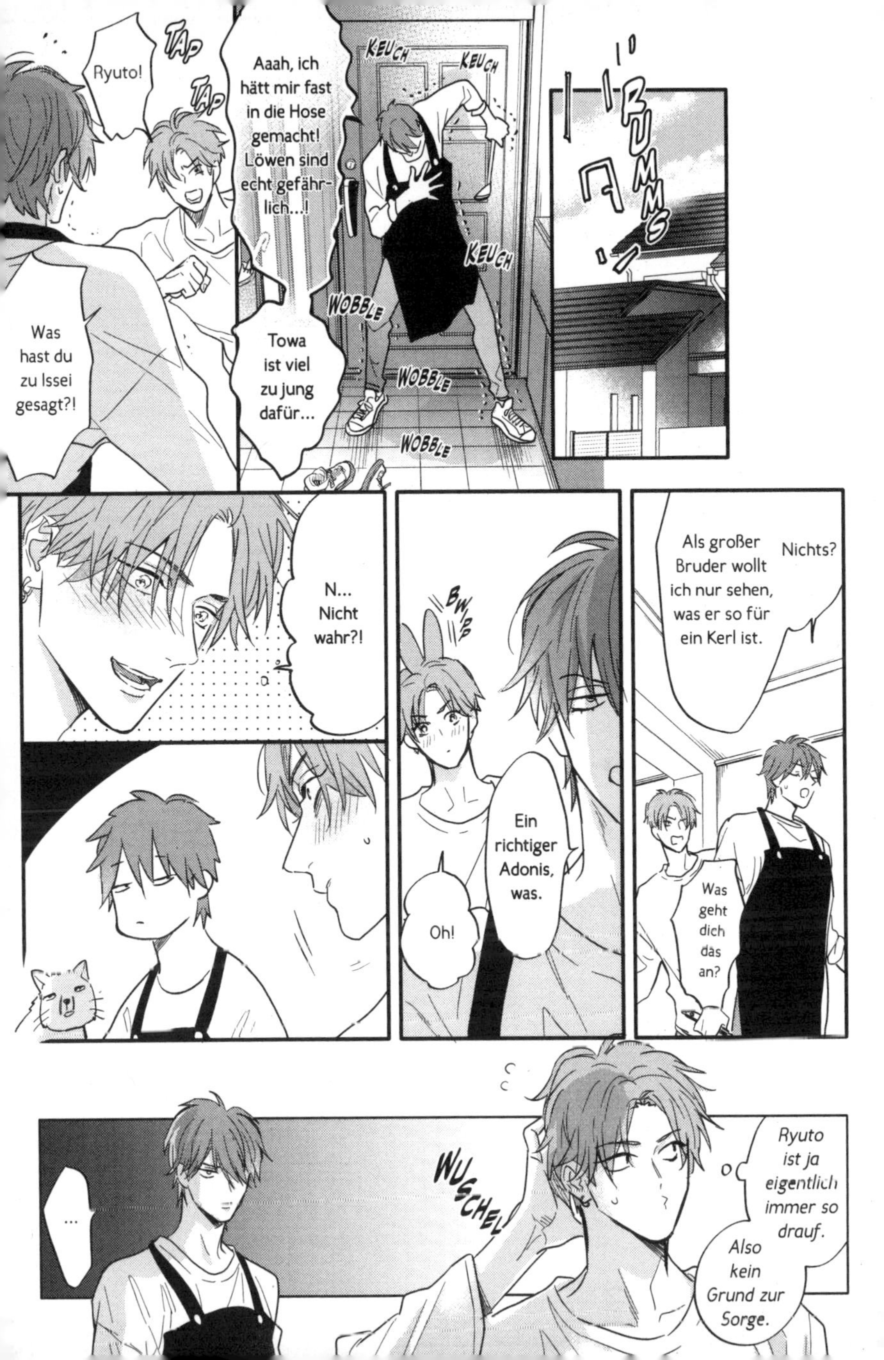
RUMMS
KEUCH
KEUCH
KEUCH
Aaah, ich hätt mir fast in die Hose gemacht! Löwen sind echt gefährlich…!
WOBBLE
WOBBLE
WOBBLE
Towa ist viel zu jung dafür…
Ryuto!
TAP
TAP
Was hast du zu Issei gesagt?!
Nichts?
Als großer Bruder wollt ich nur sehen, was er so für ein Kerl ist.
Was geht dich das an?
BWIP
Ein richtiger Adonis, was.
Oh!
N… Nicht wahr?!
Ryuto ist ja eigentlich immer so drauf.
Also kein Grund zur Sorge.
WUSCHEL
…

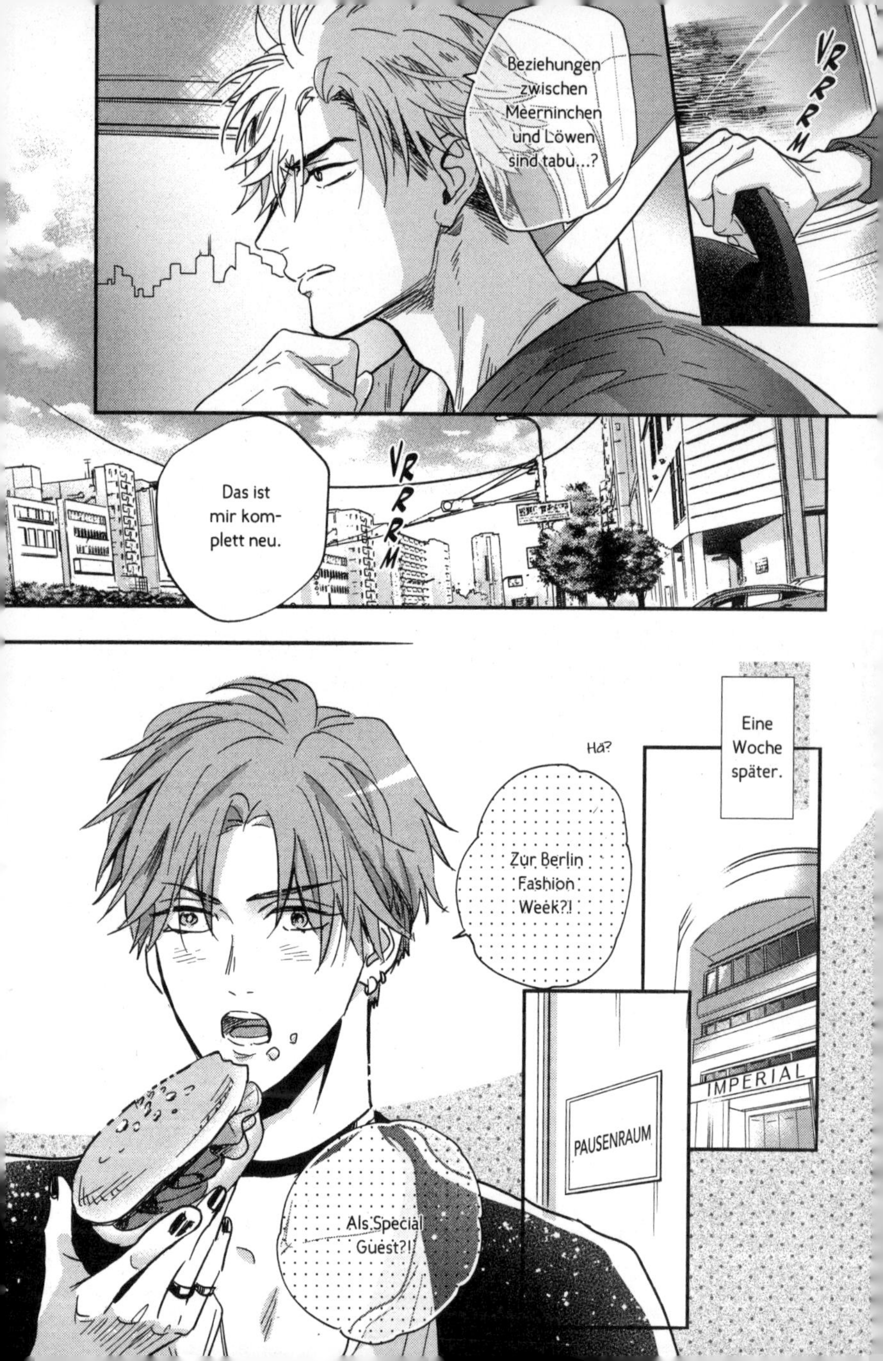
VRRRM
Beziehungen zwischen Meerninchen und Löwen sind tabu…?
VRRRM
Das ist mir komplett neu.
Eine Woche später.
IMPERIAL
PAUSENRAUM
Hä?
Zur Berlin Fashion Week?!
Als Special Guest?!

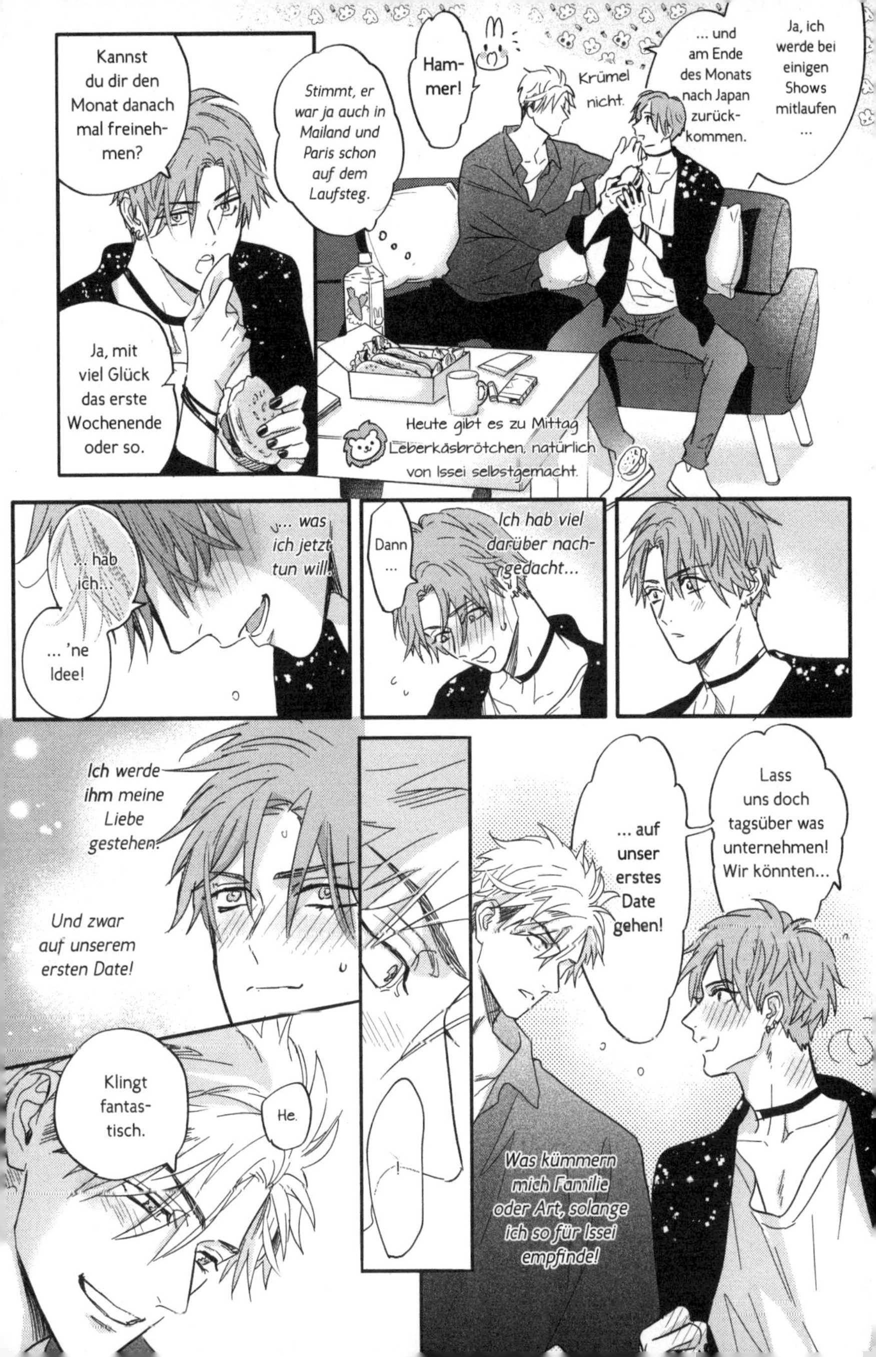
Ja, ich werde bei einigen Shows mitlaufen ...
... und am Ende des Monats nach Japan zurückkommen.
Krümel nicht.
Hammer!
Stimmt, er war ja auch in Mailand und Paris schon auf dem Laufsteg.
Heute gibt es zu Mittag Leberkäsbrötchen, natürlich von Issei selbstgemacht.
Kannst du dir den Monat danach mal freinehmen?
Ja, mit viel Glück das erste Wochenende oder so.
Ich hab viel darüber nachgedacht...
Dann ...
... was ich jetzt tun will.
... hab ich...
... 'ne Idee!
Lass uns doch tagsüber was unternehmen! Wir könnten...
... auf unser erstes Date gehen!
Was kümmern mich Familie oder Art, solange ich so für Issei empfinde!
Ich werde ihm meine Liebe gestehen!
Und zwar auf unserem ersten Date!
He.
Klingt fantastisch.

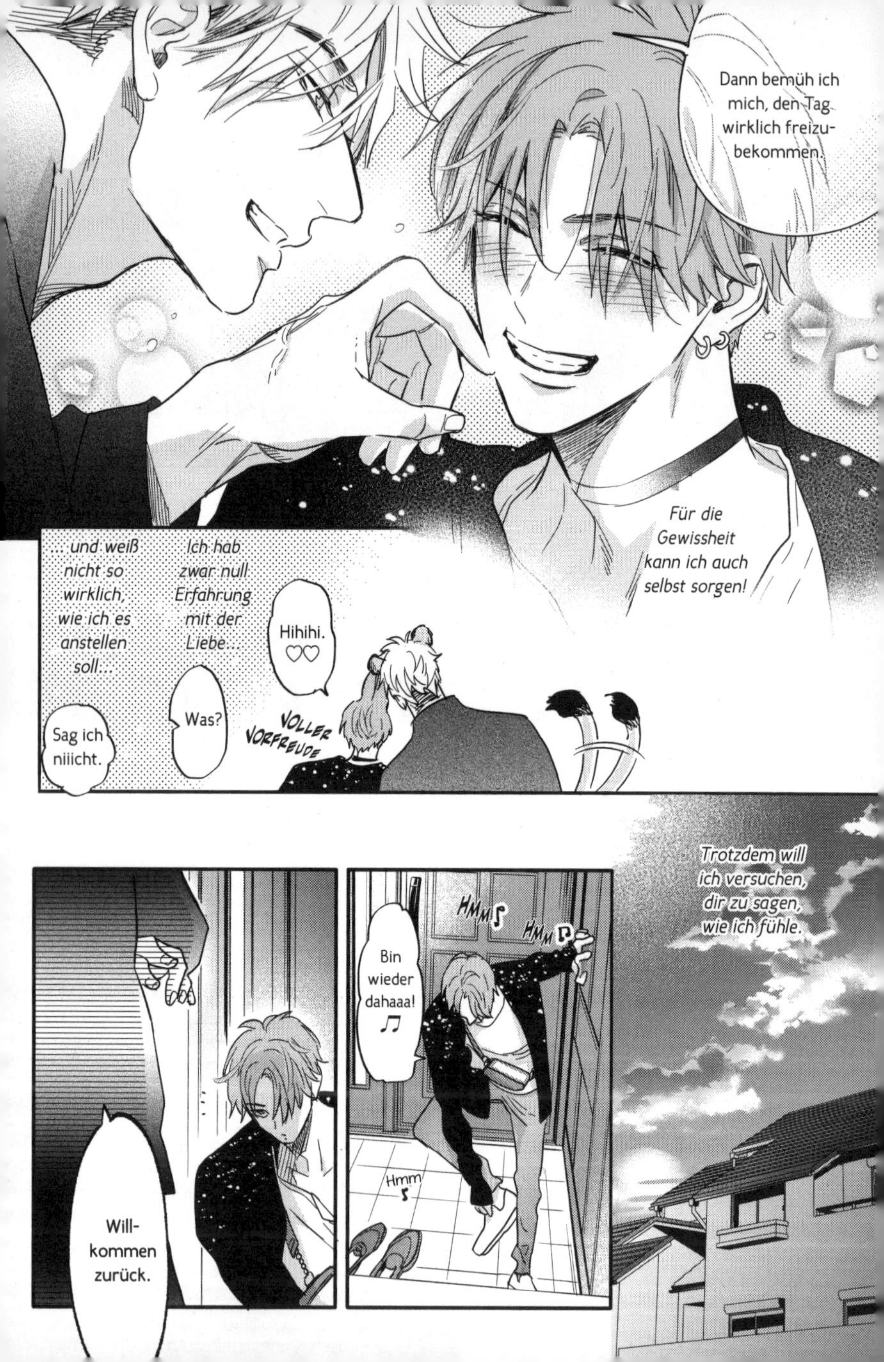

Dann bemüh ich mich, den Tag wirklich freizubekommen.
Für die Gewissheit kann ich auch selbst sorgen!
Ich hab zwar null Erfahrung mit der Liebe...
... und weiß nicht so wirklich, wie ich es anstellen soll...
Hihihi. ♡♡
Was?
Sag ich niiicht.
VOLLER VORFREUDE
Trotzdem will ich versuchen, dir zu sagen, wie ich fühle.
HMM ♪
HMM ♫
Bin wieder dahaaa! ♫
Hmm ♪
Willkommen zurück.

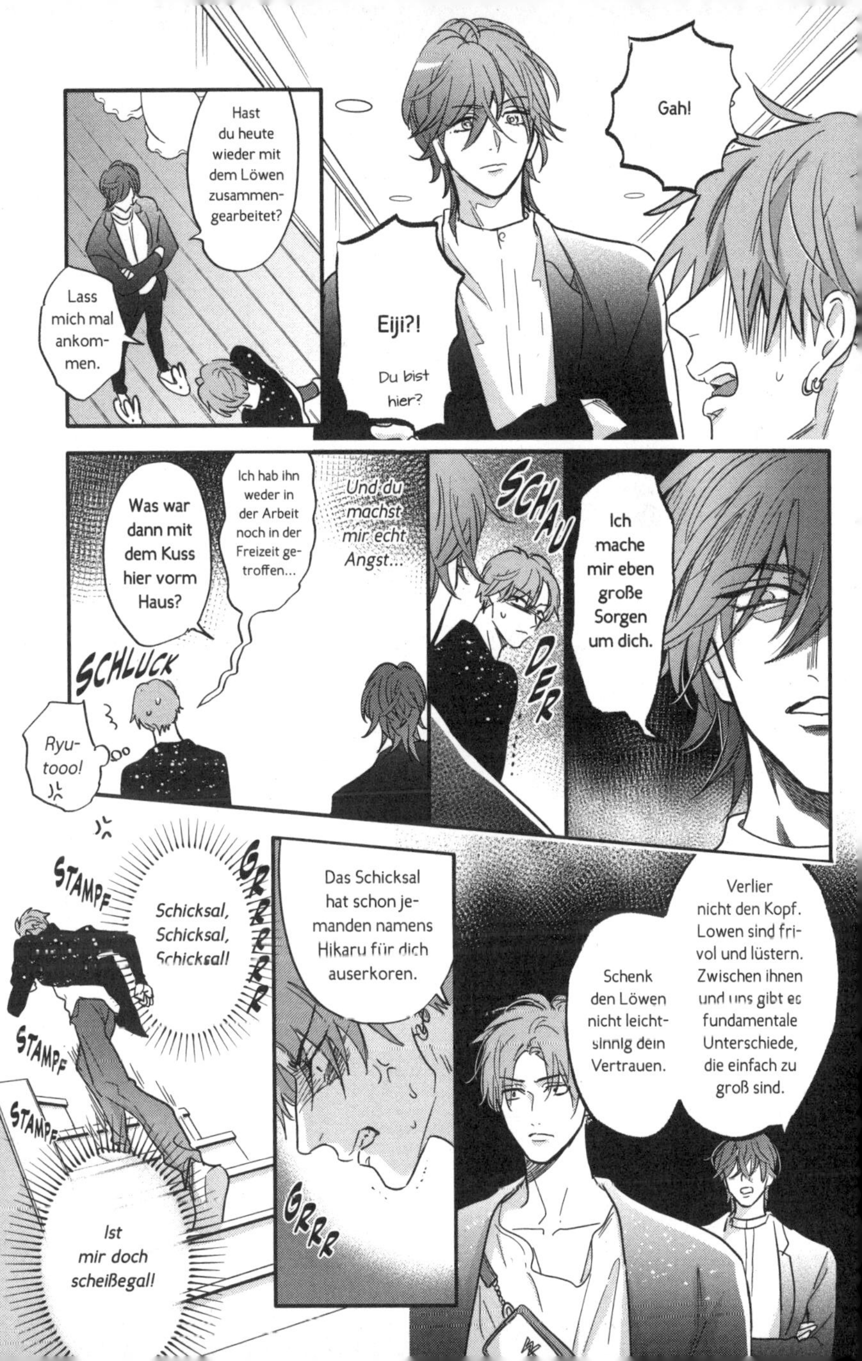
Gah!
Eiji?!
Du bist hier?
Hast du heute wieder mit dem Löwen zusammengearbeitet?
Lass mich mal ankommen.
Ich mache mir eben große Sorgen um dich.
SCHAUDER
Und du machst mir echt Angst…
Ich hab ihn weder in der Arbeit noch in der Freizeit getroffen…
Was war dann mit dem Kuss hier vorm Haus?
SCHLUCK
Ryu-tooo!
Verlier nicht den Kopf. Lowen sind frivol und lüstern. Zwischen ihnen und uns gibt es fundamentale Unterschiede, die einfach zu groß sind.
Schenk den Löwen nicht leichtsinnig dein Vertrauen.
Das Schicksal hat schon jemanden namens Hikaru für dich auserkoren.
GRRR
GRRRRRR
Schicksal, Schicksal, Schicksal!
STAMPF
STAMPF
STAMPF
Ist mir doch scheißegal!

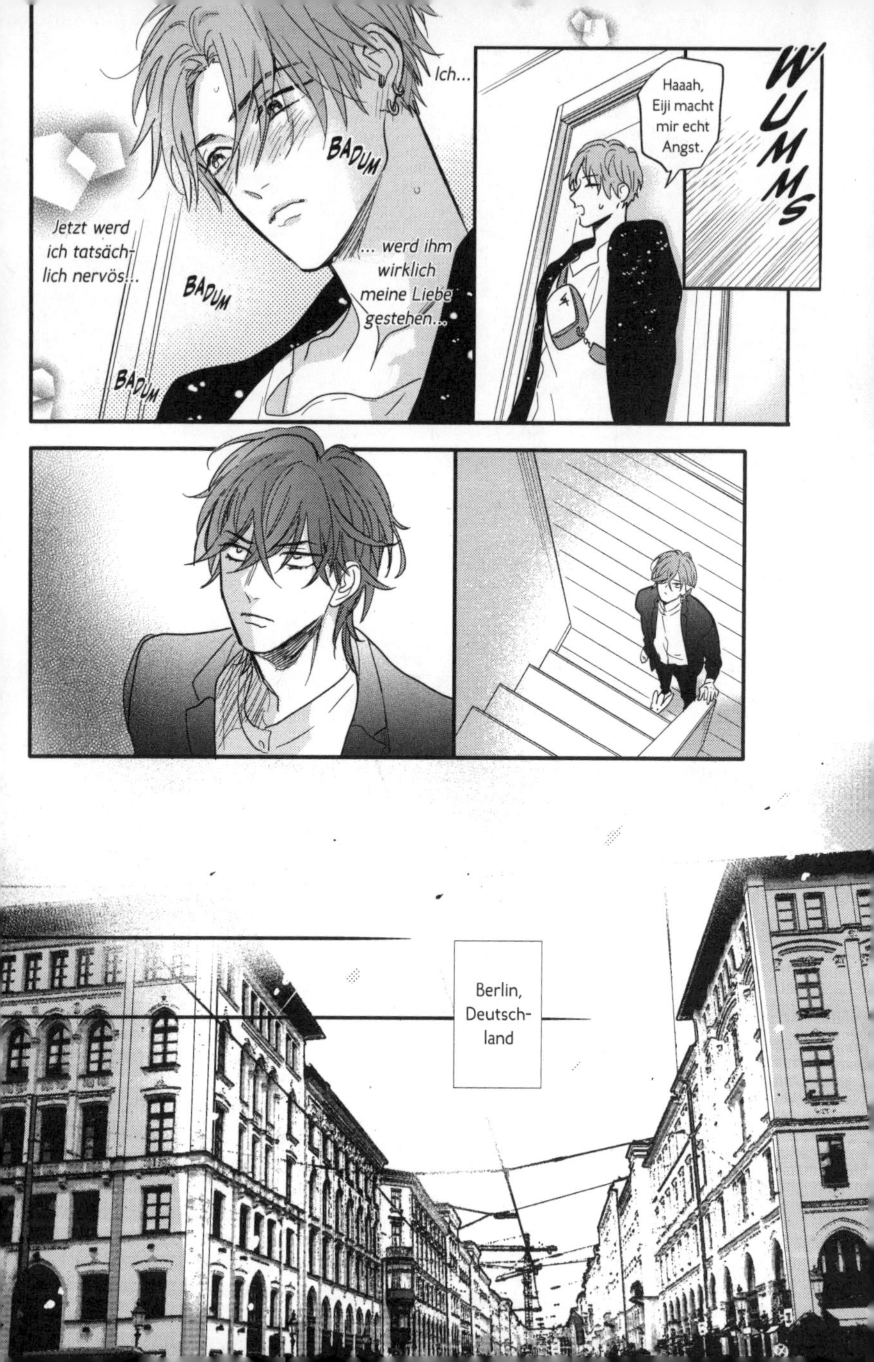
WUMMS
Haaah, Eiji macht mir echt Angst.
Ich...
BADUM
Jetzt werd ich tatsächlich nervös...
BADUM
... werd ihm wirklich meine Liebe gestehen...
BADUM
Berlin, Deutschland

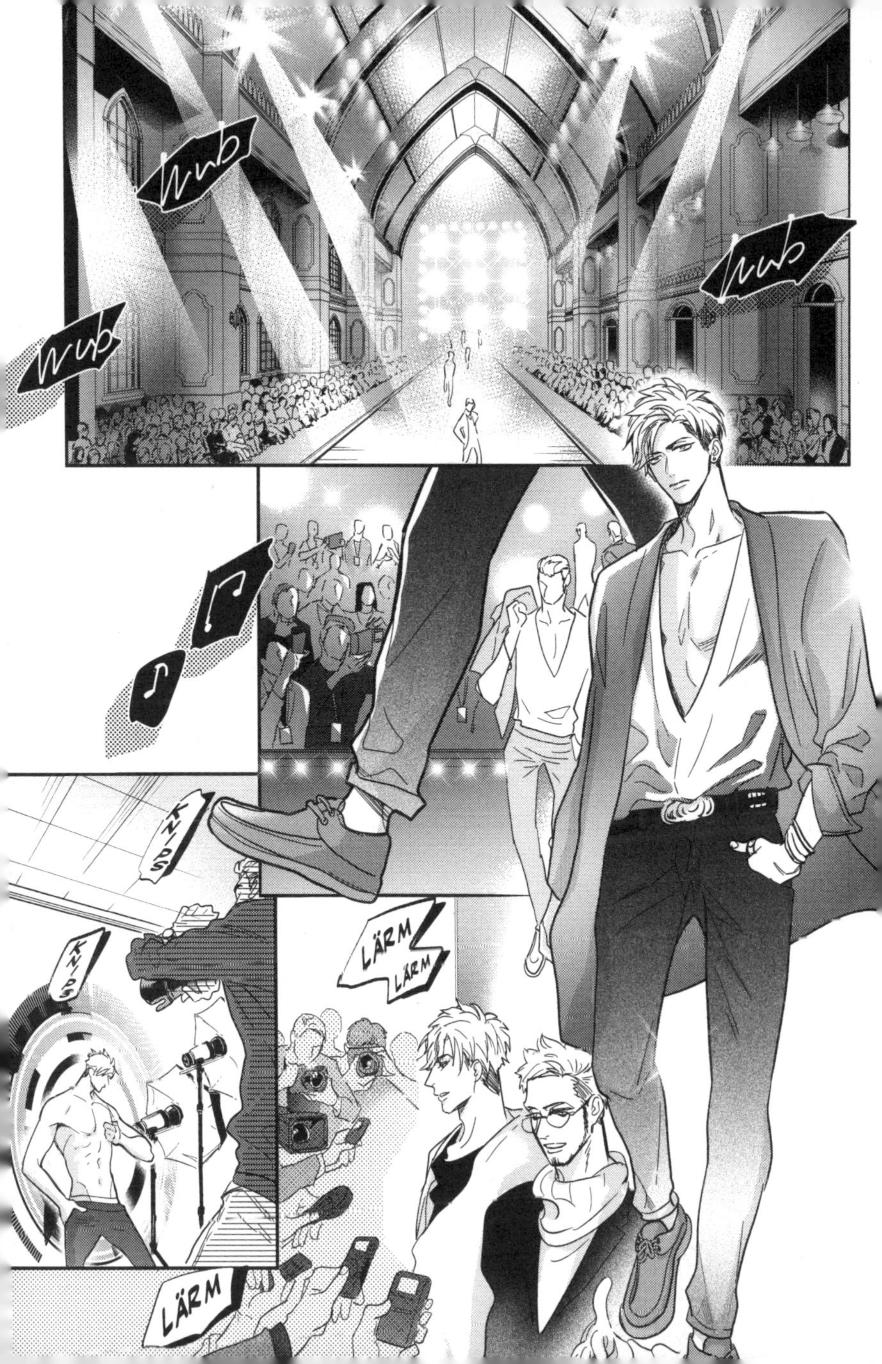
Wub
Wub
Wub
KNIPS
LÄRM
LÄRM
KNIPS
LÄRM

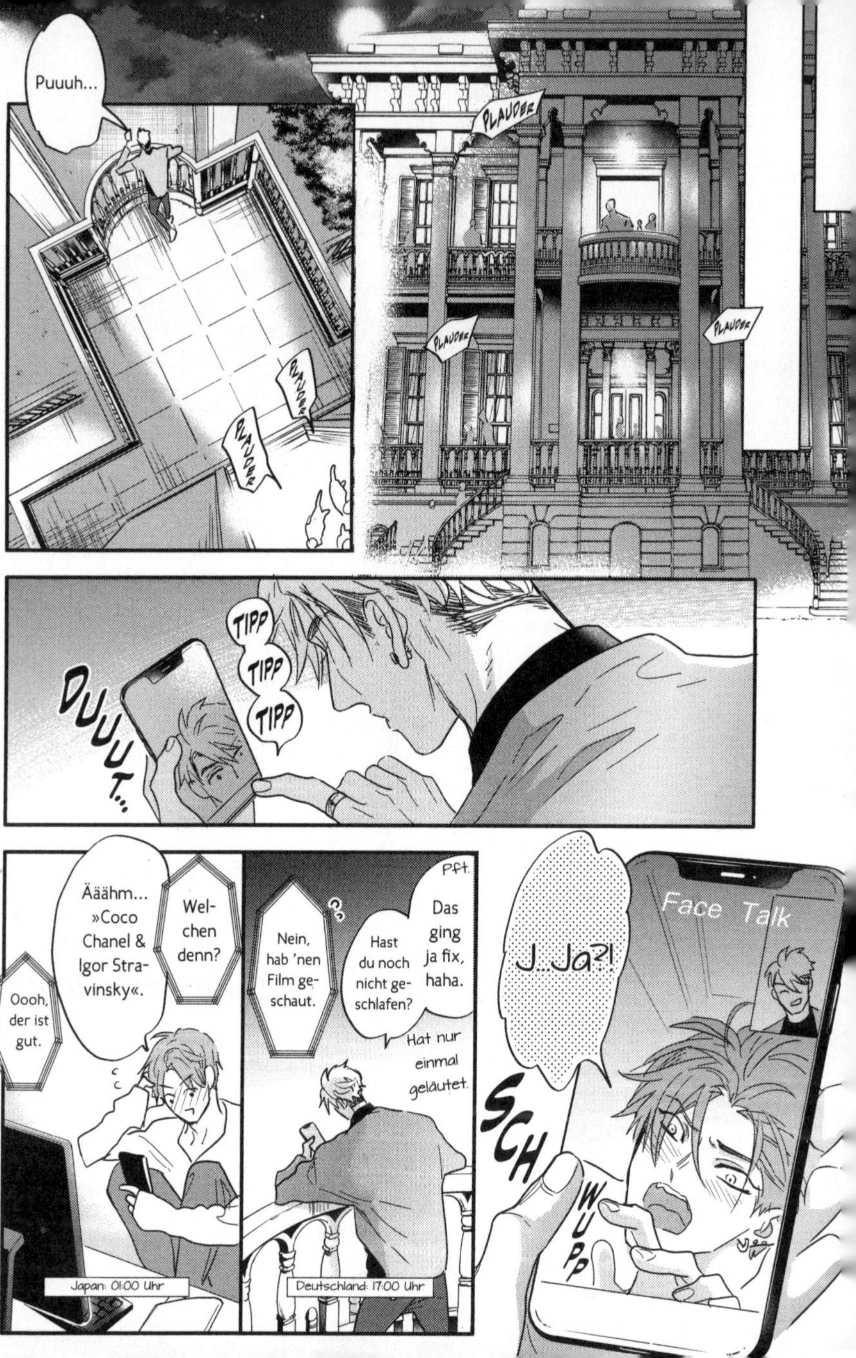
PLAUDER
PLAUDER
PLAUDER
Puuuh...
PLAUDER
PLAUDER
TIPP
TIPP
TIPP
DUUUT...
Face Talk
J...Ja?!
SCH
WUPP
Pft.
Das ging ja fix, haha.
Hat nur einmal geläutet.
Hast du noch nicht geschlafen?
Nein, hab 'nen Film geschaut.
Deutschland: 17:00 Uhr
Welchen denn?
Äääähm... »Coco Chanel & Igor Stravinsky«.
Oooh, der ist gut.
Japan: 01:00 Uhr

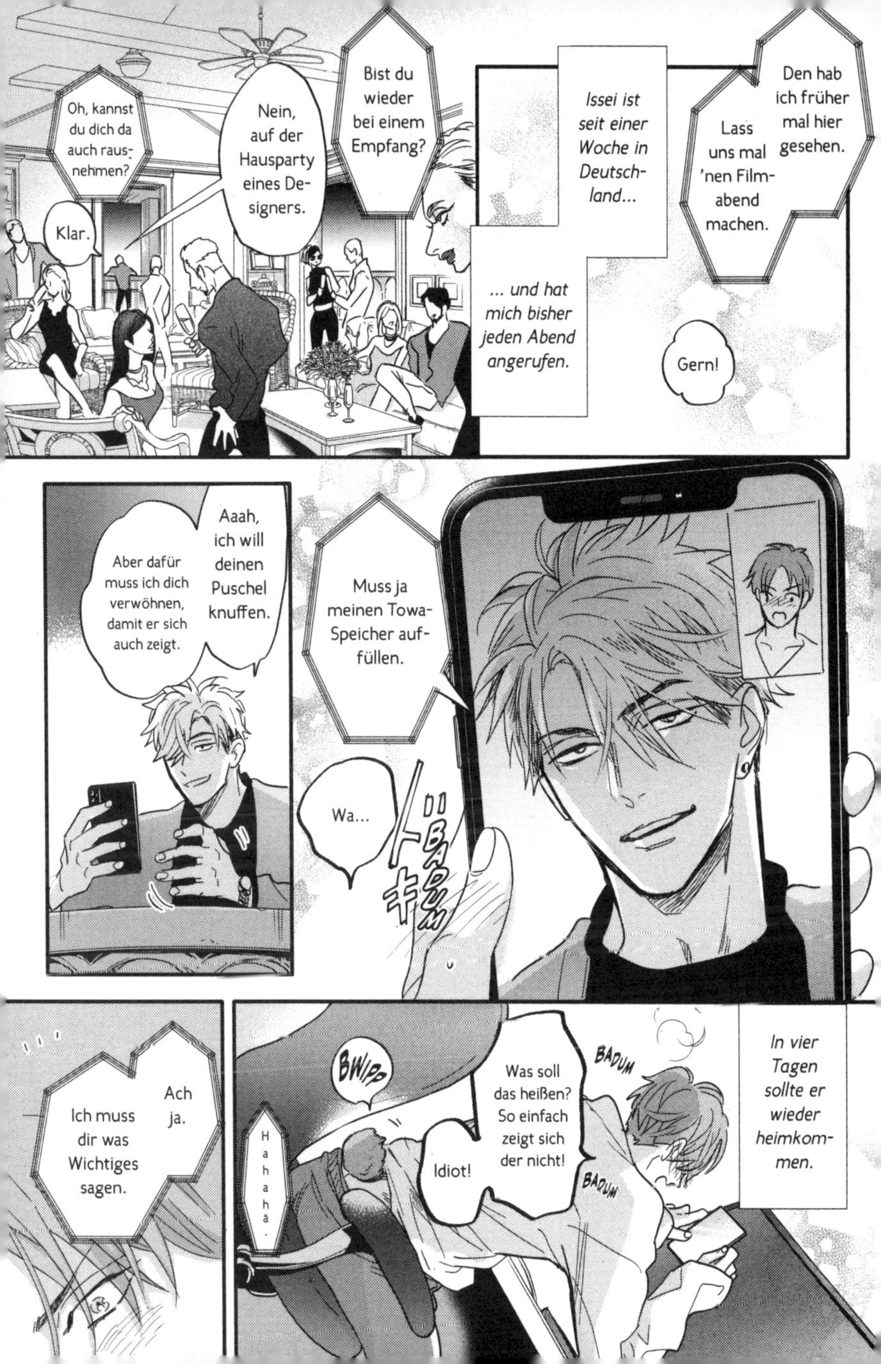

Issei ist seit einer Woche in Deutschland...
Den hab ich früher mal hier gesehen.
Lass uns mal 'nen Filmabend machen.
Gern!
... und hat mich bisher jeden Abend angerufen.
Bist du wieder bei einem Empfang?
Nein, auf der Hausparty eines Designers.
Oh, kannst du dich da auch raus-nehmen?
Klar.
Muss ja meinen Towa-Speicher auffüllen.
Wa...
BADUM
Aaah, ich will deinen Puschel knuffen.
Aber dafür muss ich dich verwöhnen, damit er sich auch zeigt.
In vier Tagen sollte er wieder heimkommen.
BADUM
BADUM
Was soll das heißen? So einfach zeigt sich der nicht!
Idiot!
BWIPP
Hahahä.
Ach ja.
Ich muss dir was Wichtiges sagen.

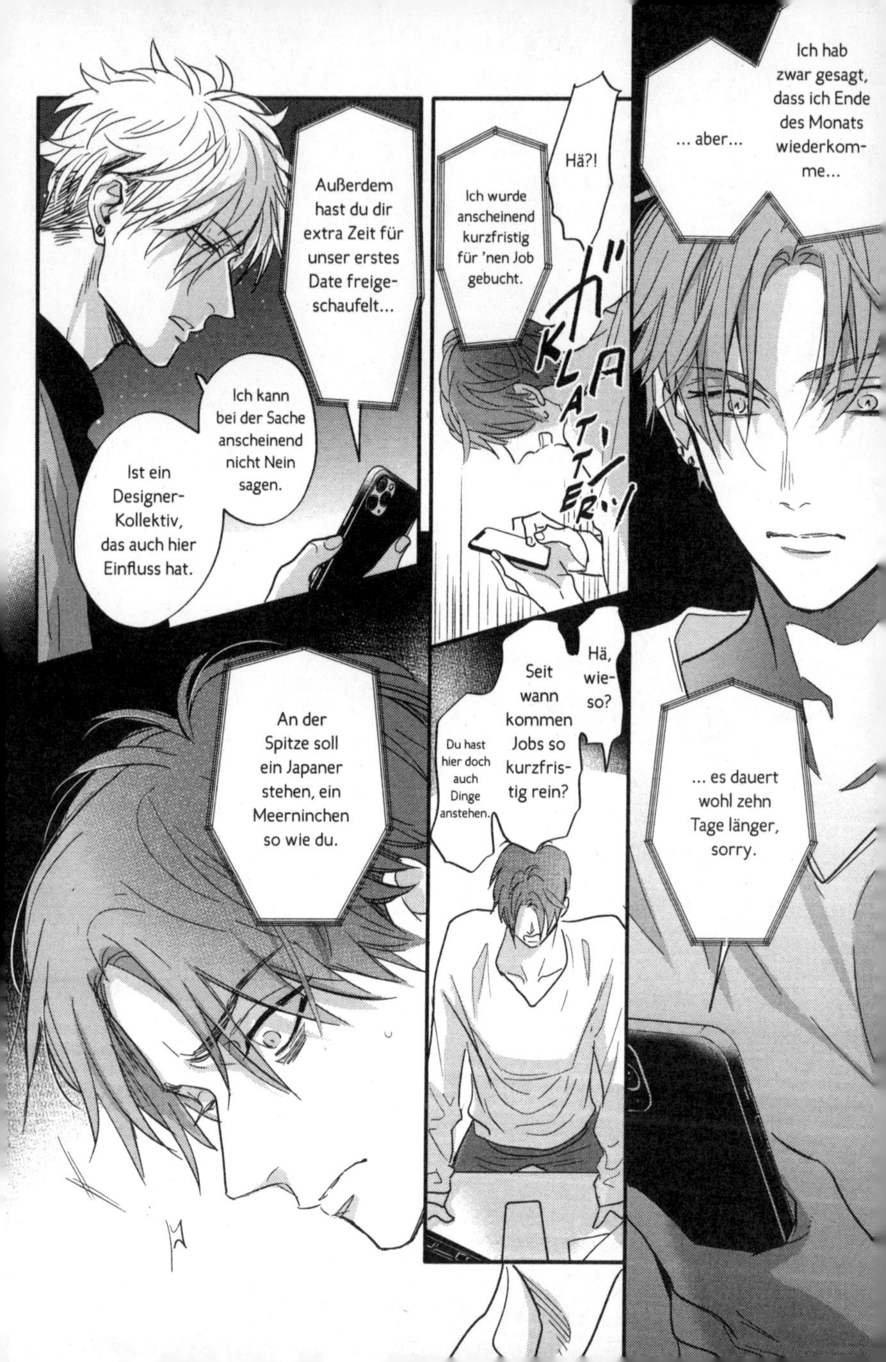

Ich hab zwar gesagt, dass ich Ende des Monats wiederkom-me...
... aber...
... es dauert wohl zehn Tage länger, sorry.
Hä?!
Ich wurde anscheinend kurzfristig für 'nen Job gebucht.
KLATTER
Hä, wie-so?
Seit wann kommen Jobs so kurzfris-tig rein?
Du hast hier doch auch Dinge anstehen.
Außerdem hast du dir extra Zeit für unser erstes Date freige-schaufelt...
Ich kann bei der Sache anscheinend nicht Nein sagen.
Ist ein Designer-Kollektiv, das auch hier Einfluss hat.
An der Spitze soll ein Japaner stehen, ein Meerninchen so wie du.

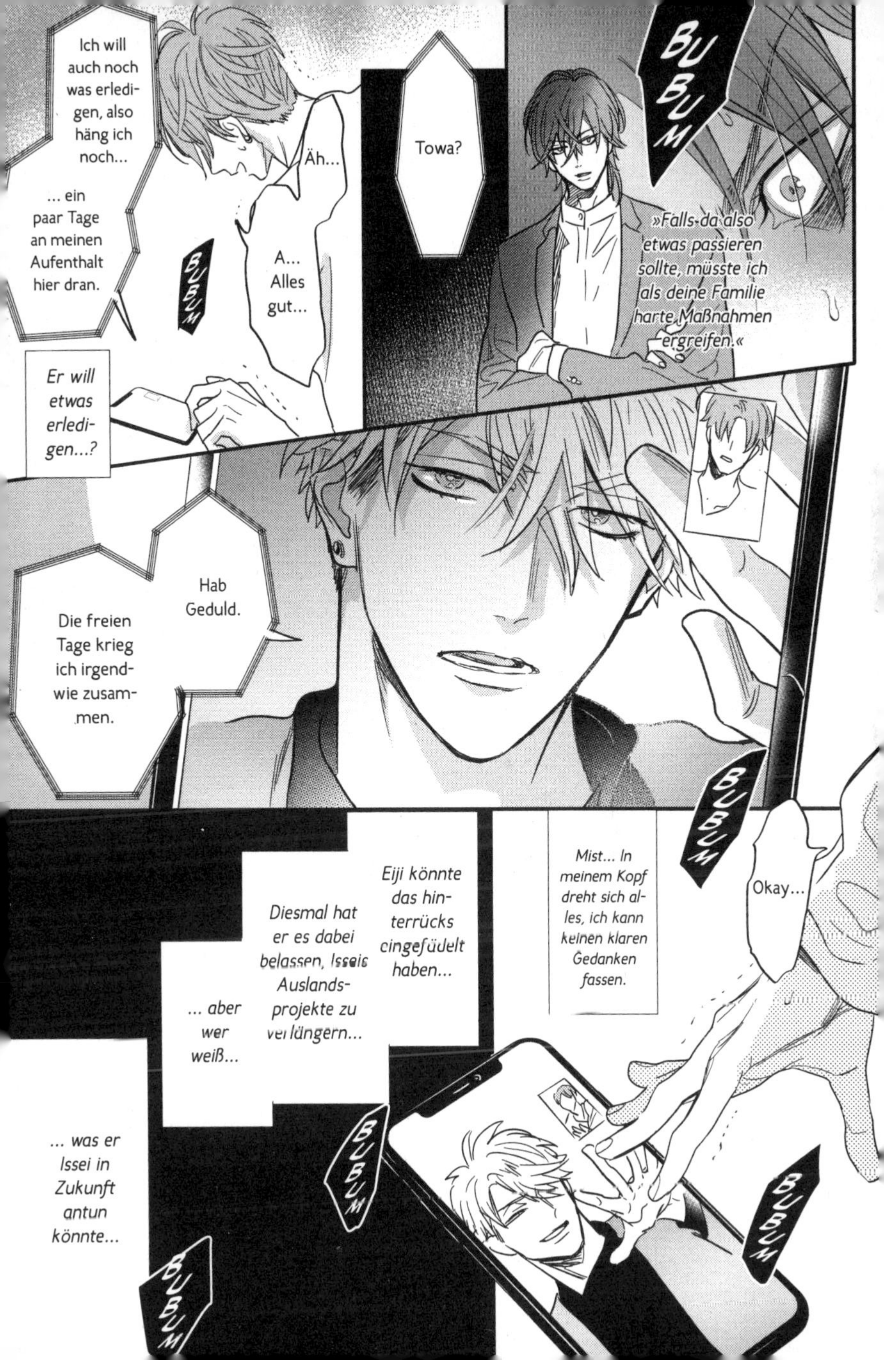
BUBUM
»Falls da also etwas passieren sollte, müsste ich als deine Familie harte Maßnahmen ergreifen.«
Towa?
Ich will auch noch was erledigen, also häng ich noch...
... ein paar Tage an meinen Aufenthalt hier dran.
Äh...
A... Alles gut...
BUBUM
Er will etwas erledigen...?
Hab Geduld.
Die freien Tage krieg ich irgendwie zusammen.
BUBUM
Okay...
Mist... In meinem Kopf dreht sich alles, ich kann keinen klaren Gedanken fassen.
Eiji könnte das hinterrücks eingefädelt haben...
Diesmal hat er es dabei belassen, Isseis Auslandsprojekte zu verlängern...
... aber wer weiß...
... was er Issei in Zukunft antun könnte...
BUBUM
BUBUM
BUBUM

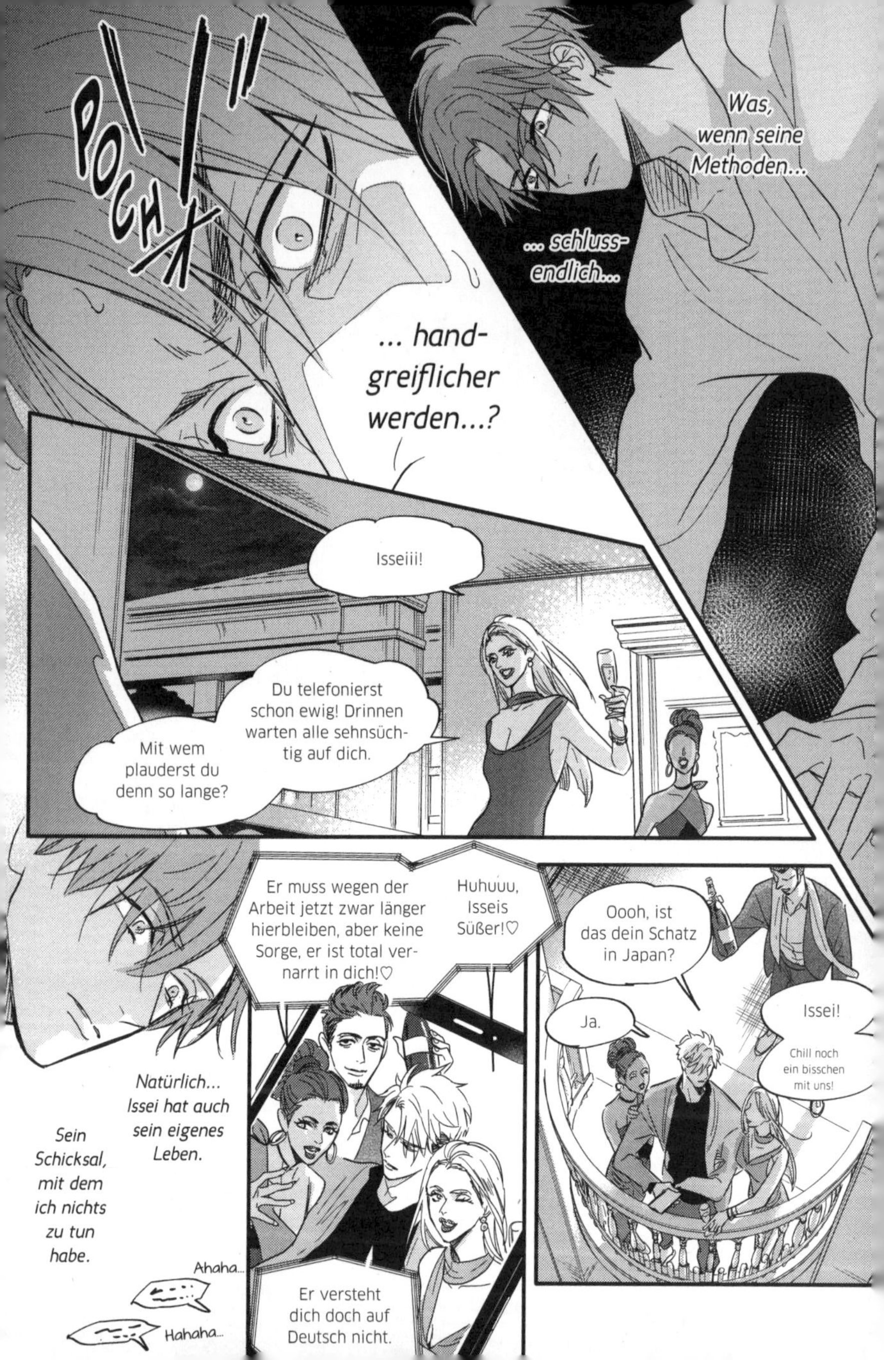
Was, wenn seine Methoden...
... schluss-endlich...
... hand-greiflicher werden...?
POCH
Isseiii!
Du telefonierst schon ewig! Drinnen warten alle sehnsüch-tig auf dich.
Mit wem plauderst du denn so lange?
Issei!
Chill noch ein bisschen mit uns!
Oooh, ist das dein Schatz in Japan?
Ja.
Huhuuu, Isseis Süßer!♡
Er muss wegen der Arbeit jetzt zwar länger hierbleiben, aber keine Sorge, er ist total ver-narrt in dich!♡
Er versteht dich doch auf Deutsch nicht.
Natürlich... Issei hat auch sein eigenes Leben.
Sein Schicksal, mit dem ich nichts zu tun habe.
Ahaha...
Hahaha...

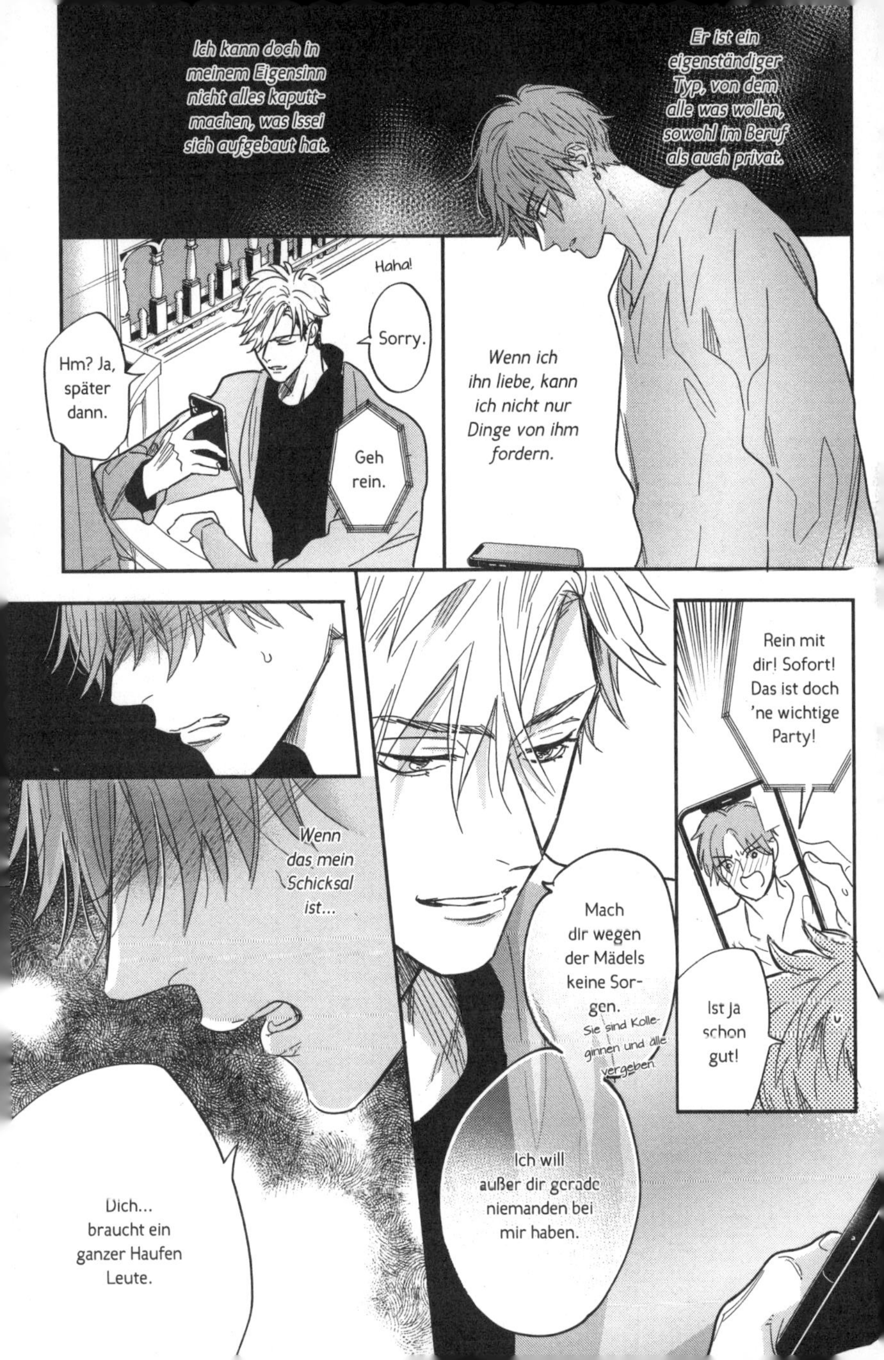
Er ist ein eigenständiger Typ, von dem alle was wollen, sowohl im Beruf als auch privat.
Ich kann doch in meinem Eigensinn nicht alles kaputtmachen, was Issei sich aufgebaut hat.
Wenn ich ihn liebe, kann ich nicht nur Dinge von ihm fordern.
Haha!
Sorry.
Geh rein.
Hm? Ja, später dann.
Rein mit dir! Sofort! Das ist doch 'ne wichtige Party!
Ist ja schon gut!
Mach dir wegen der Mädels keine Sorgen.
Sie sind Kolleginnen und alle vergeben.
Ich will außer dir gerade niemanden bei mir haben.
Wenn das mein Schicksal ist...
Dich... braucht ein ganzer Haufen Leute.

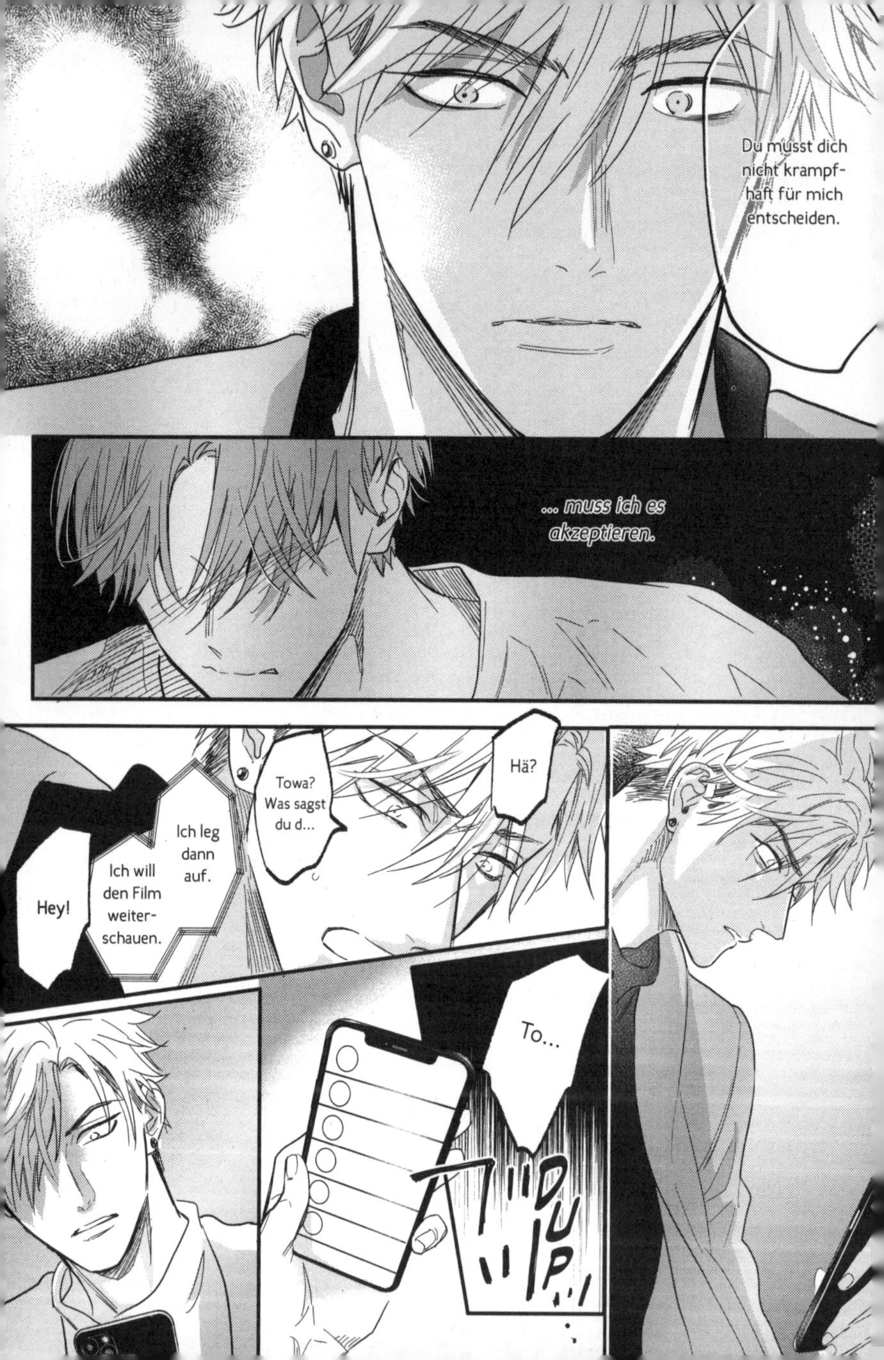
Du musst dich nicht krampfhaft für mich entscheiden.
... muss ich es akzeptieren.
Hä?
Towa? Was sagst du d...
Ich leg dann auf.
Ich will den Film weiterschauen.
Hey!
To...
DUP!

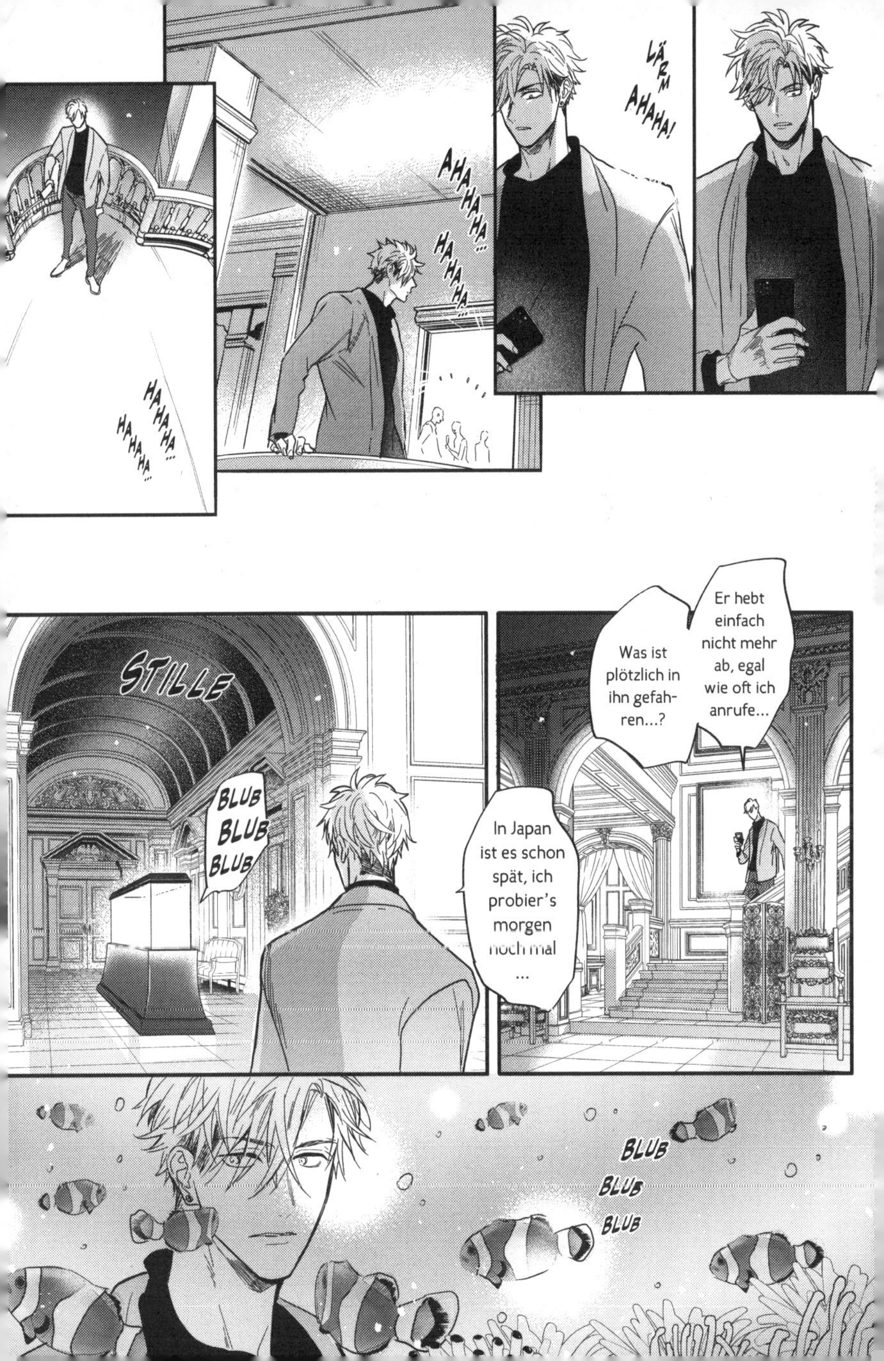
LÄRM
AHAHA!
AHAHAHA…
HAHAHA…
HAHAHA…
HAHAHA…
Er hebt einfach nicht mehr ab, egal wie oft ich anrufe…
Was ist plötzlich in ihn gefahren…?
STILLE
In Japan ist es schon spät, ich probier's morgen noch mal …
BLUB BLUB BLUB
BLUB BLUB BLUB

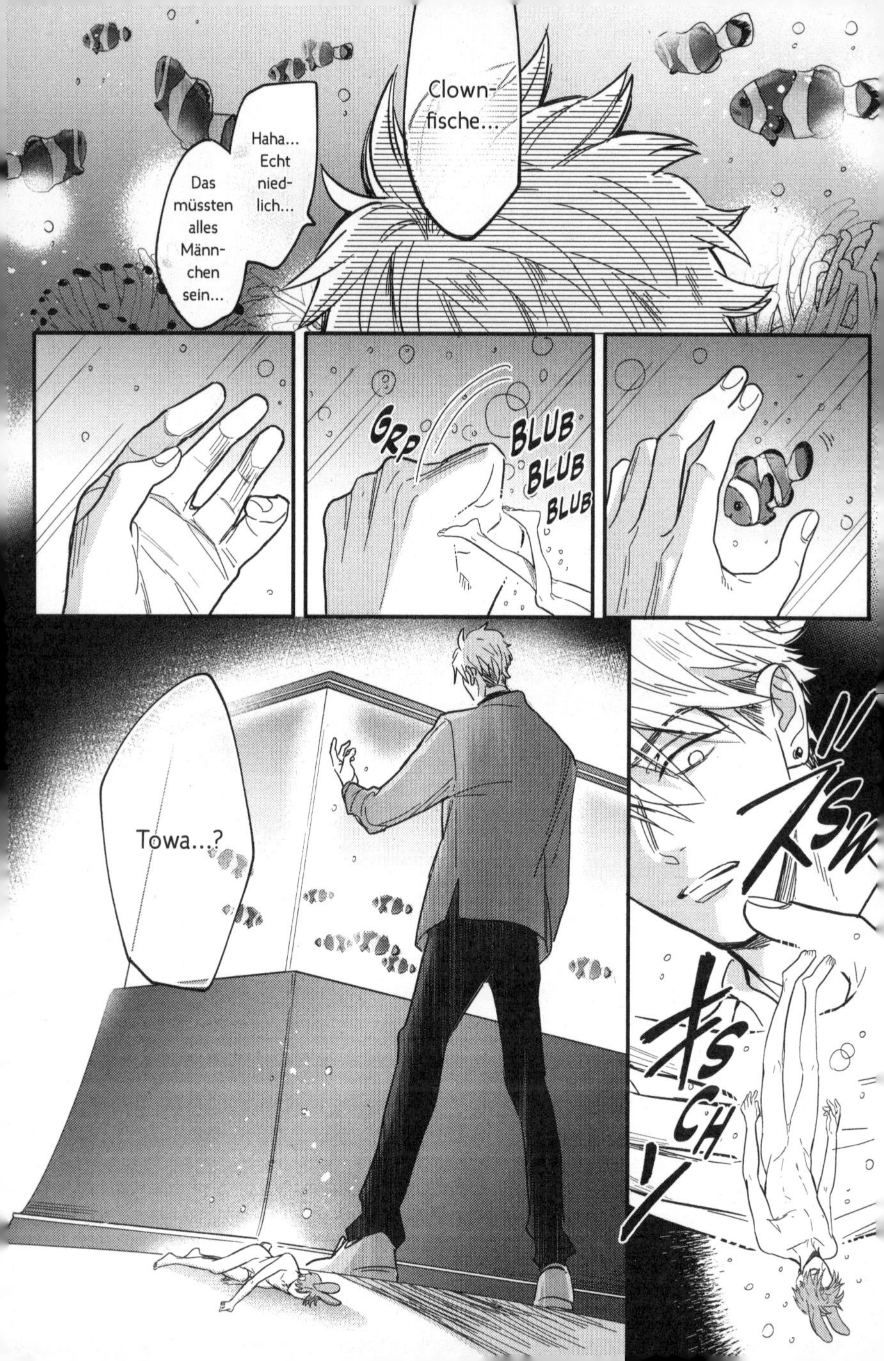

Clown-fische...
Haha... Echt nied-lich...
Das müssten alles Männ-chen sein...
GRP
BLUB BLUB BLUB
SWISCH
Towa...?

PHEROMO HOLIC

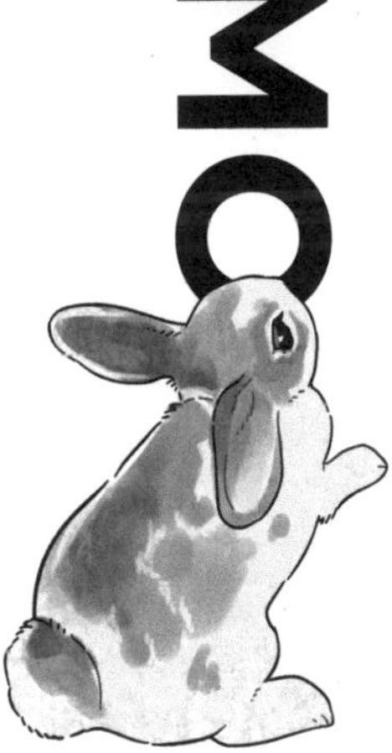

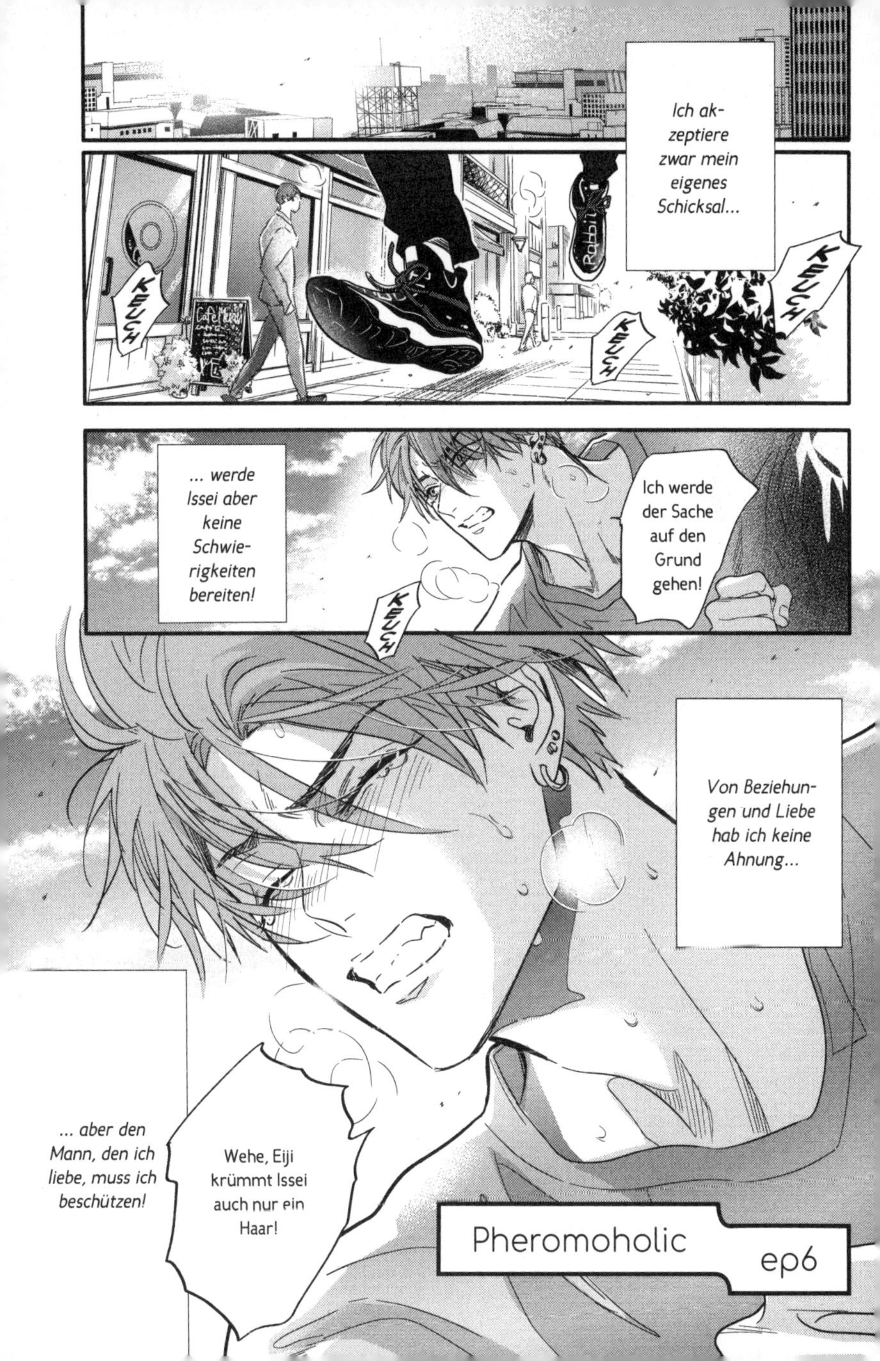
Ich akzeptiere zwar mein eigenes Schicksal...
KEUCH
KEUCH
KEUCH
Ich werde der Sache auf den Grund gehen!
... werde Issei aber keine Schwierigkeiten bereiten!
KEUCH
Von Beziehungen und Liebe hab ich keine Ahnung...
Wehe, Eiji krümmt Issei auch nur ein Haar!
... aber den Mann, den ich liebe, muss ich beschützen!
Pheromoholic
ep6

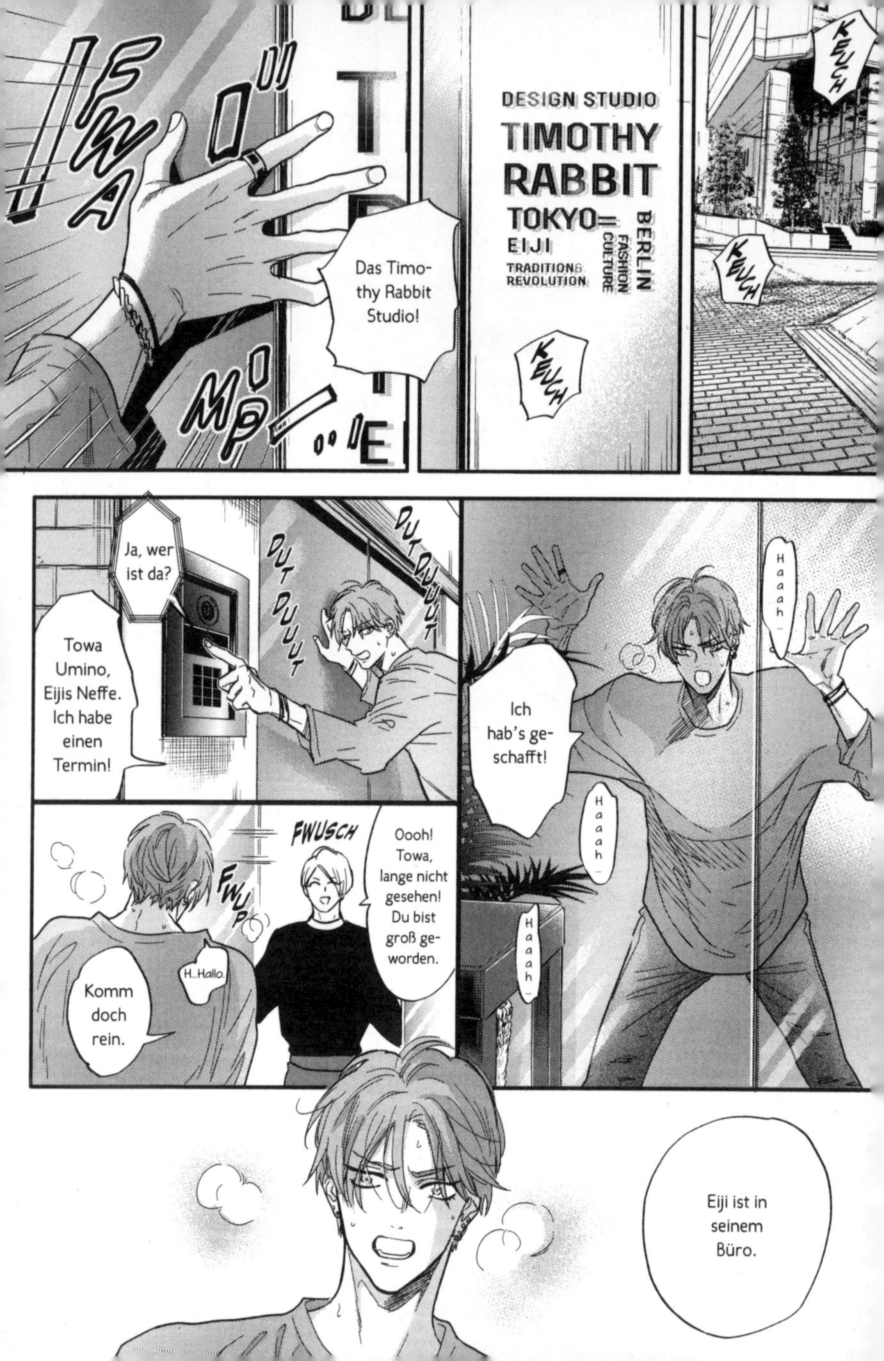
KEUCH
KEUCH
DESIGN STUDIO
TIMOTHY RABBIT
TOKYO
BERLIN
EIJI
FASHION CULTURE
TRADITION& REVOLUTION
KEUCH
FWAO
Das Timothy Rabbit Studio!
MOMP
Haaah...
Ich hab's geschafft!
Haaah...
Haaah...
DUT DUUUT
DUT DUUUT
Ja, wer ist da?
Towa Umino, Eijis Neffe. Ich habe einen Termin!
Oooh! Towa, lange nicht gesehen! Du bist groß geworden.
FWUSCH
FWUP
H...Hallo.
Komm doch rein.
Eiji ist in seinem Büro.

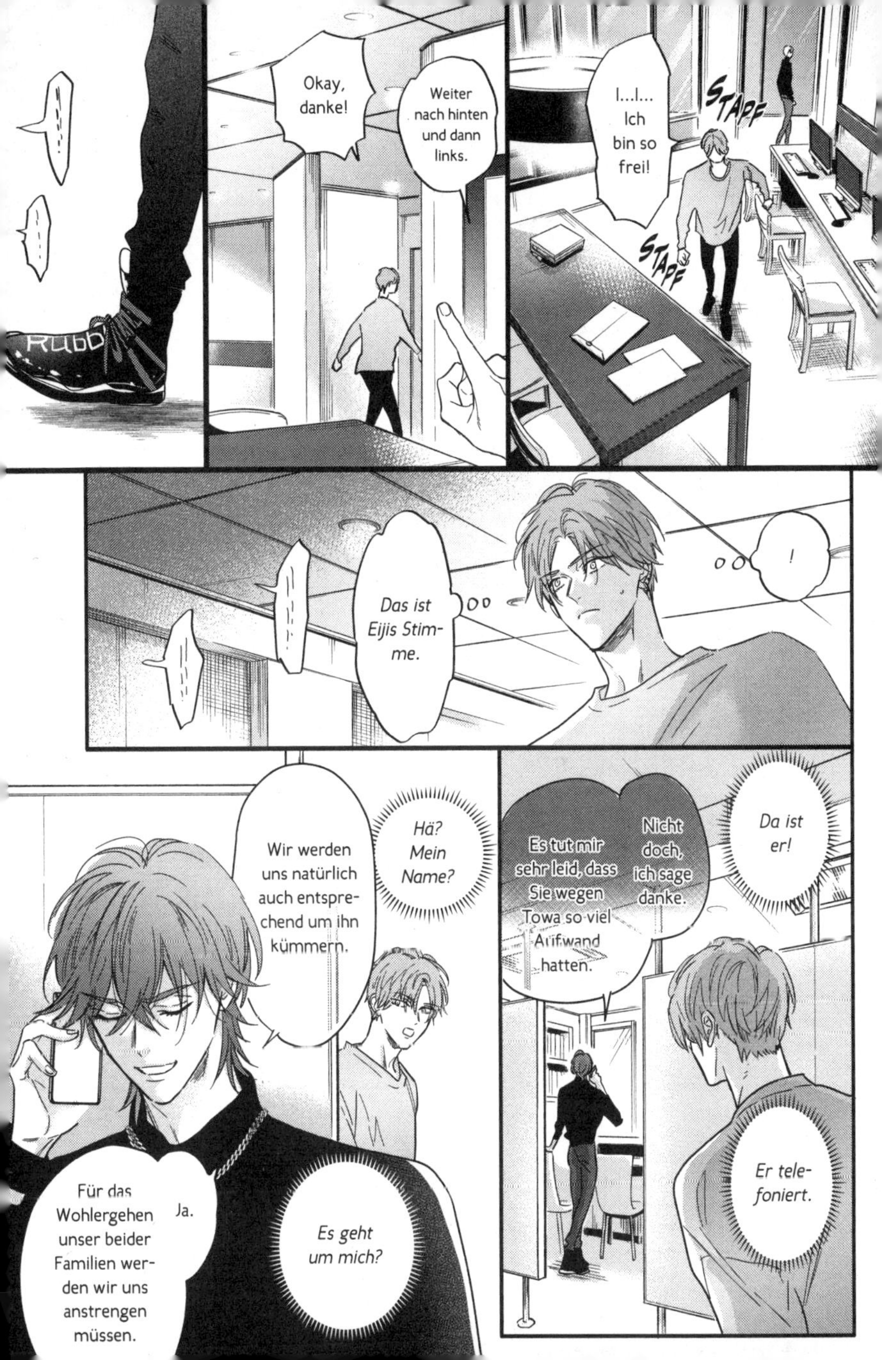
I...I... Ich bin so frei!
STAPF
STAPF
Weiter nach hinten und dann links.
Okay, danke!
!
Das ist Eijis Stimme.
Da ist er!
Nicht doch, ich sage danke.
Es tut mir sehr leid, dass Sie wegen Towa so viel Aufwand hatten.
Er telefoniert.
Hä? Mein Name?
Wir werden uns natürlich auch entsprechend um ihn kümmern.
Ja.
Für das Wohlergehen unser beider Familien werden wir uns anstrengen müssen.
Es geht um mich?

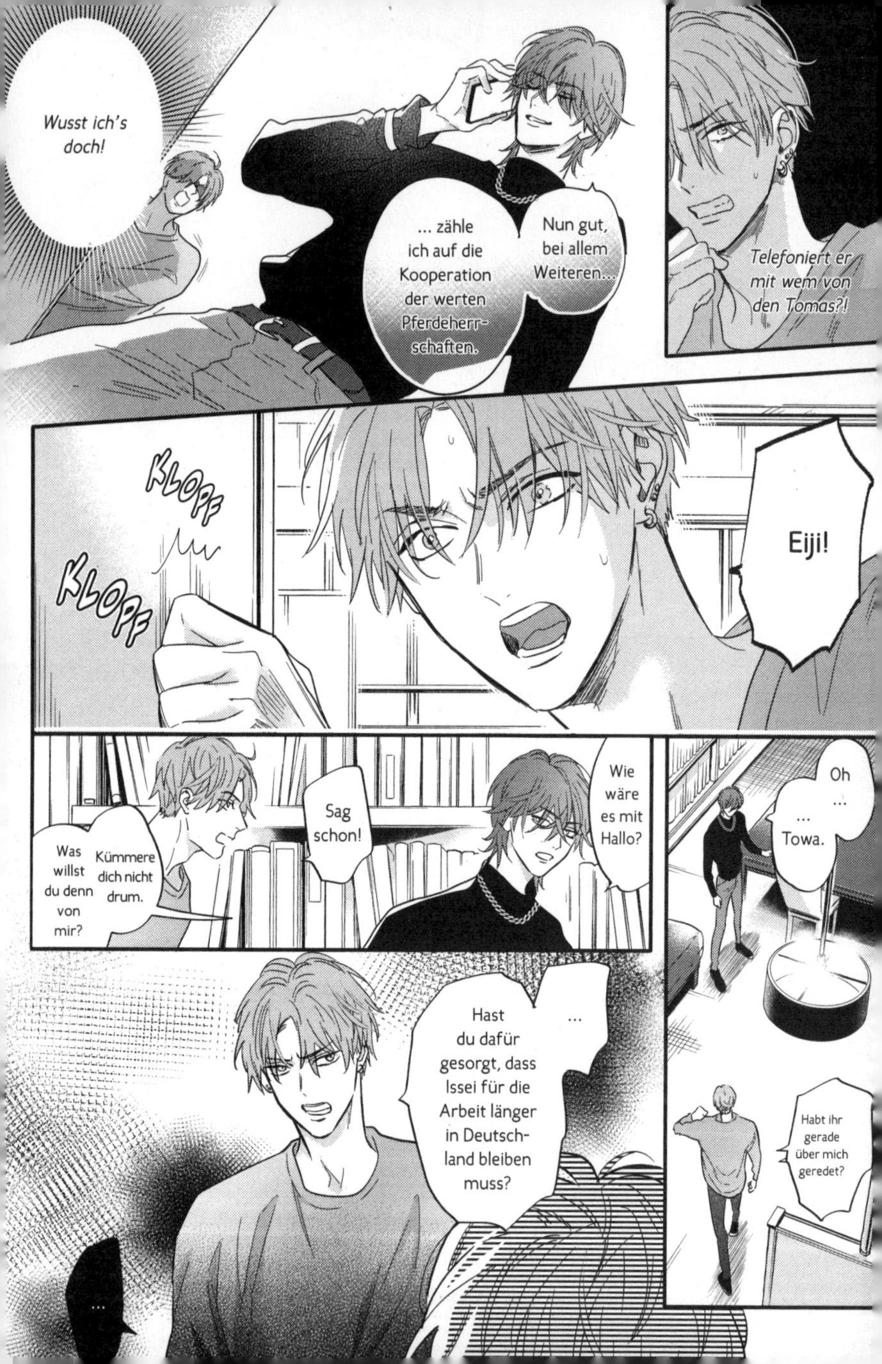
Nun gut, bei allem Weiteren ...
... zähle ich auf die Kooperation der werten Pferdeherr-schaften.
Wusst ich's doch!
Telefoniert er mit wem von den Tomas?!
Eiji!
KLOPF
KLOPF
Oh ... ... Towa.
Wie wäre es mit Hallo?
Sag schon!
Kümmere dich nicht drum.
Was willst du denn von mir?
Habt ihr gerade über mich geredet?
...
Hast du dafür gesorgt, dass Issei für die Arbeit länger in Deutsch-land bleiben muss?
...

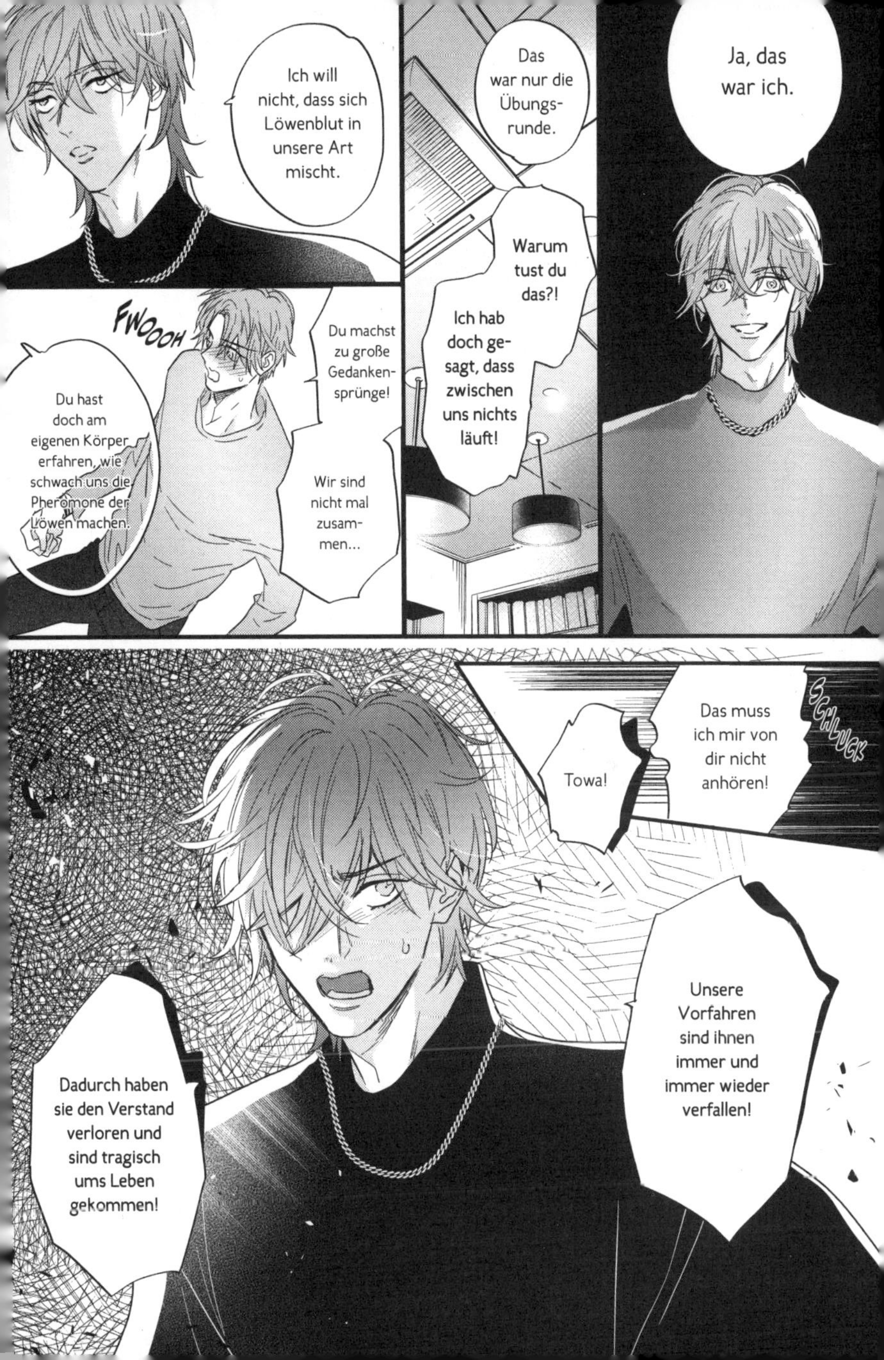
Ja, das war ich.
Das war nur die Übungsrunde.
Warum tust du das?!
Ich hab doch gesagt, dass zwischen uns nichts läuft!
Ich will nicht, dass sich Löwenblut in unsere Art mischt.
FWOOOH
Du machst zu große Gedankensprünge!
Wir sind nicht mal zusammen...
Du hast doch am eigenen Körper erfahren, wie schwach uns die Pheromone der Löwen machen.
SCHLUCK
Das muss ich mir von dir nicht anhören!
Towa!
Unsere Vorfahren sind ihnen immer und immer wieder verfallen!
Dadurch haben sie den Verstand verloren und sind tragisch ums Leben gekommen!

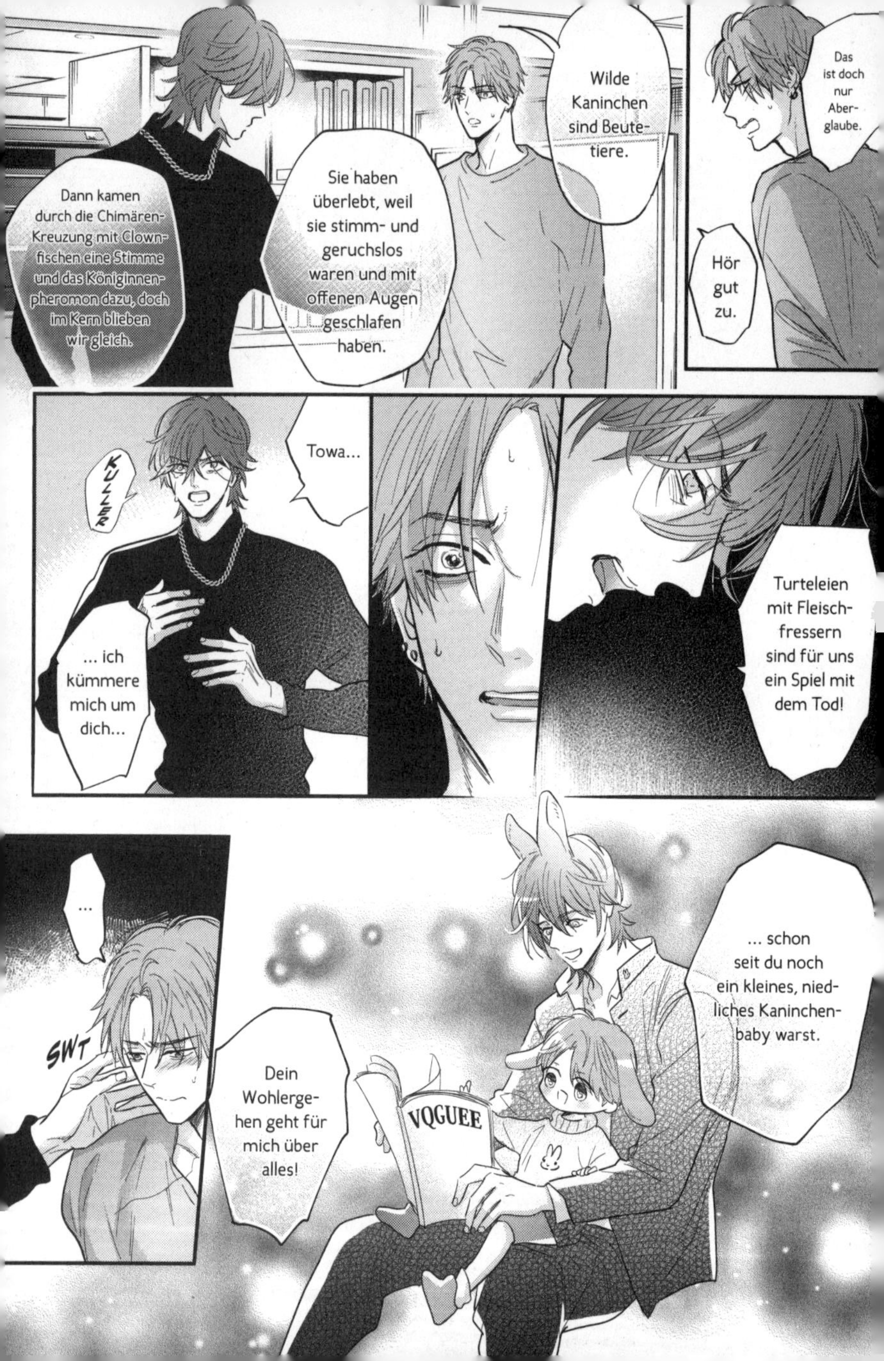
Das ist doch nur Aberglaube.
Hör gut zu.
Wilde Kaninchen sind Beutetiere.
Sie haben überlebt, weil sie stimm- und geruchslos waren und mit offenen Augen geschlafen haben.
Dann kamen durch die Chimären-Kreuzung mit Clownfischen eine Stimme und das Königinnenpheromon dazu, doch im Kern blieben wir gleich.
Turteleien mit Fleischfressern sind für uns ein Spiel mit dem Tod!
Towa…
KULLER
… ich kümmere mich um dich…
… schon seit du noch ein kleines, niedliches Kaninchenbaby warst.
VQGUEE
Dein Wohlergehen geht für mich über alles!
…
SWT

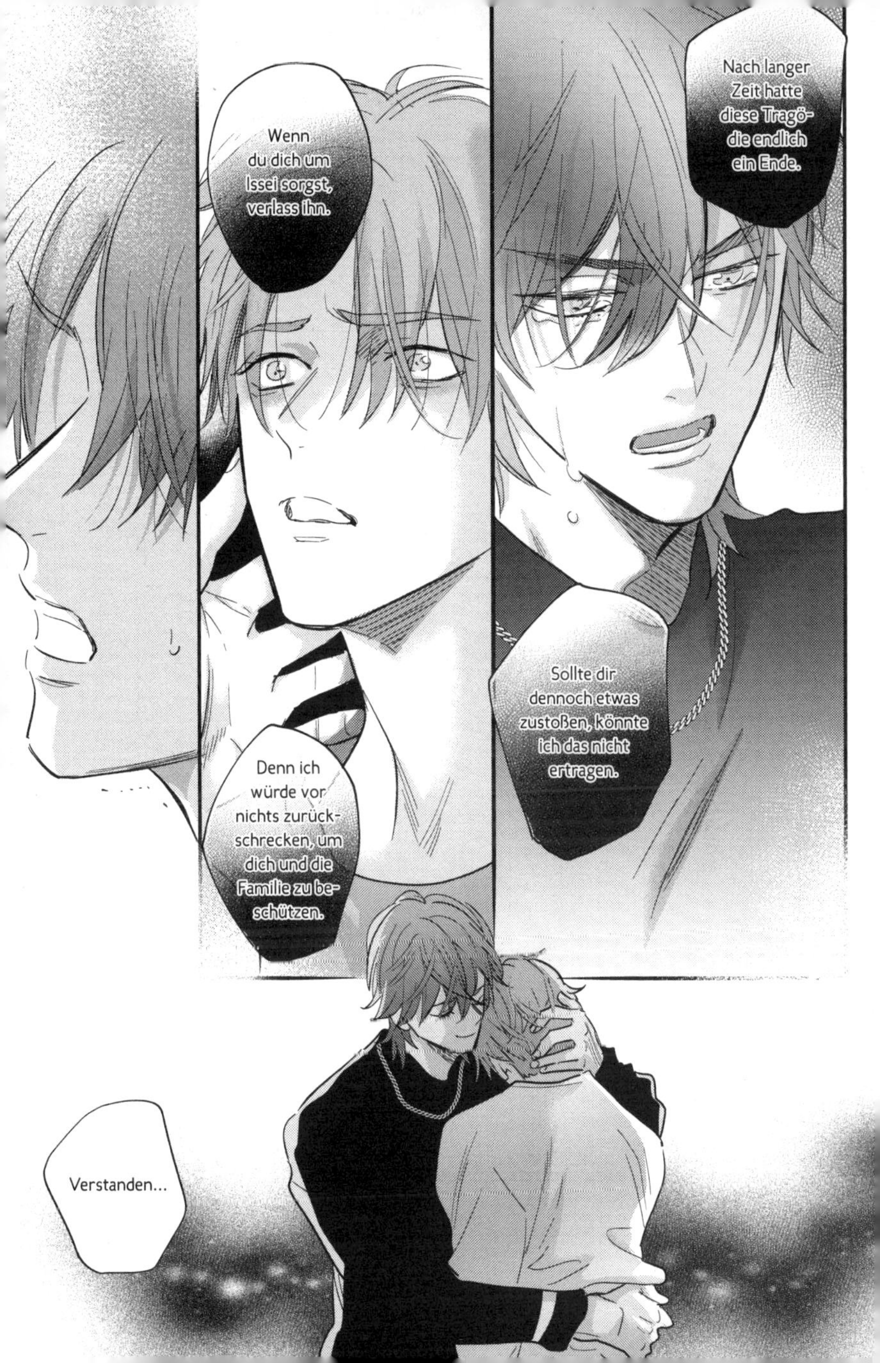
Nach langer Zeit hatte diese Tragödie endlich ein Ende.
Sollte dir dennoch etwas zustoßen, könnte ich das nicht ertragen.
Wenn du dich um Issei sorgst, verlass ihn.
Denn ich würde vor nichts zurückschrecken, um dich und die Familie zu beschützen.
Verstanden...

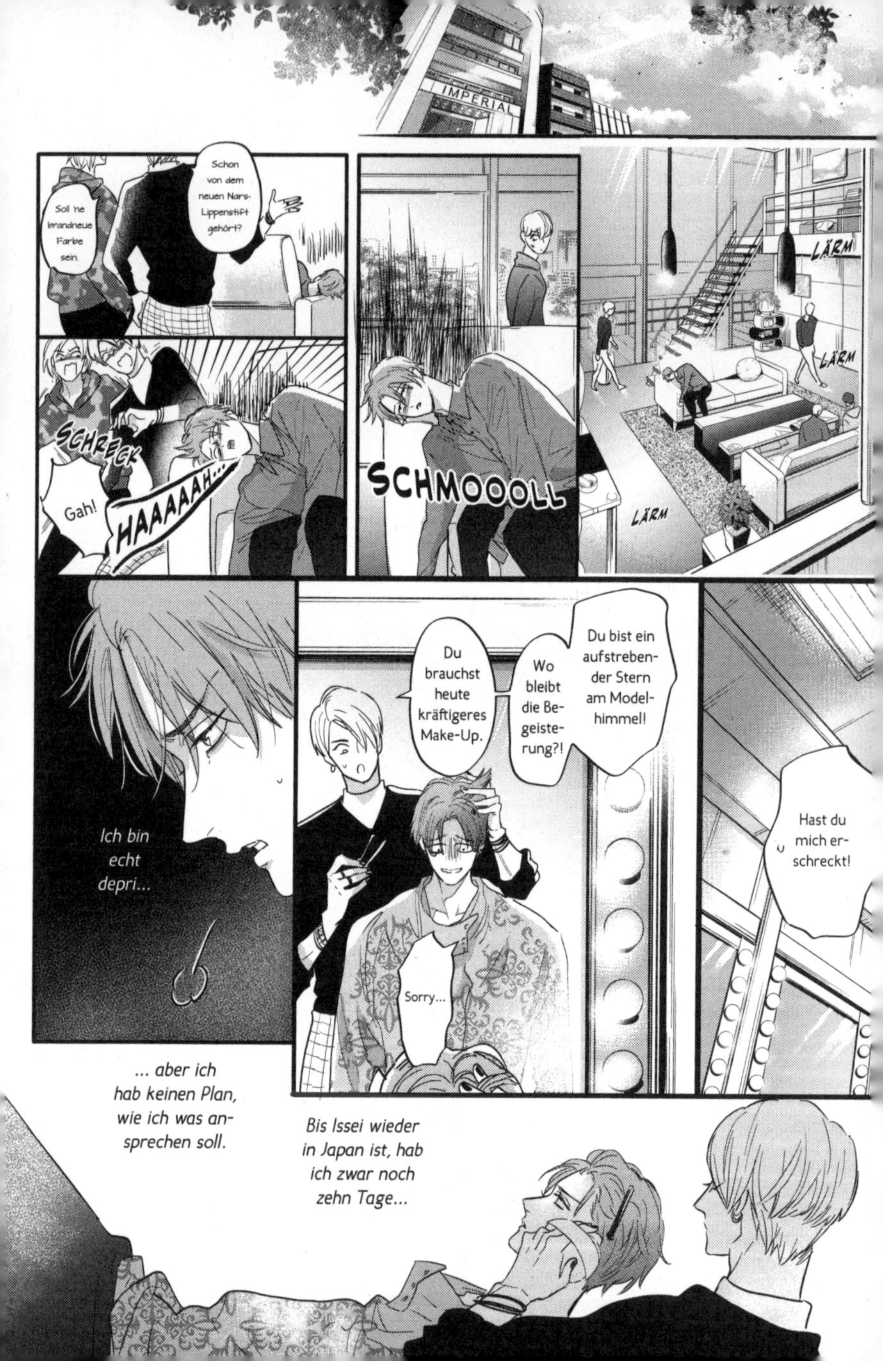
IMPERIAL
LÄRM
LÄRM
LÄRM
SCHMOOOLL
Schon von dem neuen Nars-Lippenstift gehört?
Soll 'ne brandneue Farbe sein.
SCHRECK
HAAAAAH...
Gah!
Hast du mich erschreckt!
Du bist ein aufstrebender Stern am Modelhimmel!
Wo bleibt die Begeisterung?!
Du brauchst heute kräftigeres Make-Up.
Sorry...
Ich bin echt depri...
Bis Issei wieder in Japan ist, hab ich zwar noch zehn Tage...
... aber ich hab keinen Plan, wie ich was ansprechen soll.

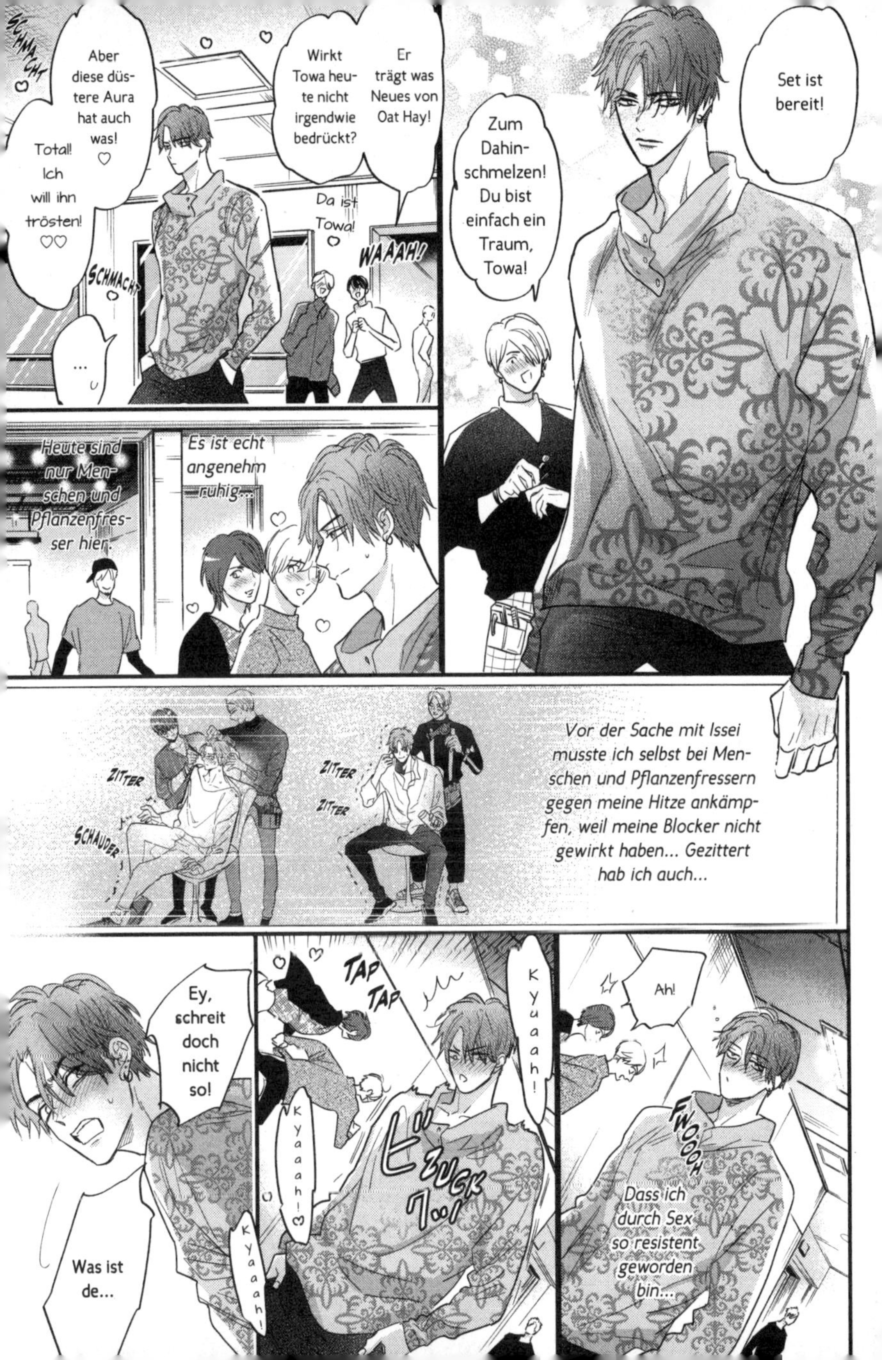
Set ist bereit!
Zum Dahinschmelzen! Du bist einfach ein Traum, Towa!
Er trägt was Neues von Oat Hay!
Wirkt Towa heute nicht irgendwie bedrückt?
Aber diese düstere Aura hat auch was! ♡
Total! Ich will ihn trösten! ♡♡
SCHMACHT
Da ist Towa!
WAAAH!
SCHMACHT
...
Es ist echt angenehm ruhig...
Heute sind nur Menschen und Pflanzenfresser hier.
Vor der Sache mit Issei musste ich selbst bei Menschen und Pflanzenfressern gegen meine Hitze ankämpfen, weil meine Blocker nicht gewirkt haben... Gezittert hab ich auch...
ZITTER
ZITTER
ZITTER
SCHAUDER
Ah!
FWOOOH
Dass ich durch Sex so resistent geworden bin...
Kyuaaah!
TAP TAP
ZUCK
Kyaaah!
Kyaaah!
Ey, schreit doch nicht so!
Was ist de...

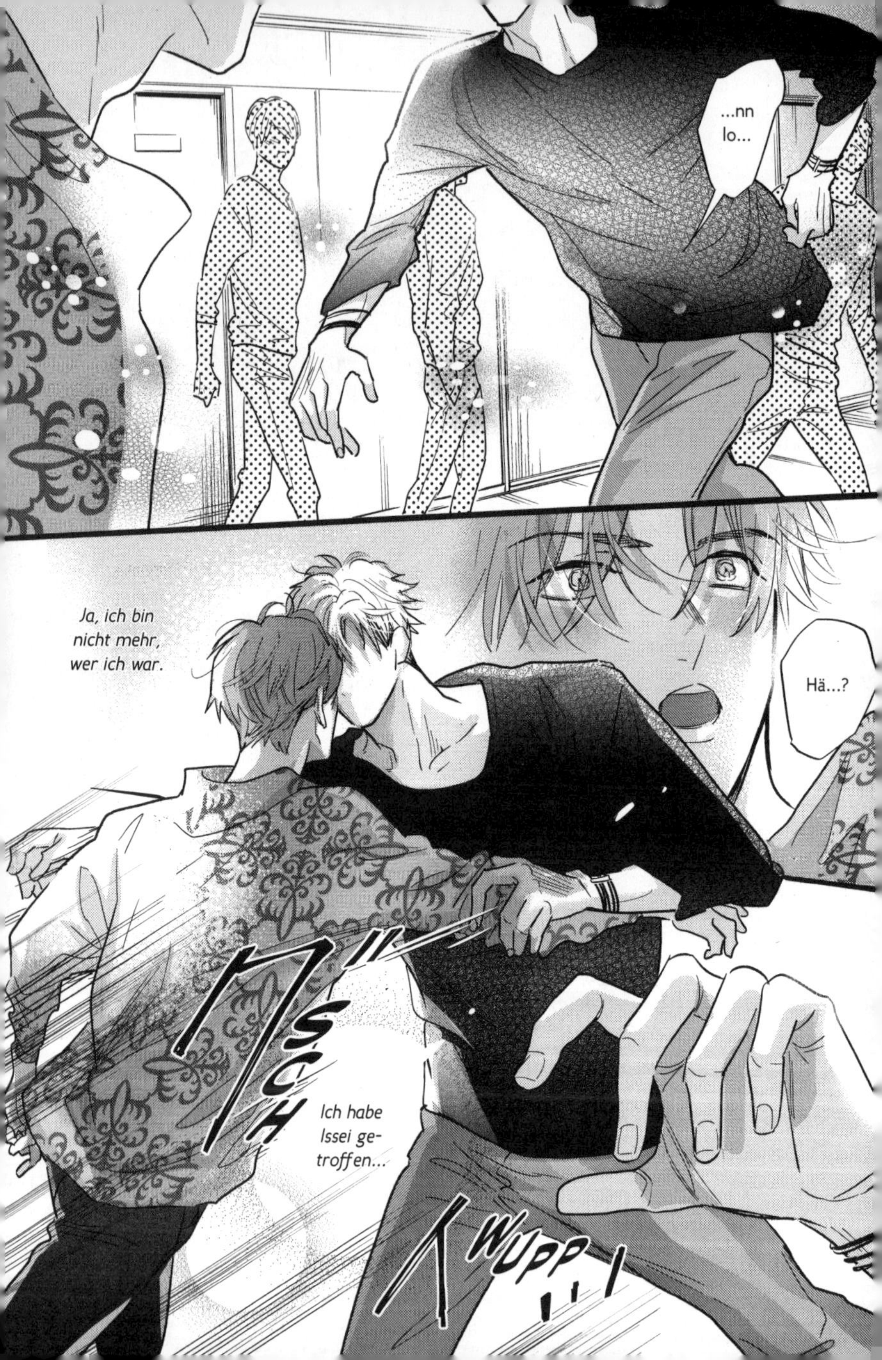
...nn
lo...
Hä...?
Ja, ich bin nicht mehr, wer ich war.
Ich habe Issei getroffen...
SCH
WUPP

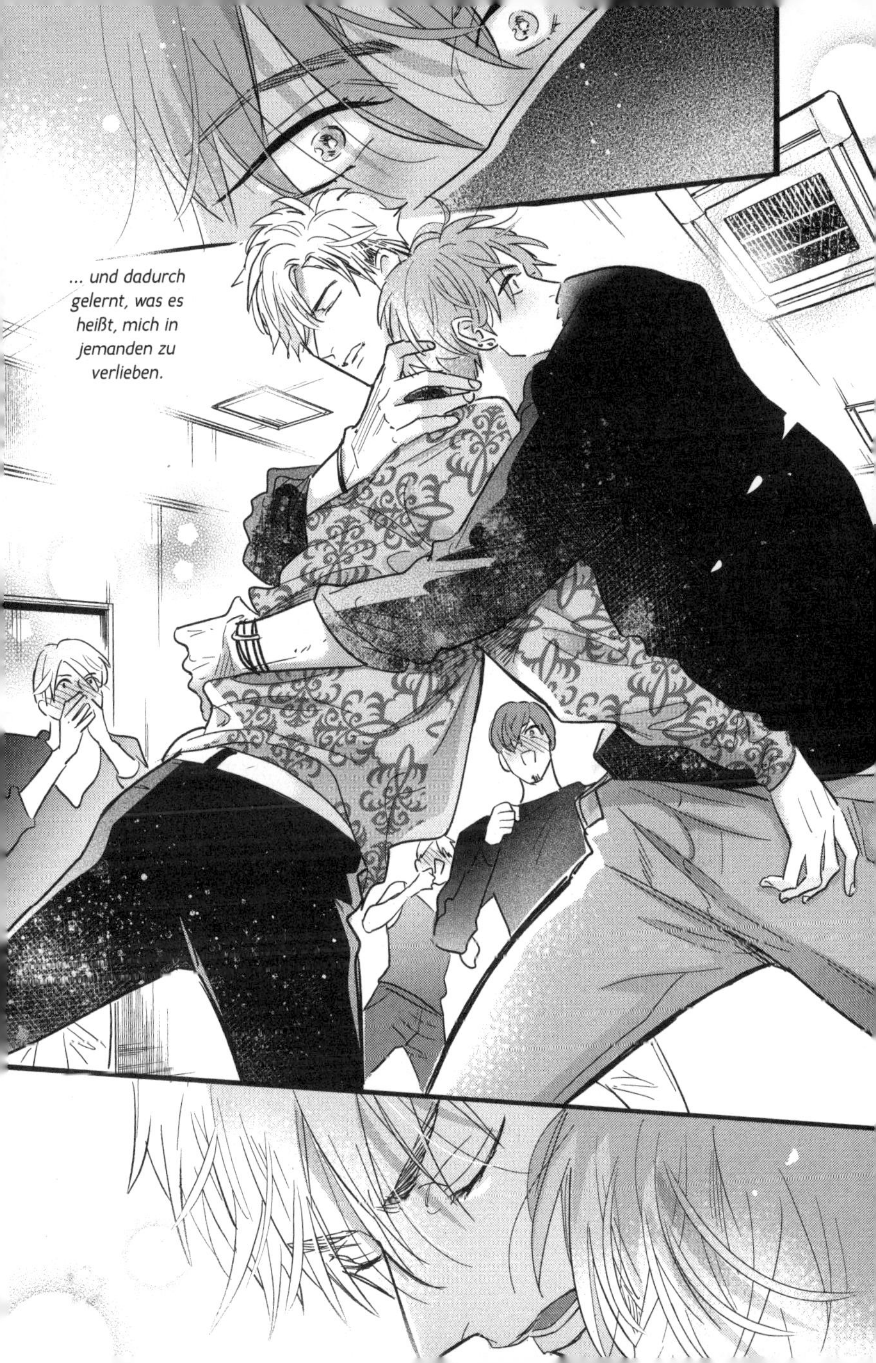
... und dadurch gelernt, was es heißt, mich in jemanden zu verlieben.

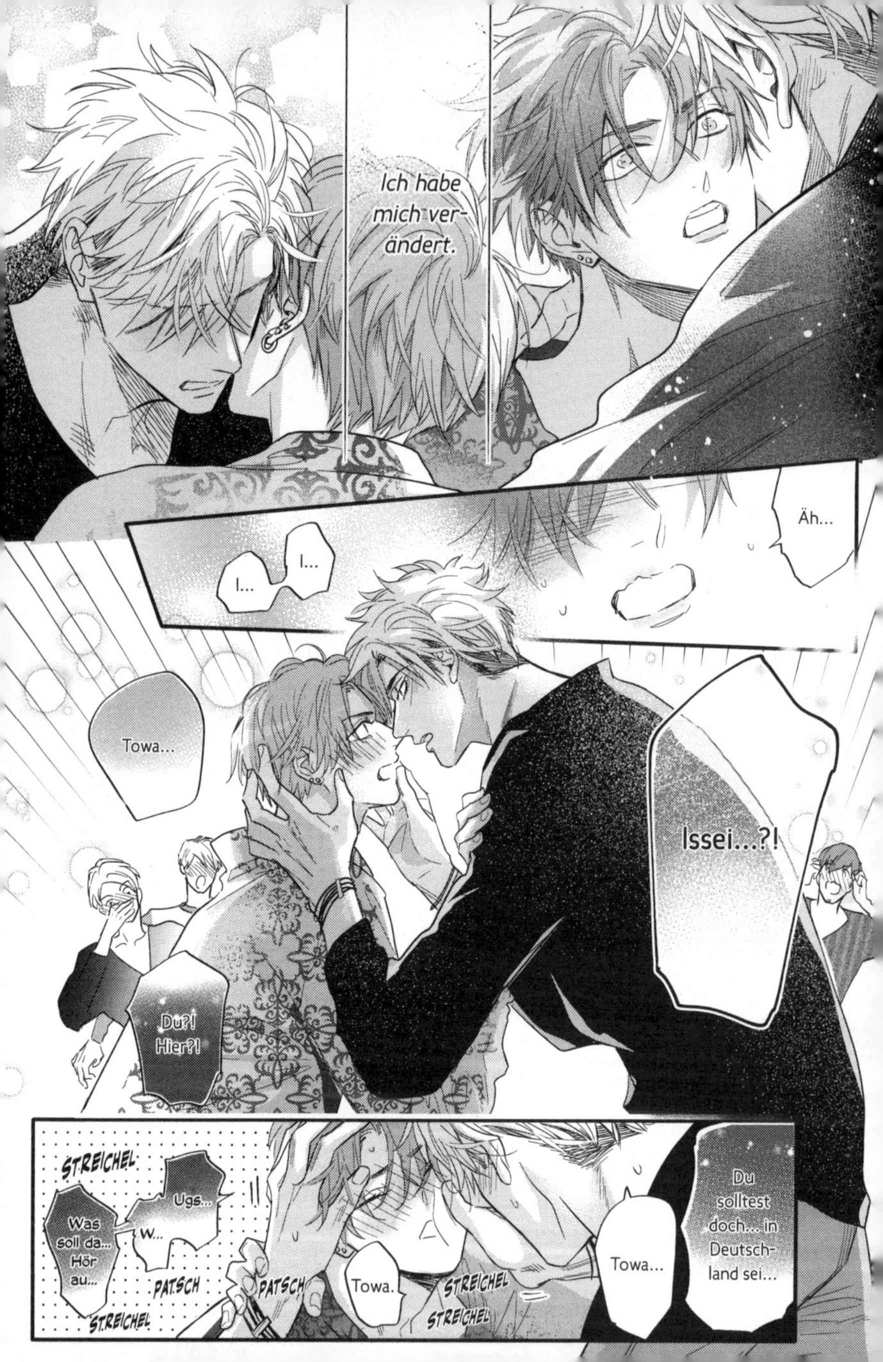
Ich habe mich verändert.
Äh...
I...
I...
Issei...?!
Towa...
Du?! Hier?!
Du solltest doch... in Deutschland sei...
Towa...
Towa.
STREICHEL
STREICHEL
PATSCH
PATSCH
Ugs...
W...
STREICHEL
Was soll da... Hör au...
STREICHEL

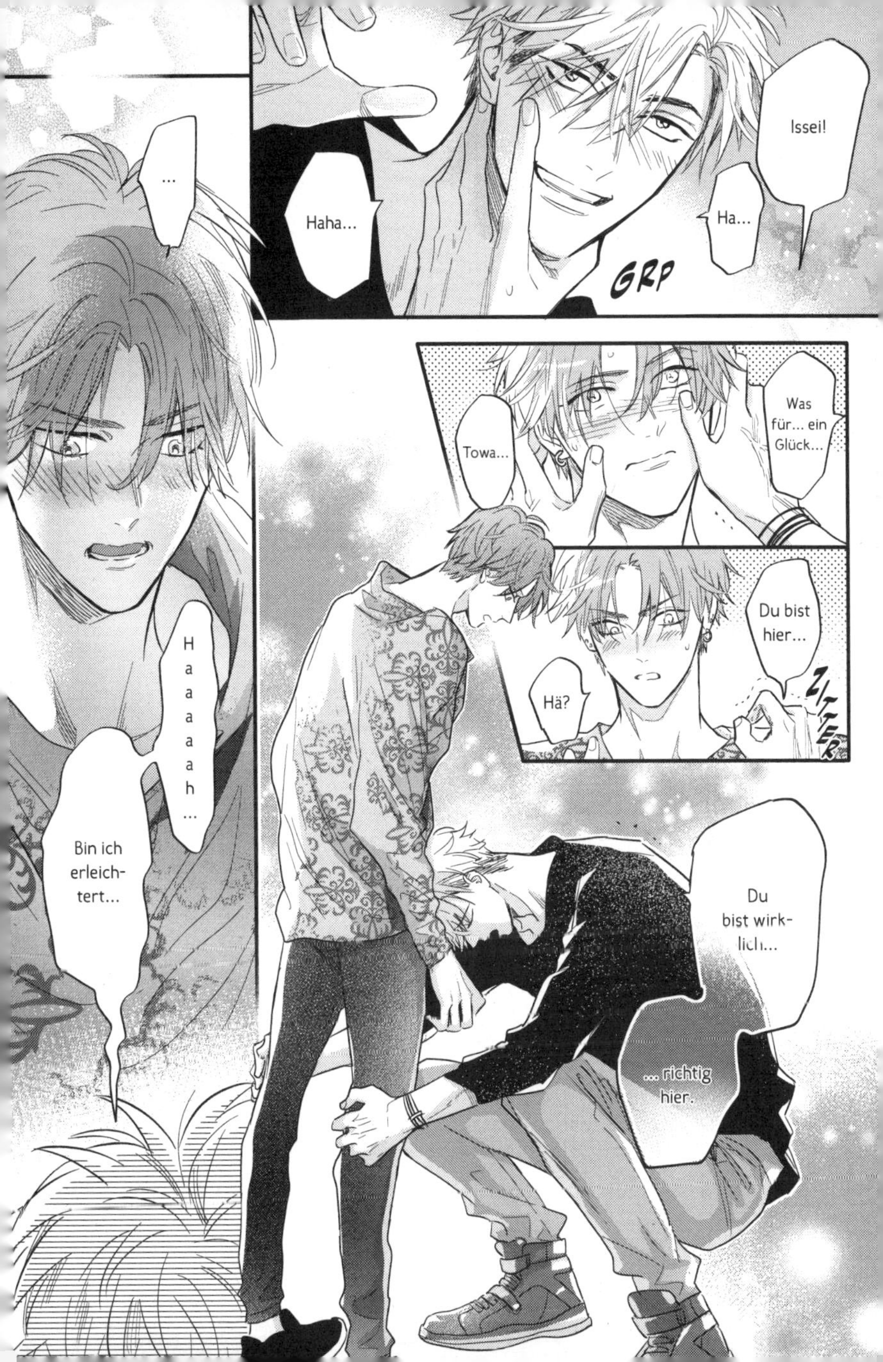
Issei!
Ha...
GRP
Haha...
Was für... ein Glück...
Towa...
Du bist hier...
ZITTER
Hä?
Du bist wirk-lich...
... richtig hier.
...
Haaaaaah...
Bin ich erleich-tert...

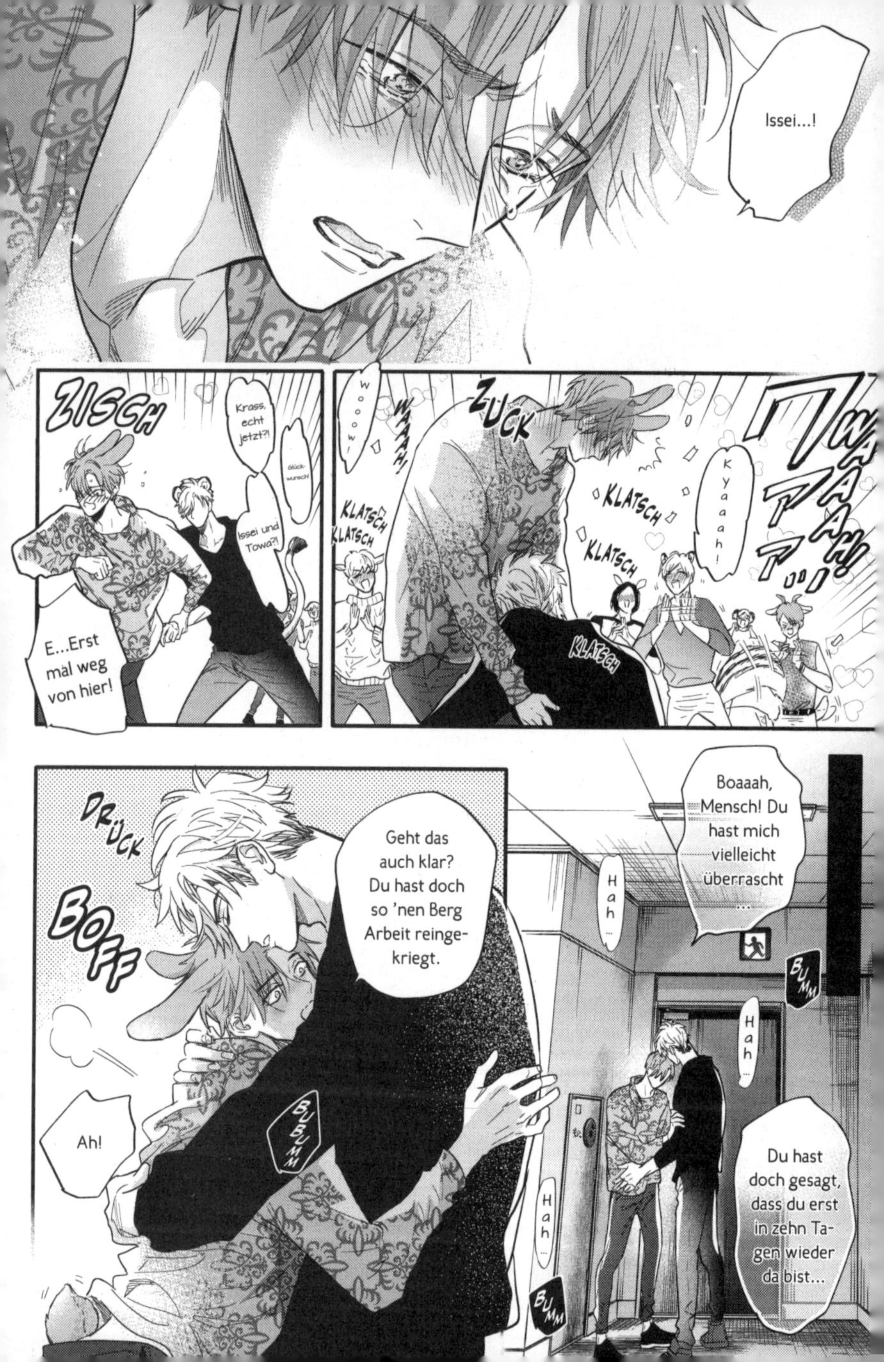
Issei…!
WAAAAH!
Kyaaah!
KLATSCH
KLATSCH
ZUCK
WAAAH!
Wooow!
KLATSCH KLATSCH
KLATSCH
ZISCH
Krass, echt jetzt?!
Glückwunsch!
Issei und Towa?!
E…Erst mal weg von hier!
Boaaah, Mensch! Du hast mich vielleicht überrascht …
Hah …
Geht das auch klar? Du hast doch so ’nen Berg Arbeit reingekriegt.
DRÜCK
BOFF
BUMM
Hah …
Du hast doch gesagt, dass du erst in zehn Tagen wieder da bist…
Hah …
BUMM
BUBUMM
Ah!

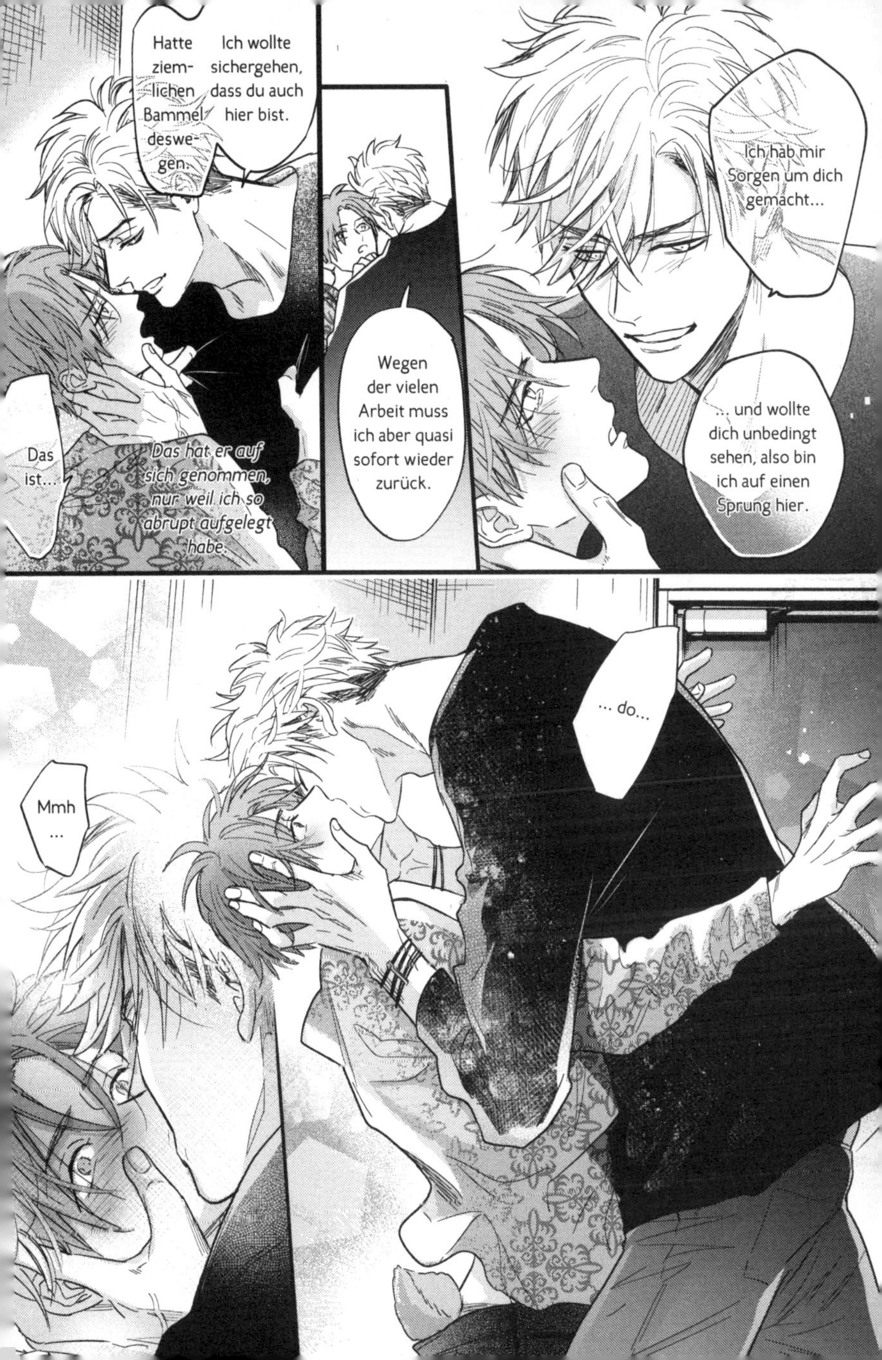
Ich hab mir Sorgen um dich gemacht…
… und wollte dich unbedingt sehen, also bin ich auf einen Sprung hier.
Wegen der vielen Arbeit muss ich aber quasi sofort wieder zurück.
Ich wollte sichergehen, dass du auch hier bist.
Hatte ziemlichen Bammel deswegen.
Das hat er auf sich genommen, nur weil ich so abrupt aufgelegt habe.
Das ist…
… do…
Mmh …

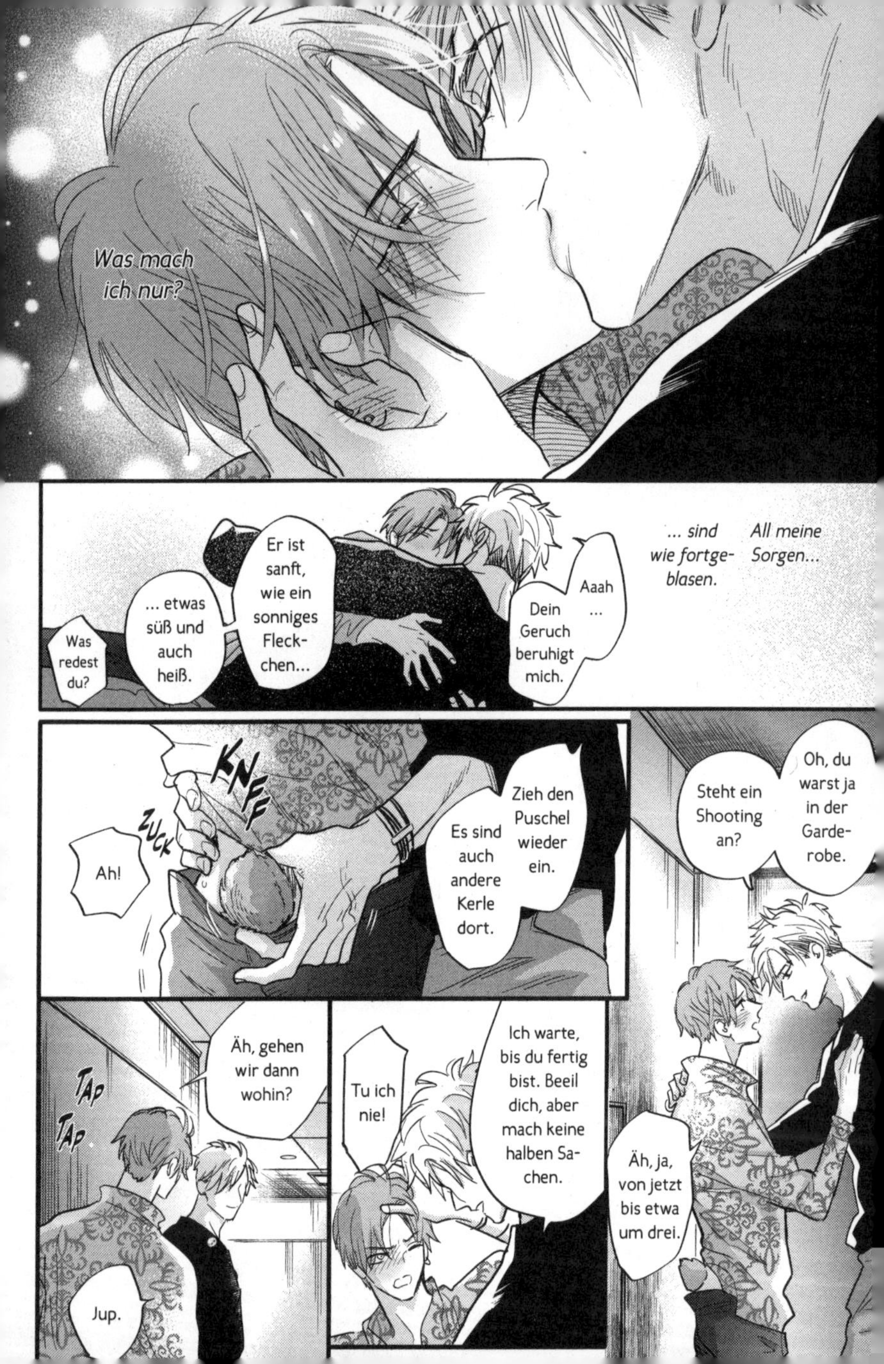

Was mach ich nur?
All meine Sorgen...
... sind wie fortgeblasen.
Aaah ...
Dein Geruch beruhigt mich.
Er ist sanft, wie ein sonniges Fleckchen...
... etwas süß und auch heiß.
Was redest du?
Oh, du warst ja in der Garderobe.
Steht ein Shooting an?
Äh, ja, von jetzt bis etwa um drei.
Zieh den Puschel wieder ein.
Es sind auch andere Kerle dort.
KNFF
ZUCK
Ah!
Ich warte, bis du fertig bist. Beeil dich, aber mach keine halben Sachen.
Tu ich nie!
Äh, gehen wir dann wohin?
Jup.
TAP
TAP

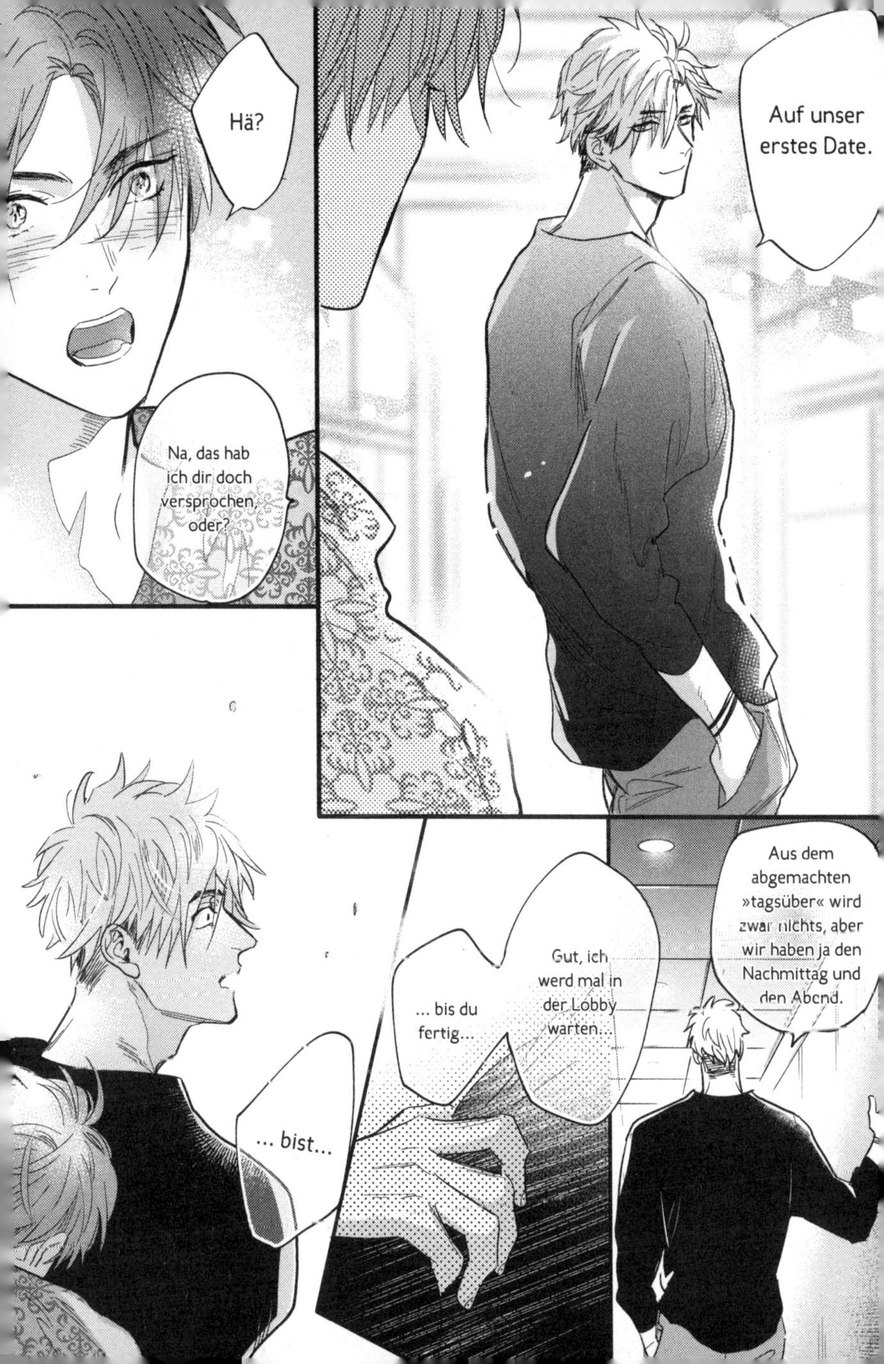
Auf unser erstes Date.
Hä?
Na, das hab ich dir doch versprochen, oder?
Aus dem abgemachten »tagsüber« wird zwar nichts, aber wir haben ja den Nachmittag und den Abend.
Gut, ich werd mal in der Lobby warten...
... bis du fertig...
... bist...

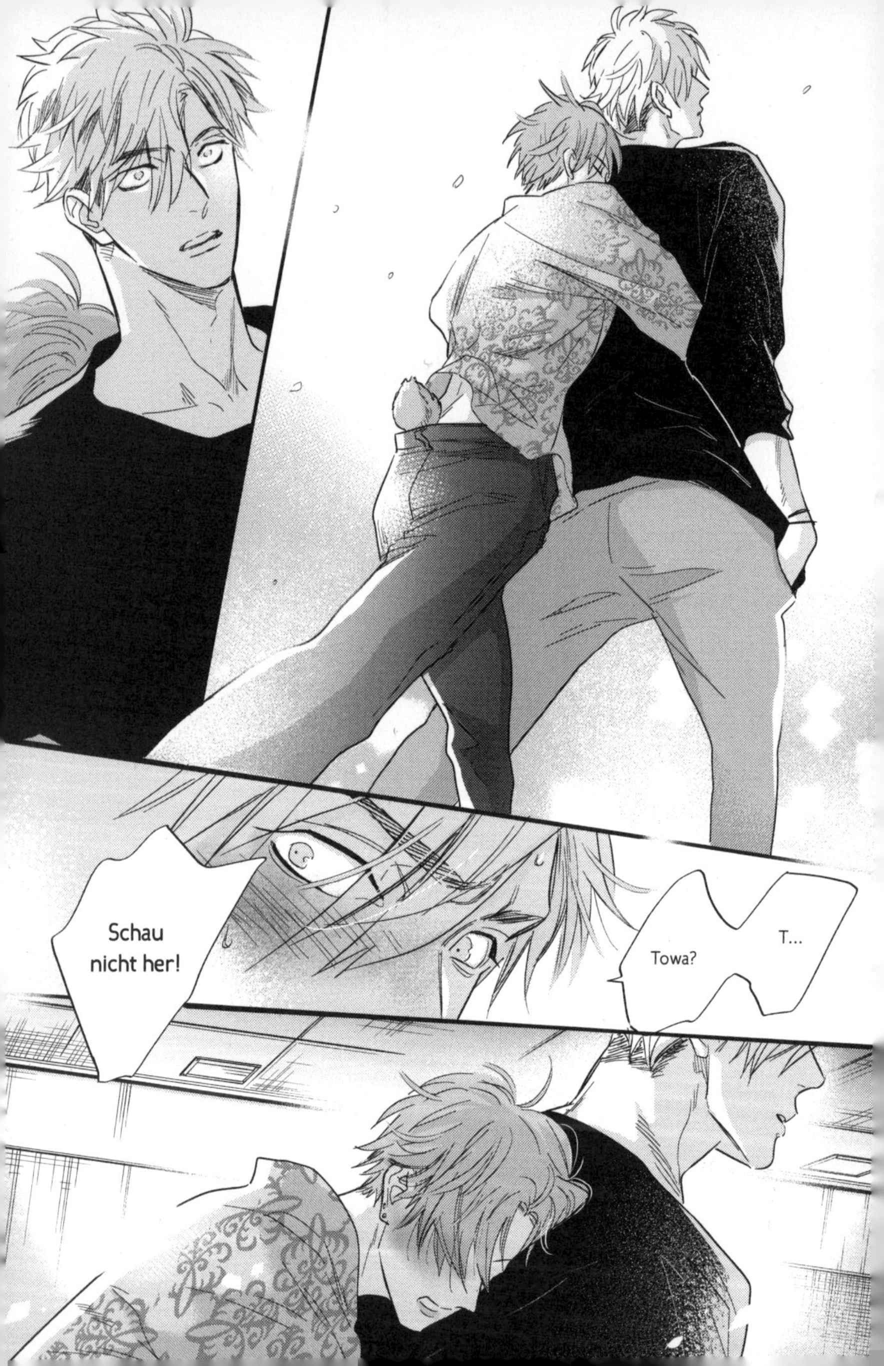
T...
Towa?
Schau nicht her!

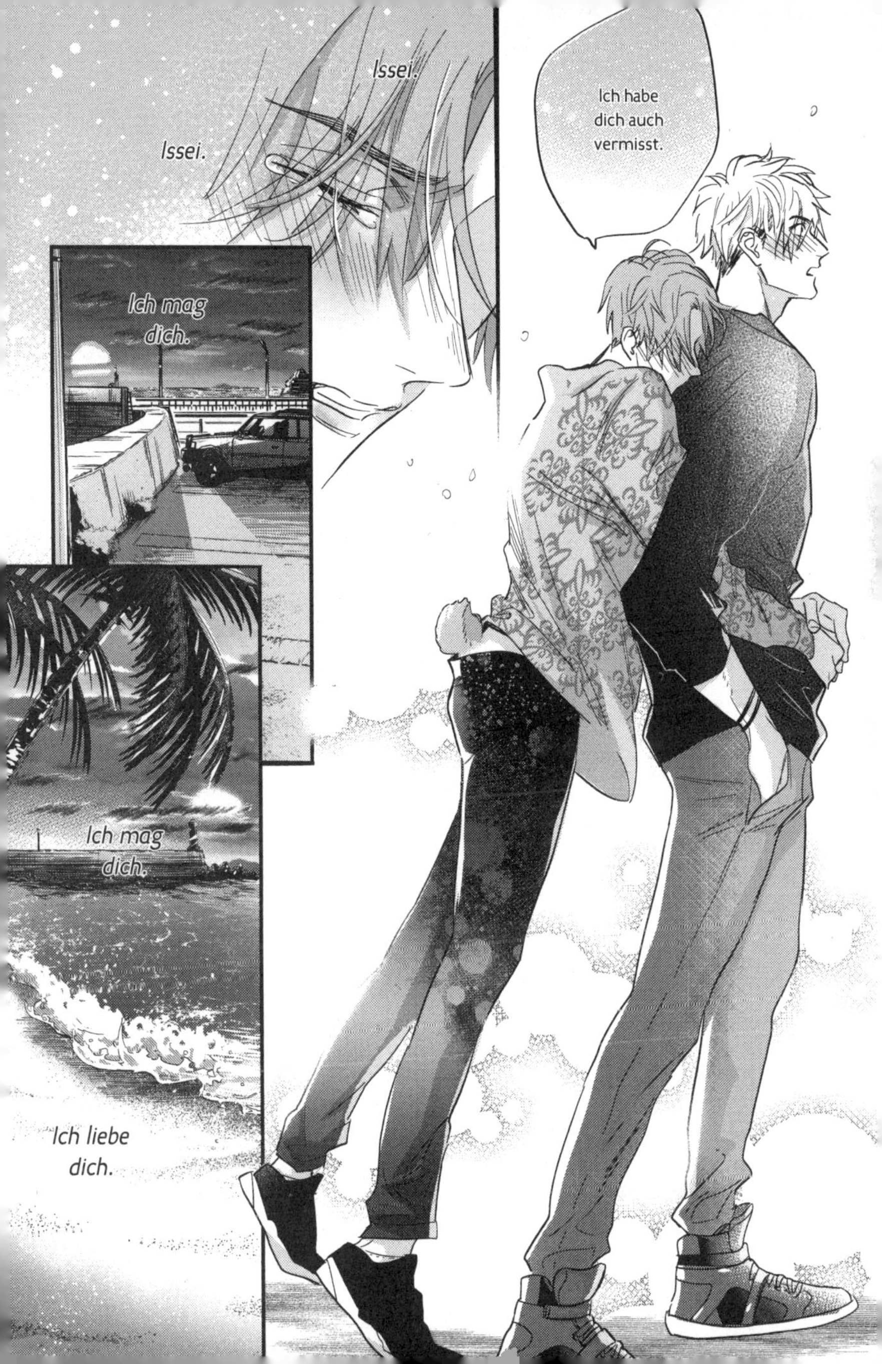
Ich habe dich auch vermisst.
Issei.
Issei.
Ich mag dich.
Ich mag dich.
Ich liebe dich.

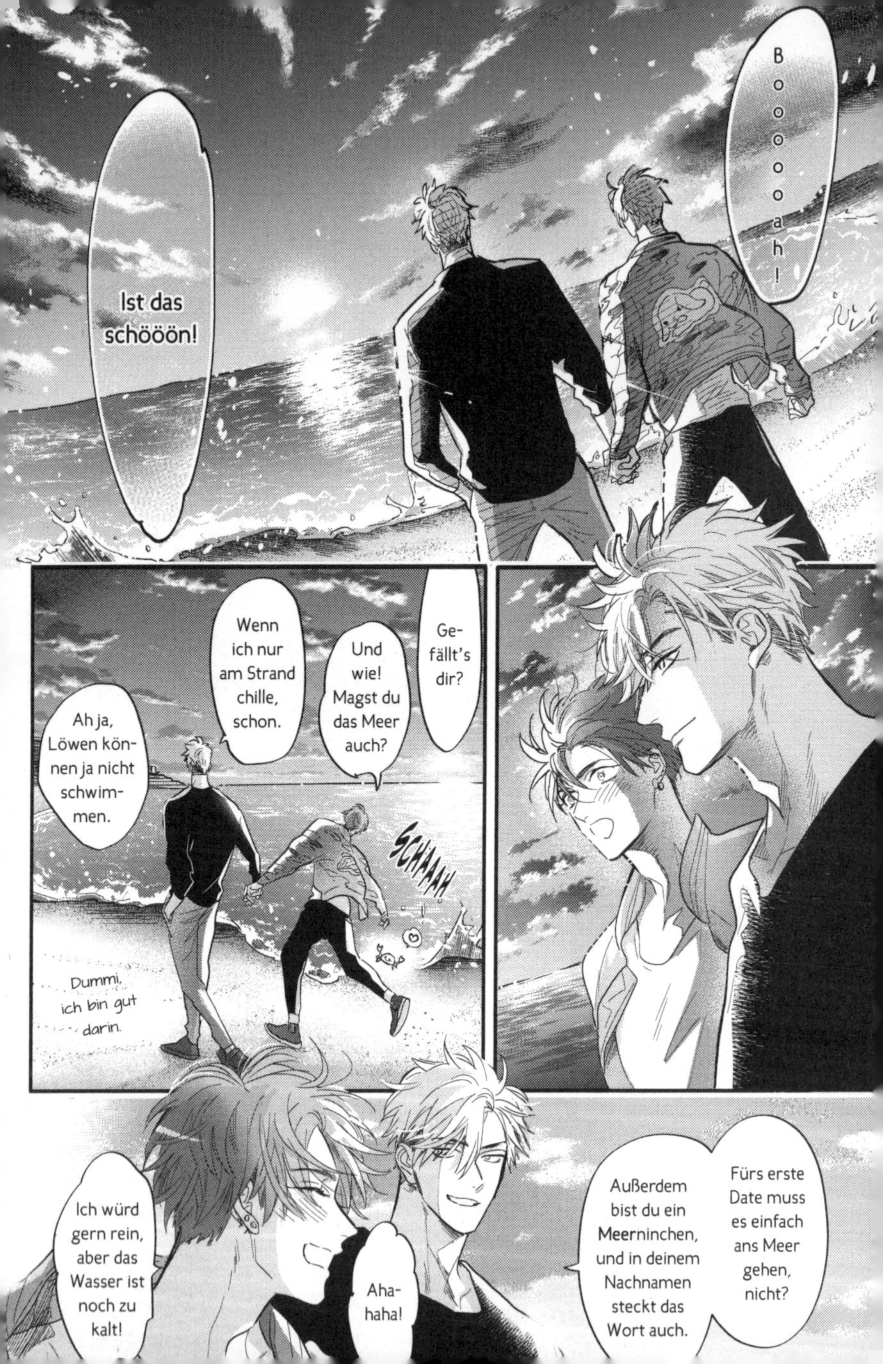
Boooooah!
Ist das schöööön!
Gefällt's dir?
Und wie! Magst du das Meer auch?
Wenn ich nur am Strand chille, schon.
Ah ja, Löwen können ja nicht schwimmen.
SCHÄAAH
Dummi, ich bin gut darin.
Fürs erste Date muss es einfach ans Meer gehen, nicht?
Außerdem bist du ein Meerninchen, und in deinem Nachnamen steckt das Wort auch.
Aha-haha!
Ich würd gern rein, aber das Wasser ist noch zu kalt!

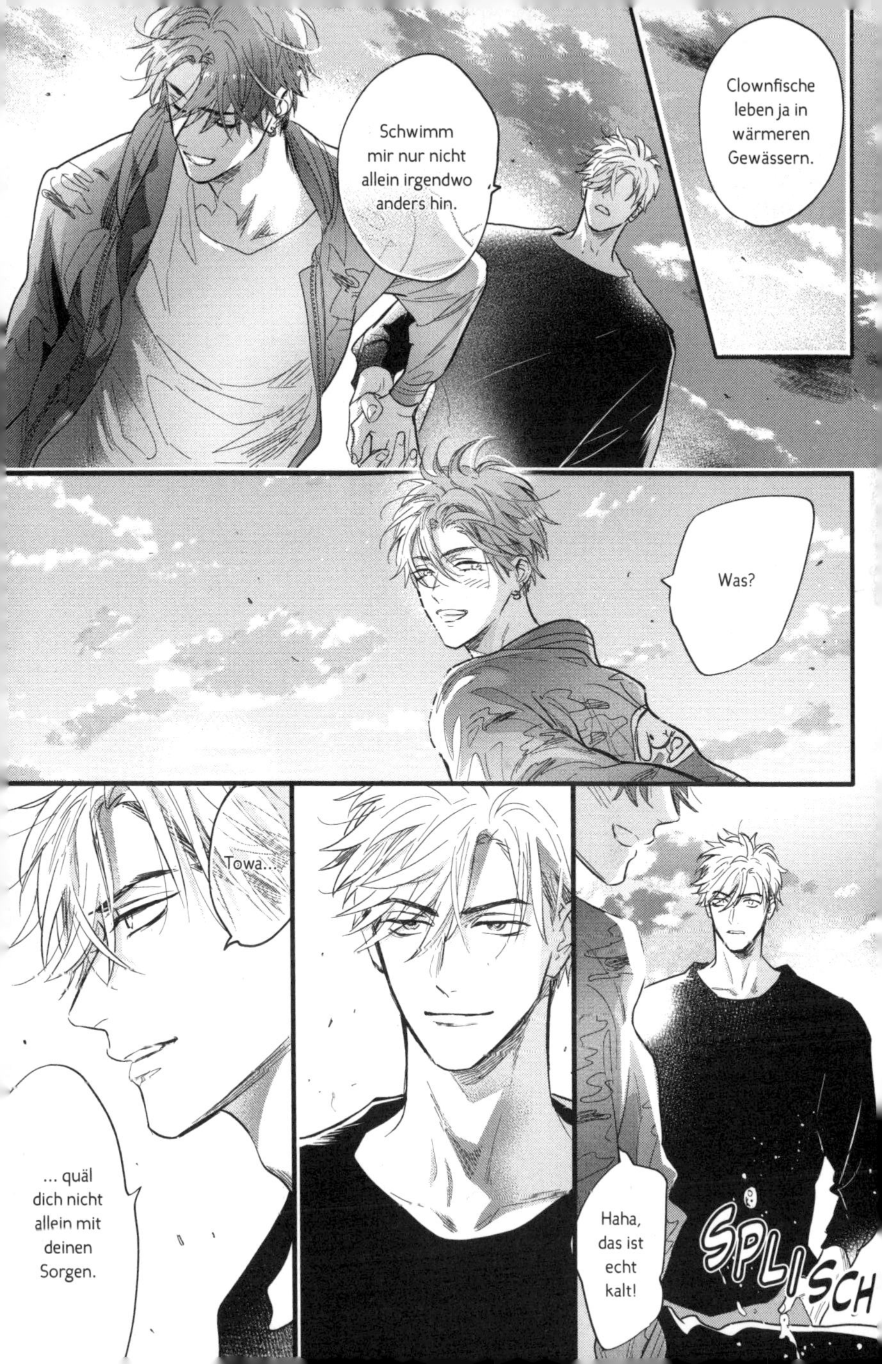
Clownfische leben ja in wärmeren Gewässern.
Schwimm mir nur nicht allein irgendwo anders hin.
Was?
SPLISCH
Haha, das ist echt kalt!
Towa…
… quäl dich nicht allein mit deinen Sorgen.

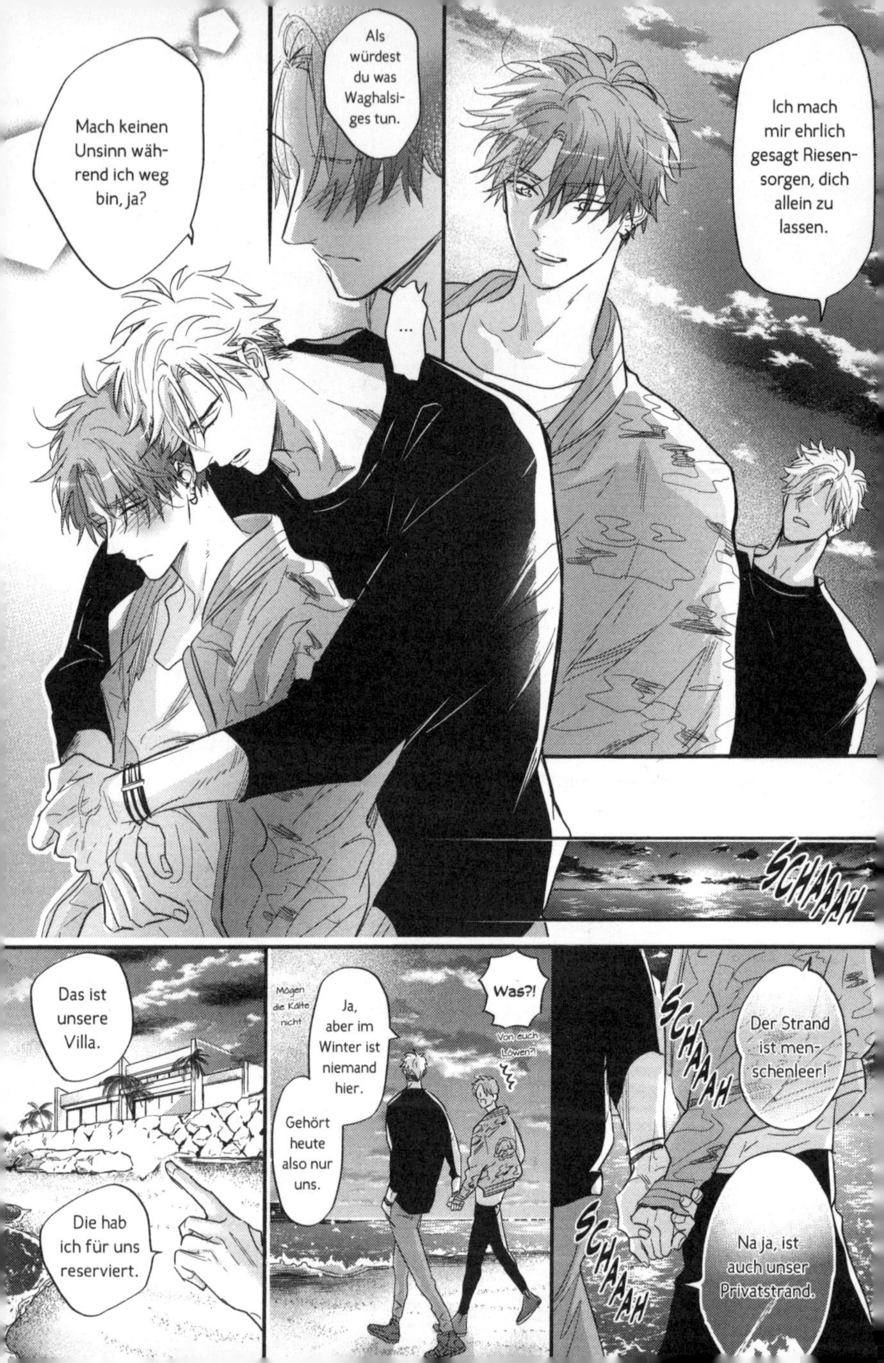
Ich mach mir ehrlich gesagt Riesensorgen, dich allein zu lassen.
Als würdest du was Waghalsiges tun.
...
Mach keinen Unsinn während ich weg bin, ja?
SCHAAAH
Der Strand ist menschenleer!
Na ja, ist auch unser Privatstrand.
SCHAAAH
SCHAAAH
Was?!
Von euch Löwen?!
Ja, aber im Winter ist niemand hier.
Mögen die Kälte nicht
Gehört heute also nur uns.
Das ist unsere Villa.
Die hab ich für uns reserviert.

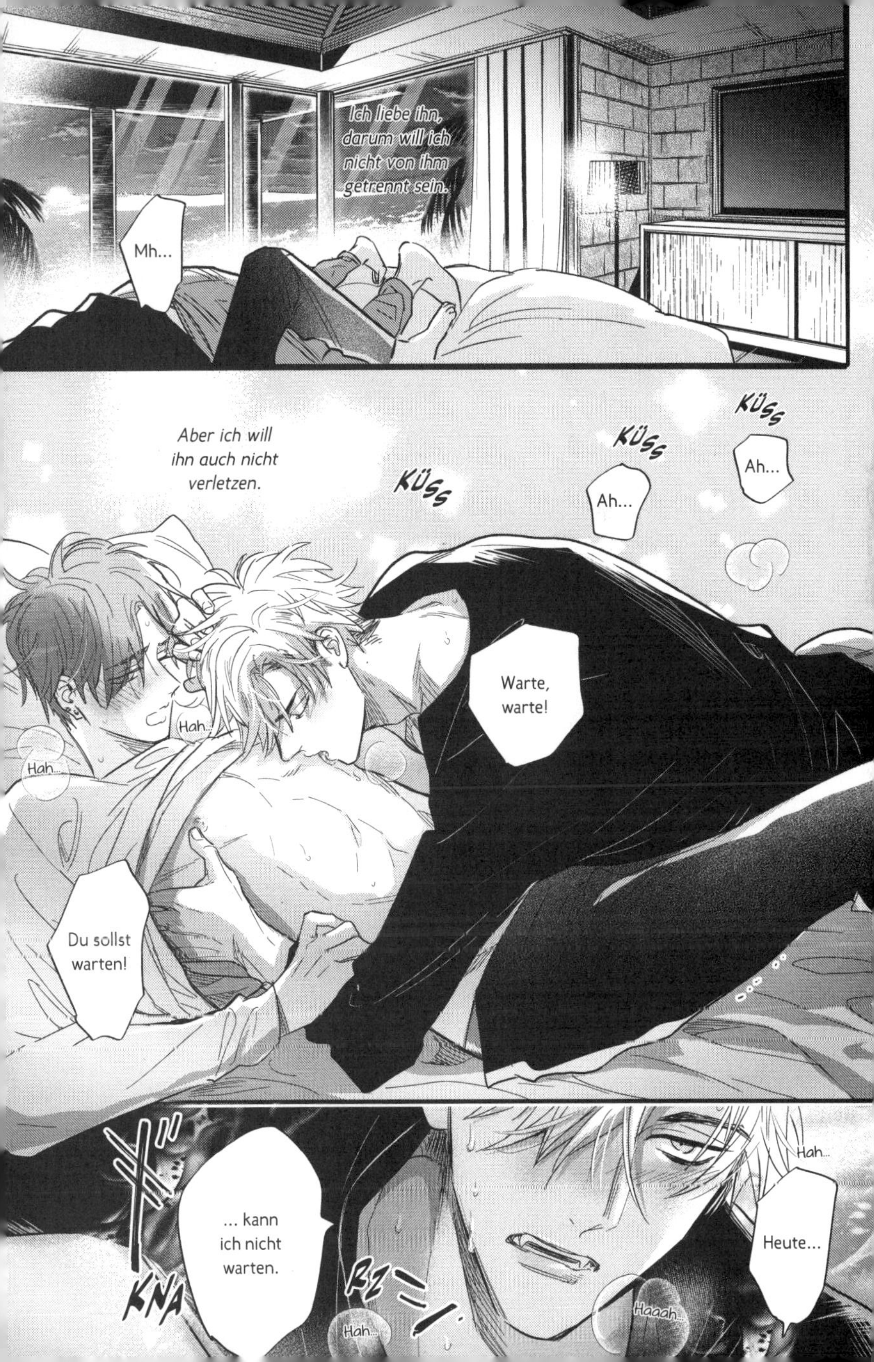
Ich liebe ihn, darum will ich nicht von ihm getrennt sein.
Mh...
KÜSS
Ah...
KÜSS
Ah...
KÜSS
Aber ich will ihn auch nicht verletzen.
Warte, warte!
Hah...
Hah...
Du sollst warten!
Hah...
Heute...
Haaah...
Hah...
... kann ich nicht warten.
KNA

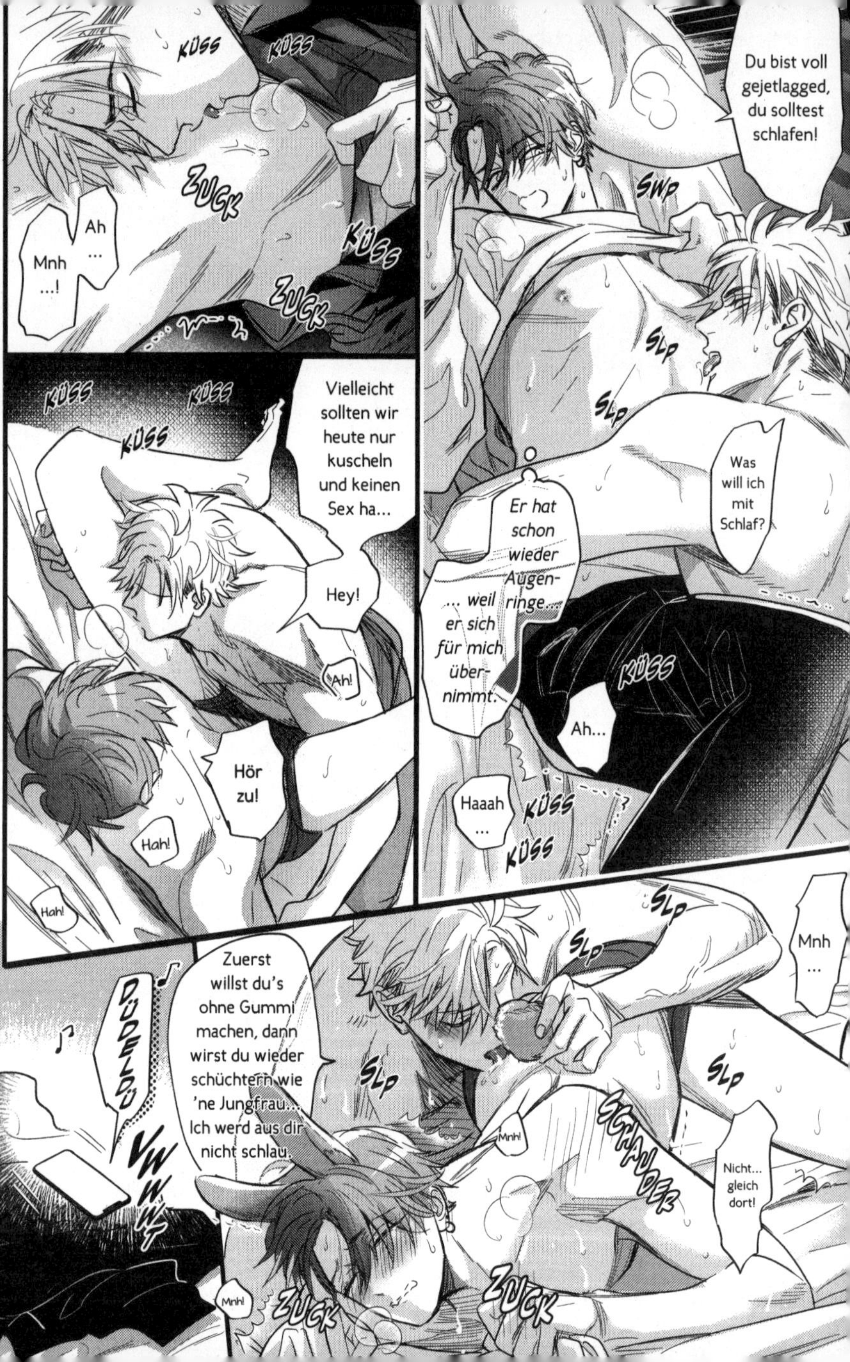
KÜSS
KÜSS
ZUCK
Ah …
Mnh …!
KÜSS
ZUCK
KÜSS
KÜSS
KÜSS
Vielleicht sollten wir heute nur kuscheln und keinen Sex ha…
Hey!
Ah!
Hör zu!
Hah!
Hah!
Du bist voll gejetlagged, du solltest schlafen!
SWP
SLP
SLP
Was will ich mit Schlaf?
Er hat schon wieder Augenringe…
… weil er sich für mich übernimmt.
KÜSS
Ah…
Haaah …
KÜSS
KÜSS
SLP
SLP
Mnh …
Zuerst willst du's ohne Gummi machen, dann wirst du wieder schüchtern wie 'ne Jungfrau… Ich werd aus dir nicht schlau.
DÜDELDÜ
VWWWW
SLP
SLP
SCHAUDER
Mnh!
Nicht… gleich dort!
Mnh!
ZUCK
ZUCK

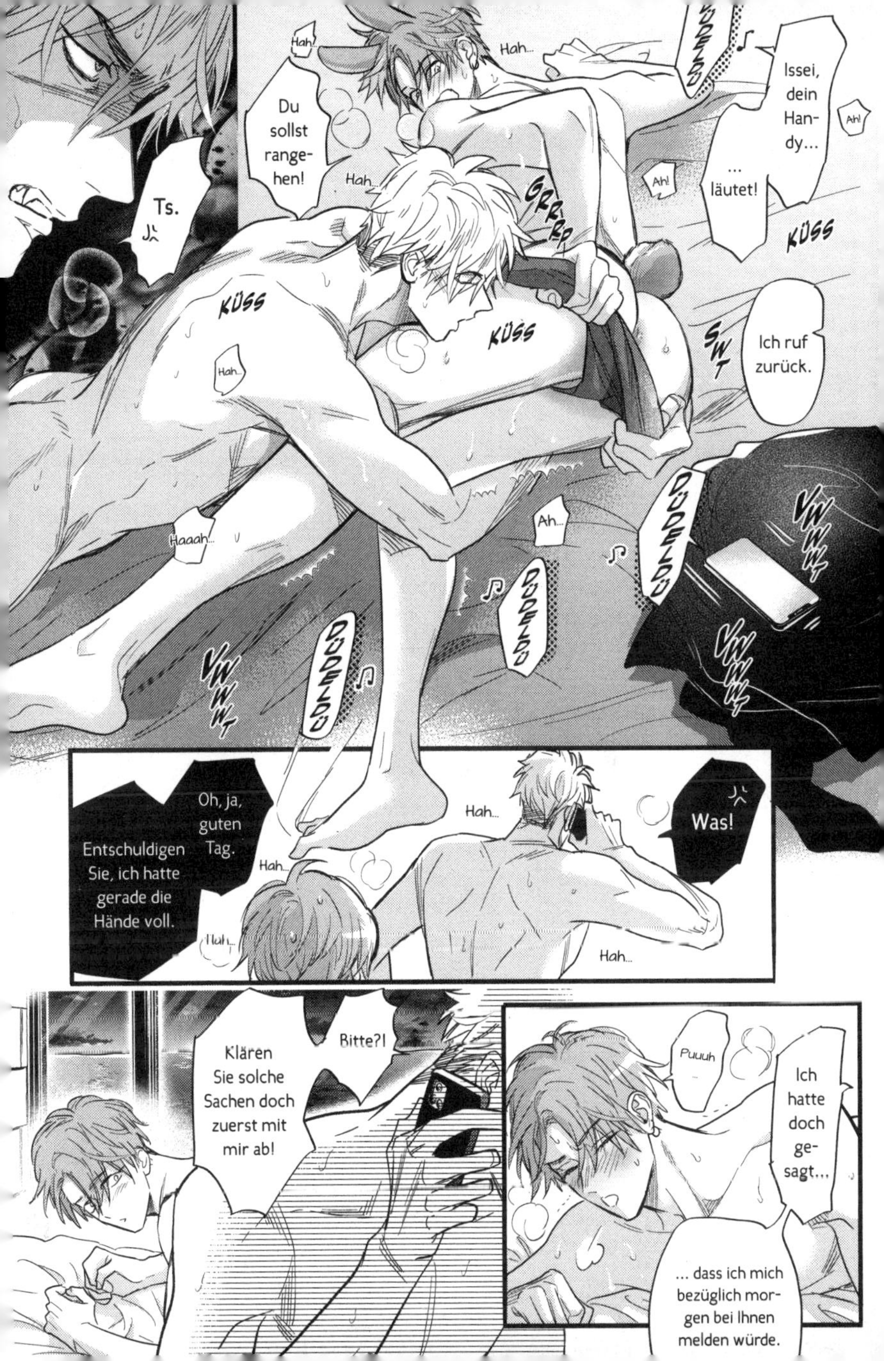

DÜDELDÜ
Issei, dein Handy… … läutet!
Ah!
Hah…
Hah…
Du sollst rangehen!
Hah…
Ah!
GRRRP
KÜSS
Ts.
KÜSS
KÜSS
Hah…
SWT
Ich ruf zurück.
DÜDELDÜ
VWWWT
VWWWWT
Ah…
DÜDELDÜ
DÜDELDÜ
Haaah…
VWWWT
Was!
Hah…
Oh, ja, guten Tag.
Entschuldigen Sie, ich hatte gerade die Hände voll.
Hah…
Hah…
Hah…
Ich hatte doch gesagt…
Puuuh …
… dass ich mich bezüglich morgen bei Ihnen melden würde.
Bitte?!
Klären Sie solche Sachen doch zuerst mit mir ab!

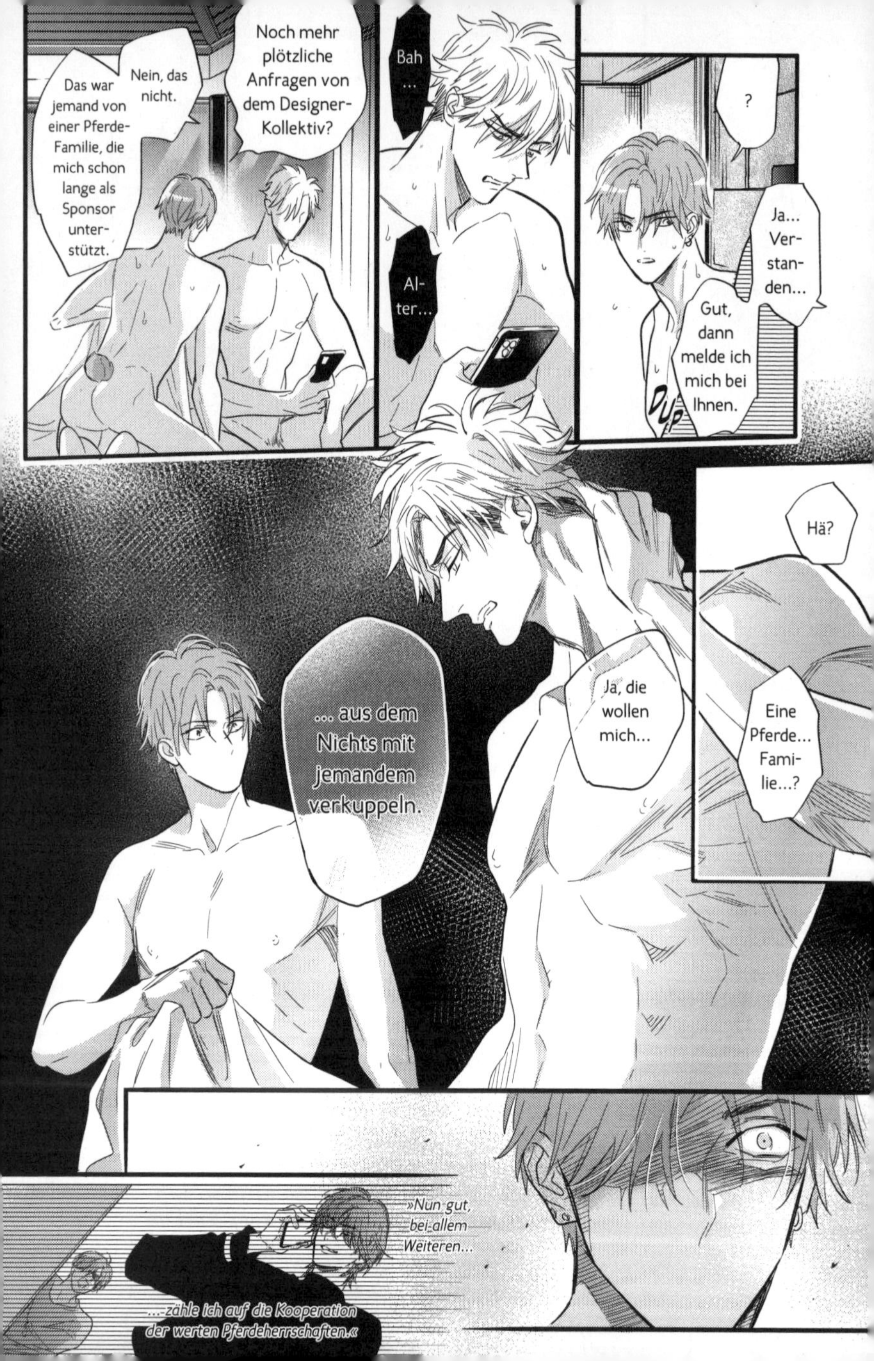
?
Ja... Verstanden...
Gut, dann melde ich mich bei Ihnen.
DUP
Bah ...
Al- ter...
Noch mehr plötzliche Anfragen von dem Designer-Kollektiv?
Nein, das nicht.
Das war jemand von einer Pferde-Familie, die mich schon lange als Sponsor unterstützt.
Hä?
Eine Pferde... Familie...?
Ja, die wollen mich...
... aus dem Nichts mit jemandem verkuppeln.
»Nun gut, bei allem Weiteren...
... zähle ich auf die Kooperation der werten Pferdeherrschaften.«

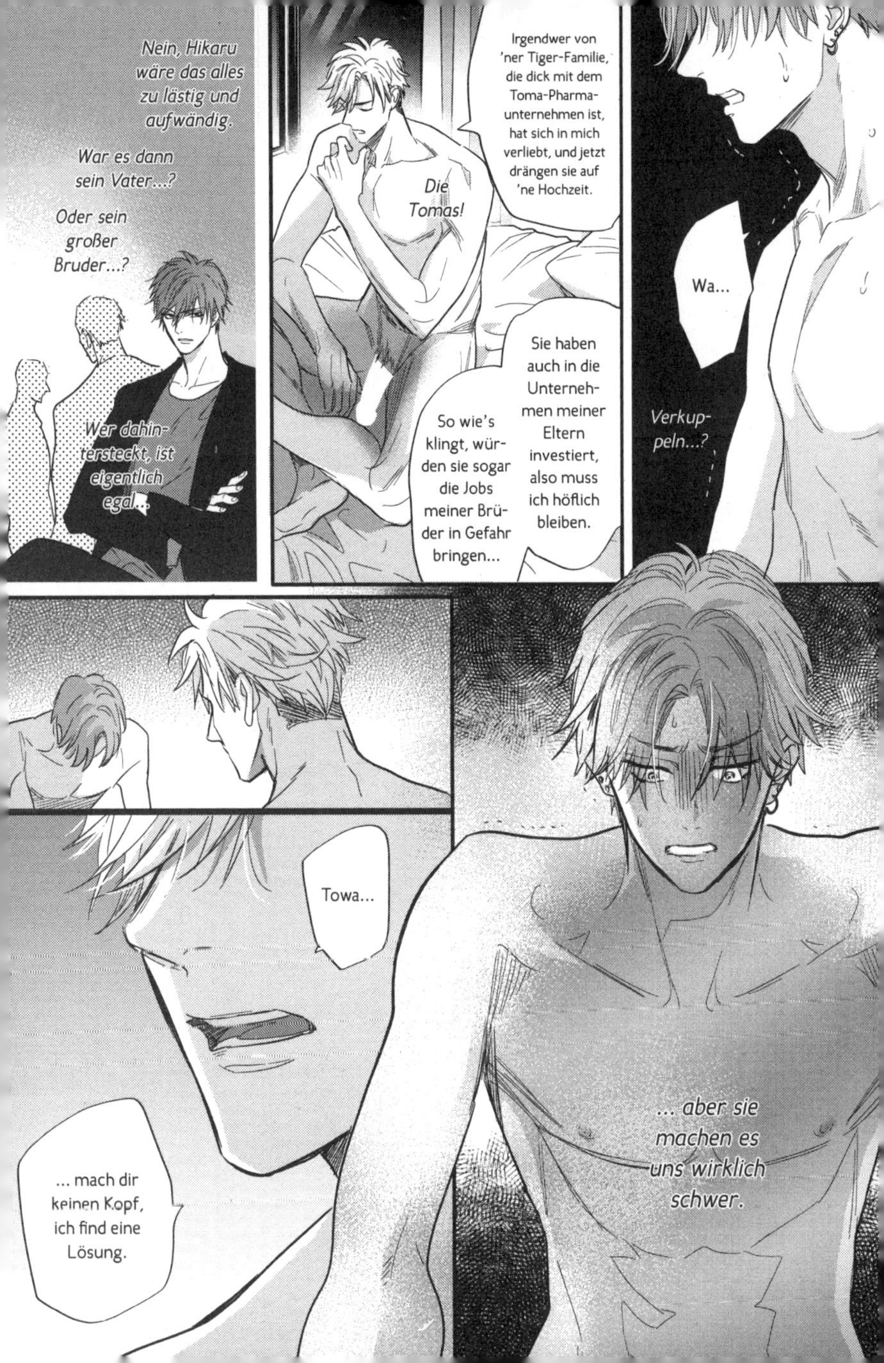

Wa...
Verkup-peln...?
Irgendwer von 'ner Tiger-Familie, die dick mit dem Toma-Pharma-unternehmen ist, hat sich in mich verliebt, und jetzt drängen sie auf 'ne Hochzeit.
Die Tomas!
Sie haben auch in die Unterneh-men meiner Eltern investiert, also muss ich höflich bleiben.
So wie's klingt, wür-den sie sogar die Jobs meiner Brü-der in Gefahr bringen...
Nein, Hikaru wäre das alles zu lästig und aufwändig.
War es dann sein Vater...?
Oder sein großer Bruder...?
Wer dahin-tersteckt, ist eigentlich egal...
... aber sie machen es uns wirklich schwer.
Towa...
... mach dir keinen Kopf, ich find eine Lösung.

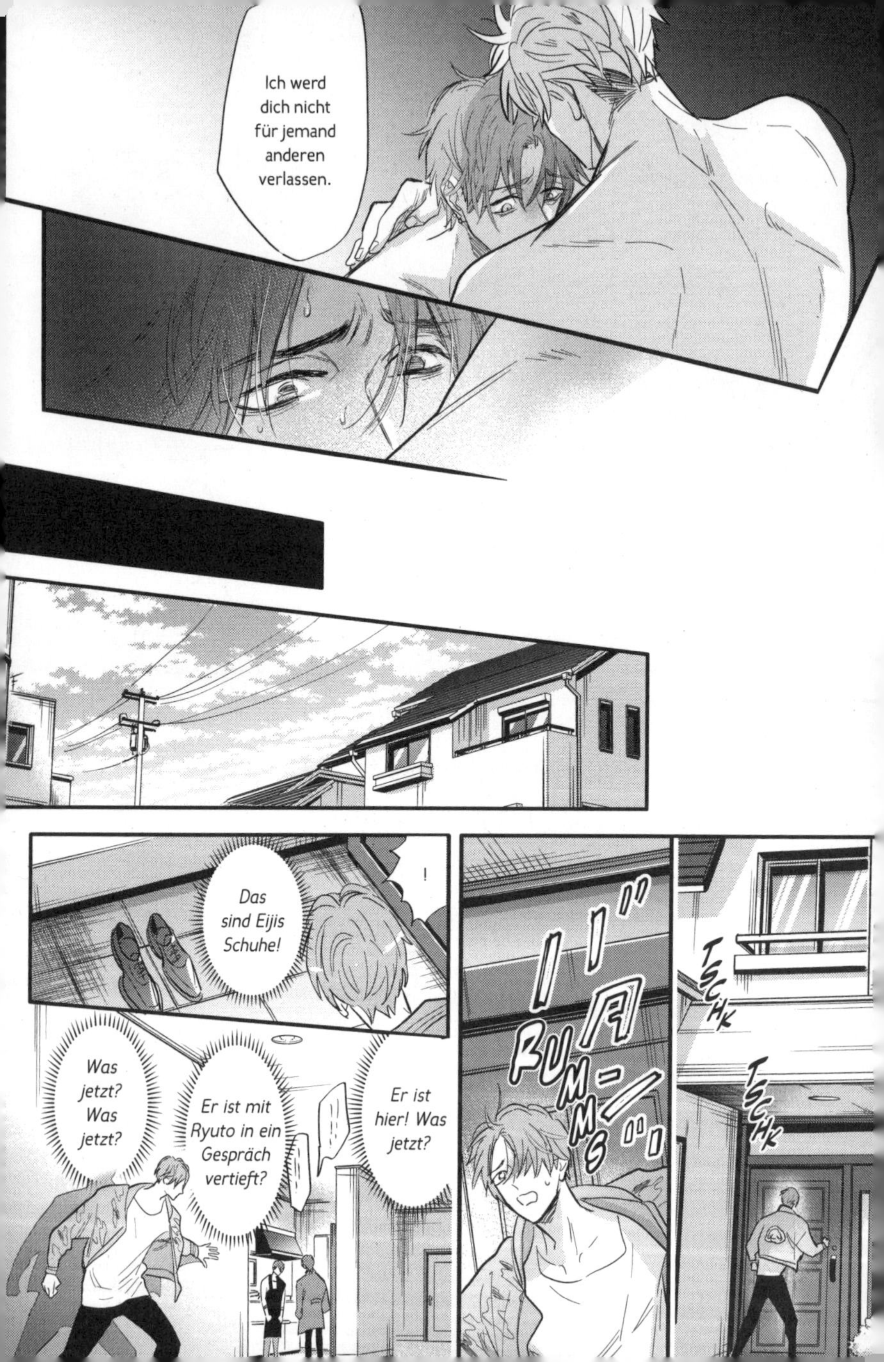
Ich werd dich nicht für jemand anderen verlassen.
!
Das sind Eijis Schuhe!
Er ist hier! Was jetzt?
Er ist mit Ryuto in ein Gespräch vertieft?
Was jetzt? Was jetzt?
TSCHK
TSCHK
RUMMS

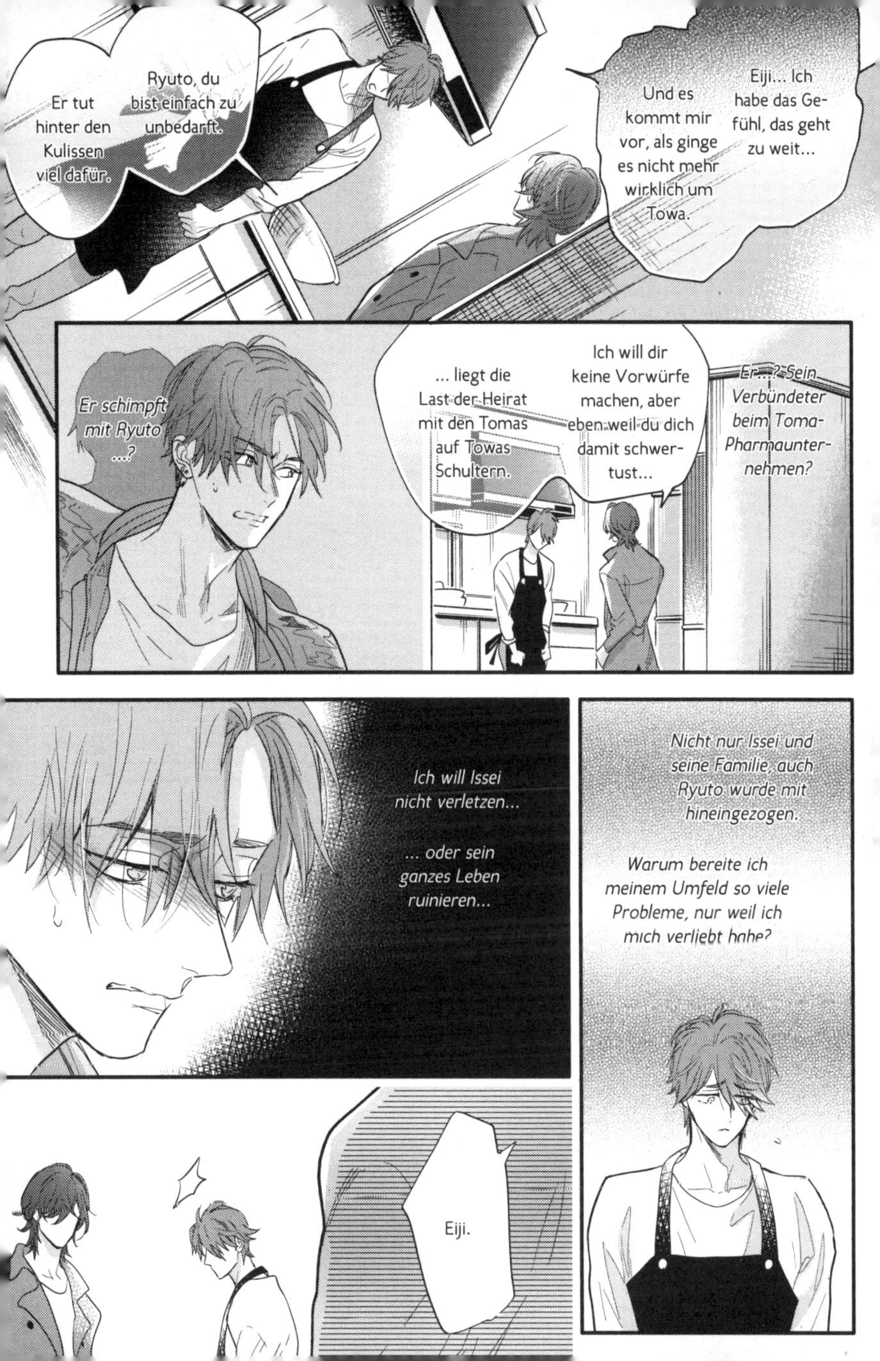
Eiji… Ich habe das Gefühl, das geht zu weit…
Und es kommt mir vor, als ginge es nicht mehr wirklich um Towa.
Ryuto, du bist einfach zu unbedarft.
Er tut hinter den Kulissen viel dafür.
Er …? Sein Verbündeter beim Toma-Pharmaunternehmen?
Ich will dir keine Vorwürfe machen, aber eben weil du dich damit schwertust…
… liegt die Last der Heirat mit den Tomas auf Towas Schultern.
Er schimpft mit Ryuto …?
Nicht nur Issei und seine Familie, auch Ryuto wurde mit hineingezogen.
Warum bereite ich meinem Umfeld so viele Probleme, nur weil ich mich verliebt habe?
Ich will Issei nicht verletzen…
… oder sein ganzes Leben ruinieren…
Eiji.

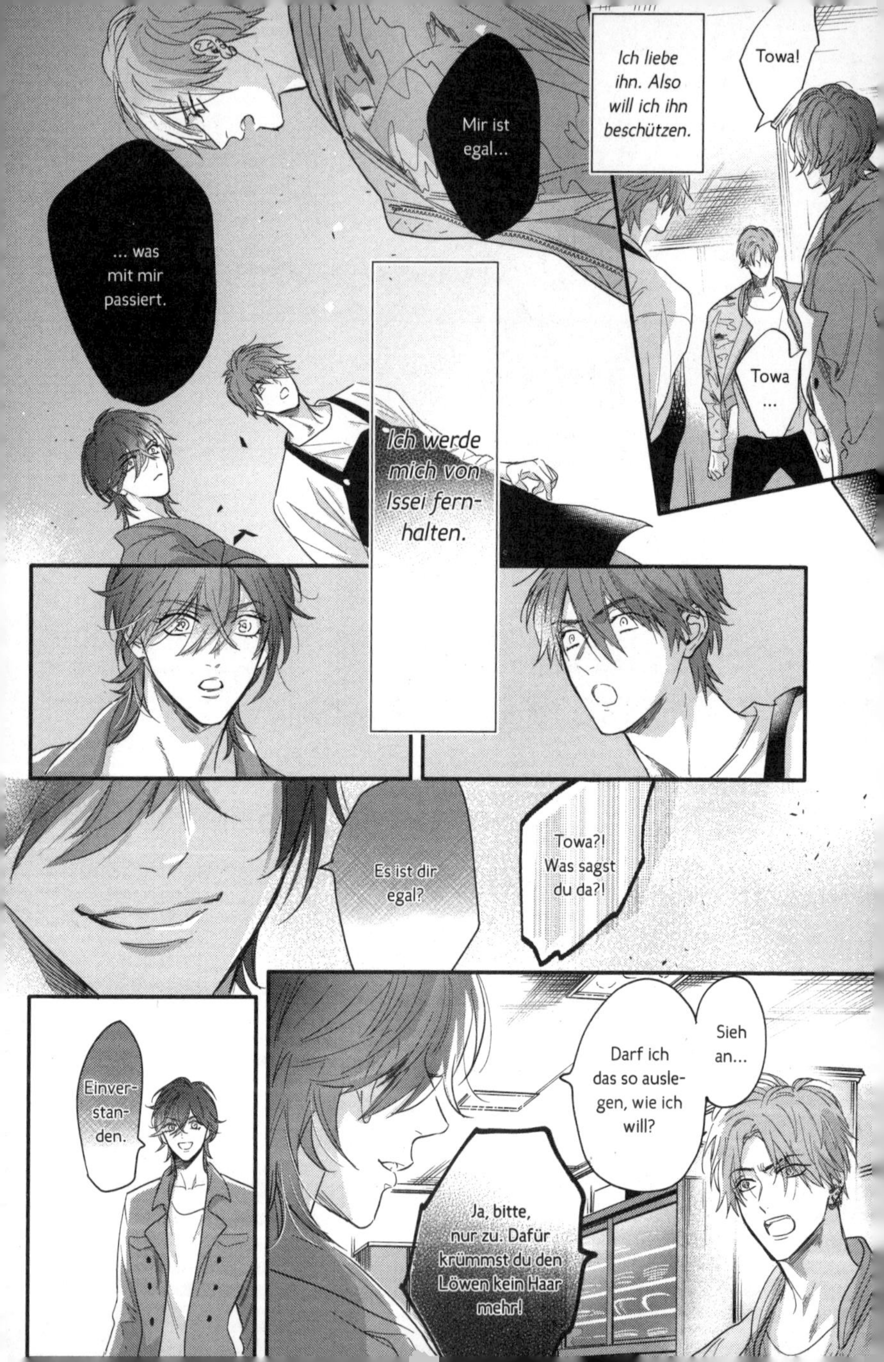

Towa!
Ich liebe ihn. Also will ich ihn beschützen.
Towa ...
Mir ist egal...
... was mit mir passiert.
Ich werde mich von Issei fernhalten.
Towa?! Was sagst du da?!
Es ist dir egal?
Sieh an...
Darf ich das so ausle-gen, wie ich will?
Ja, bitte, nur zu. Dafür krümmst du den Löwen kein Haar mehr!
Einver-stan-den.

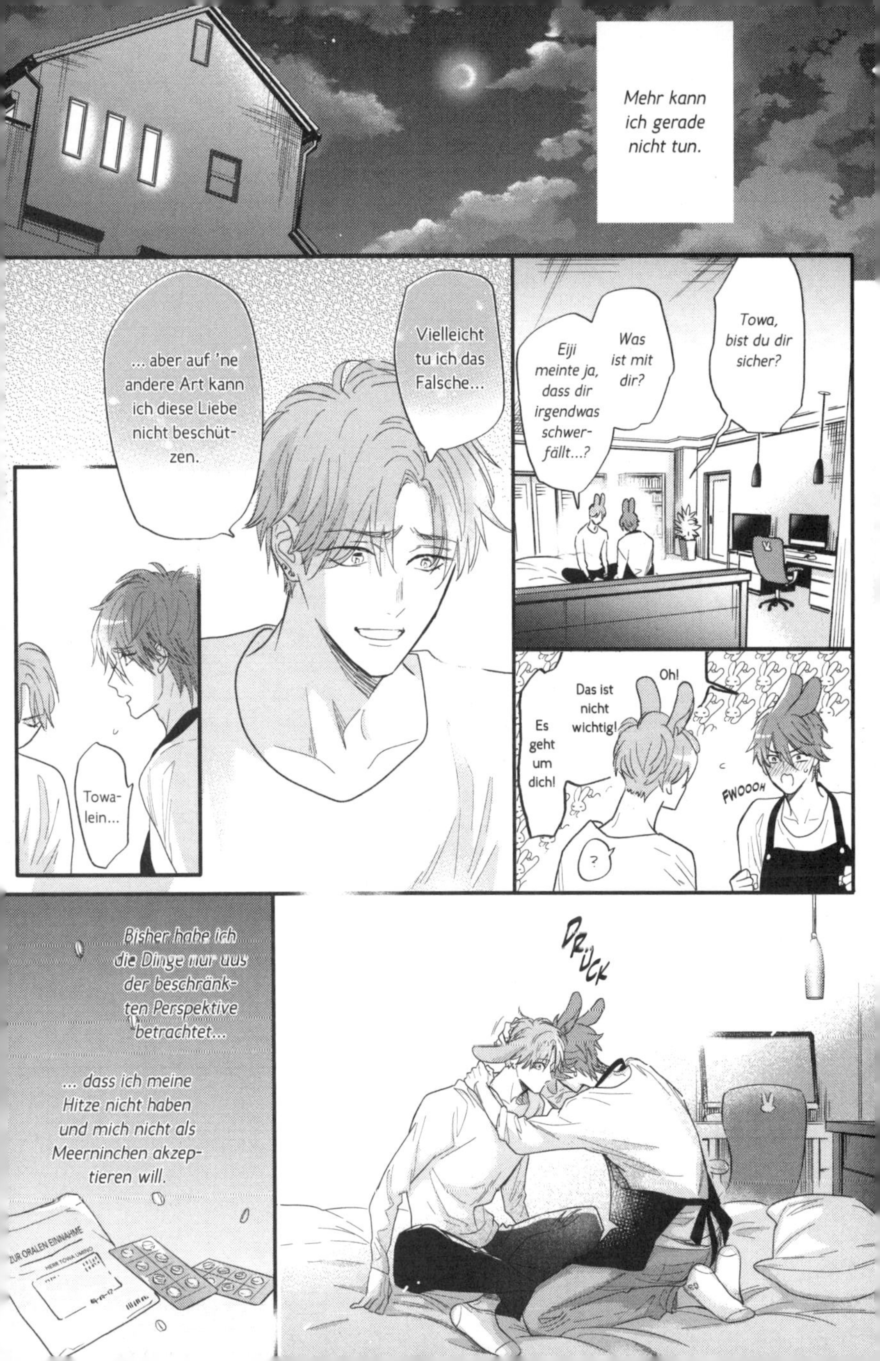
Mehr kann ich gerade nicht tun.
Towa, bist du dir sicher?
Was ist mit dir?
Eiji meinte ja, dass dir irgendwas schwerfällt...?
Oh!
Das ist nicht wichtig!
Es geht um dich!
FWOOOH
?
Vielleicht tu ich das Falsche...
... aber auf 'ne andere Art kann ich diese Liebe nicht beschützen.
Towa-lein...
DRÜCK
Bisher habe ich die Dinge nur aus der beschränkten Perspektive betrachtet...
... dass ich meine Hitze nicht haben und mich nicht als Meerninchen akzeptieren will.
ZUR ORALEN EINNAHME

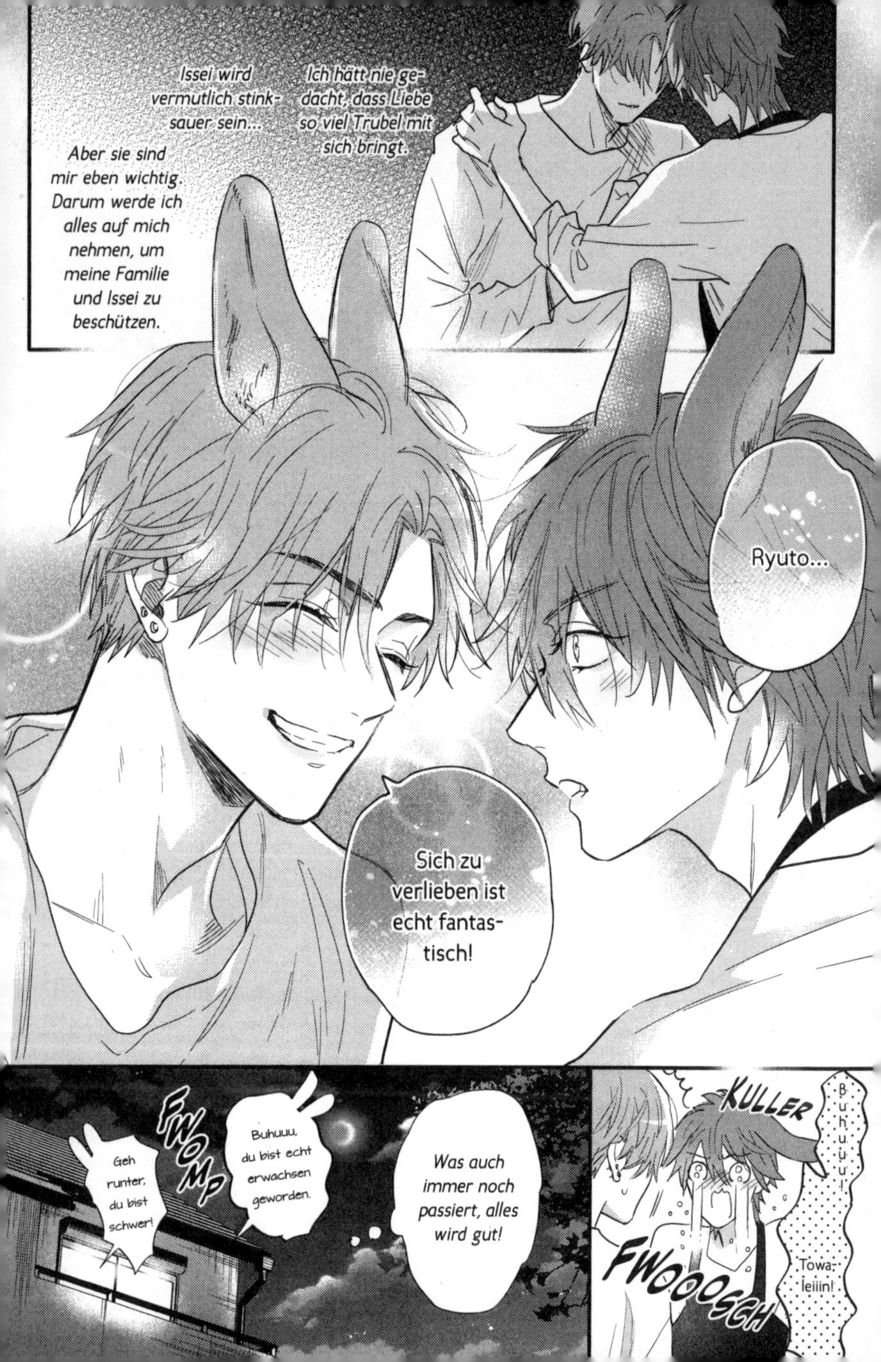
Ich hätt nie gedacht, dass Liebe so viel Trubel mit sich bringt.
Issei wird vermutlich stinksauer sein...
Aber sie sind mir eben wichtig. Darum werde ich alles auf mich nehmen, um meine Familie und Issei zu beschützen.
Ryuto...
Sich zu verlieben ist echt fantastisch!
Buhuuul!
KULLER
Towaleiiin!
FWOOOSCH
Was auch immer noch passiert, alles wird gut!
Buhuuu, du bist echt erwachsen geworden.
FWOMP
Geh runter, du bist schwer!

PHEROMO HOLIC

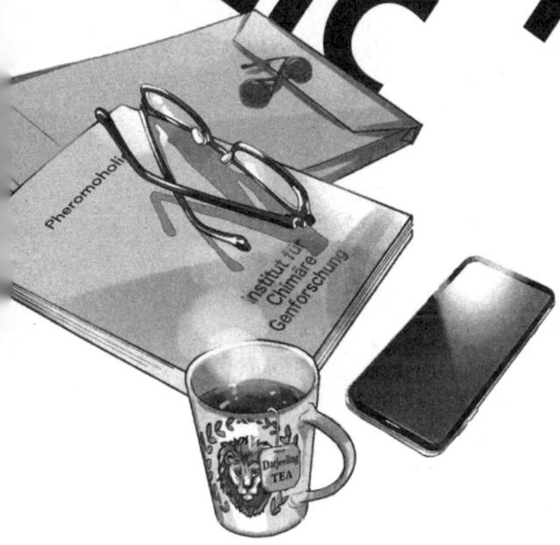

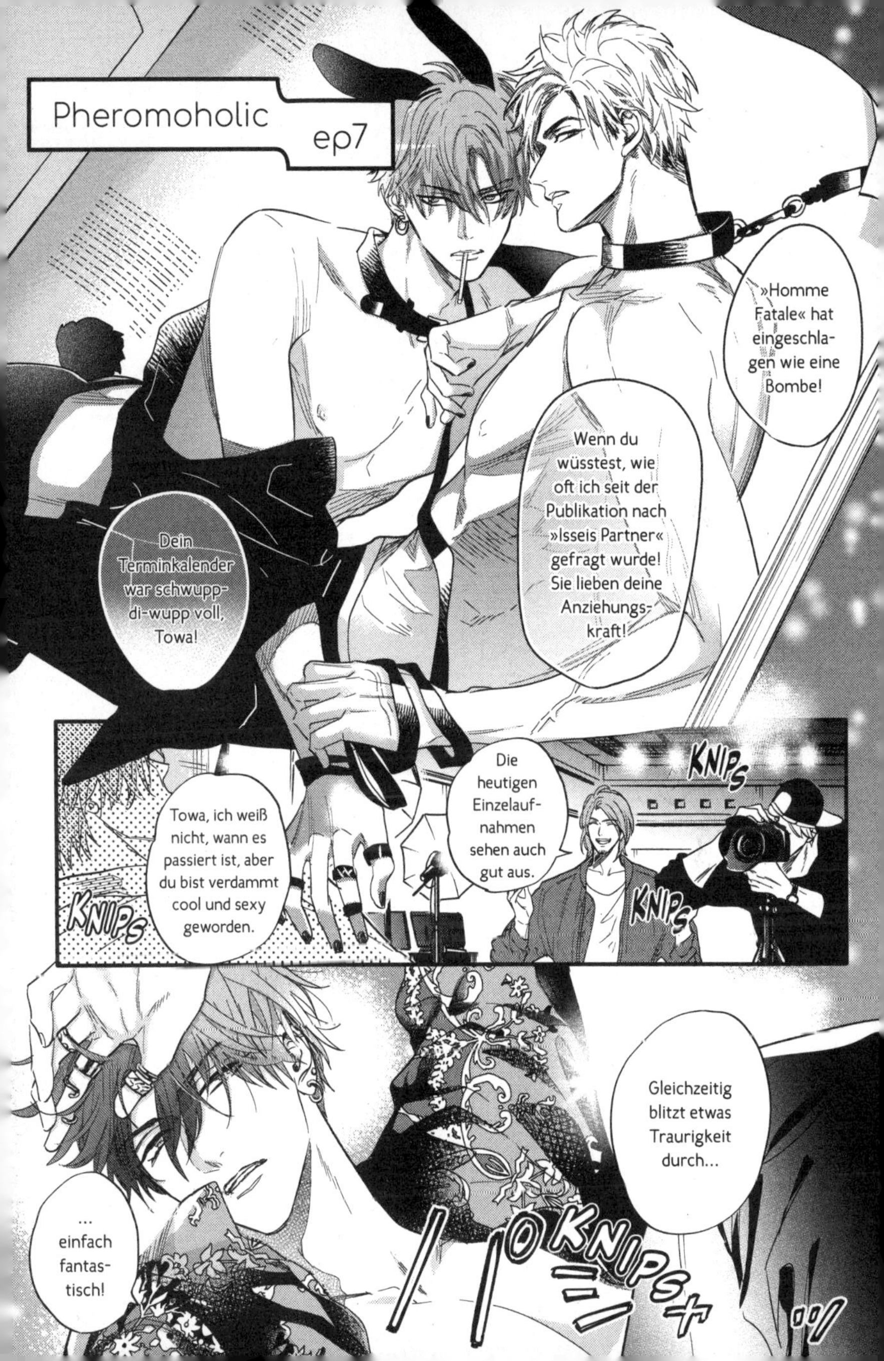
Pheromoholic
ep7
»Homme Fatale« hat eingeschlagen wie eine Bombe!
Wenn du wüsstest, wie oft ich seit der Publikation nach »Isseis Partner« gefragt wurde! Sie lieben deine Anziehungskraft!
Dein Terminkalender war schwuppdiwupp voll, Towa!
KNIPS
Die heutigen Einzelaufnahmen sehen auch gut aus.
KNIPS
Towa, ich weiß nicht, wann es passiert ist, aber du bist verdammt cool und sexy geworden.
KNIPS
Gleichzeitig blitzt etwas Traurigkeit durch…
KNIPS
… einfach fantastisch!

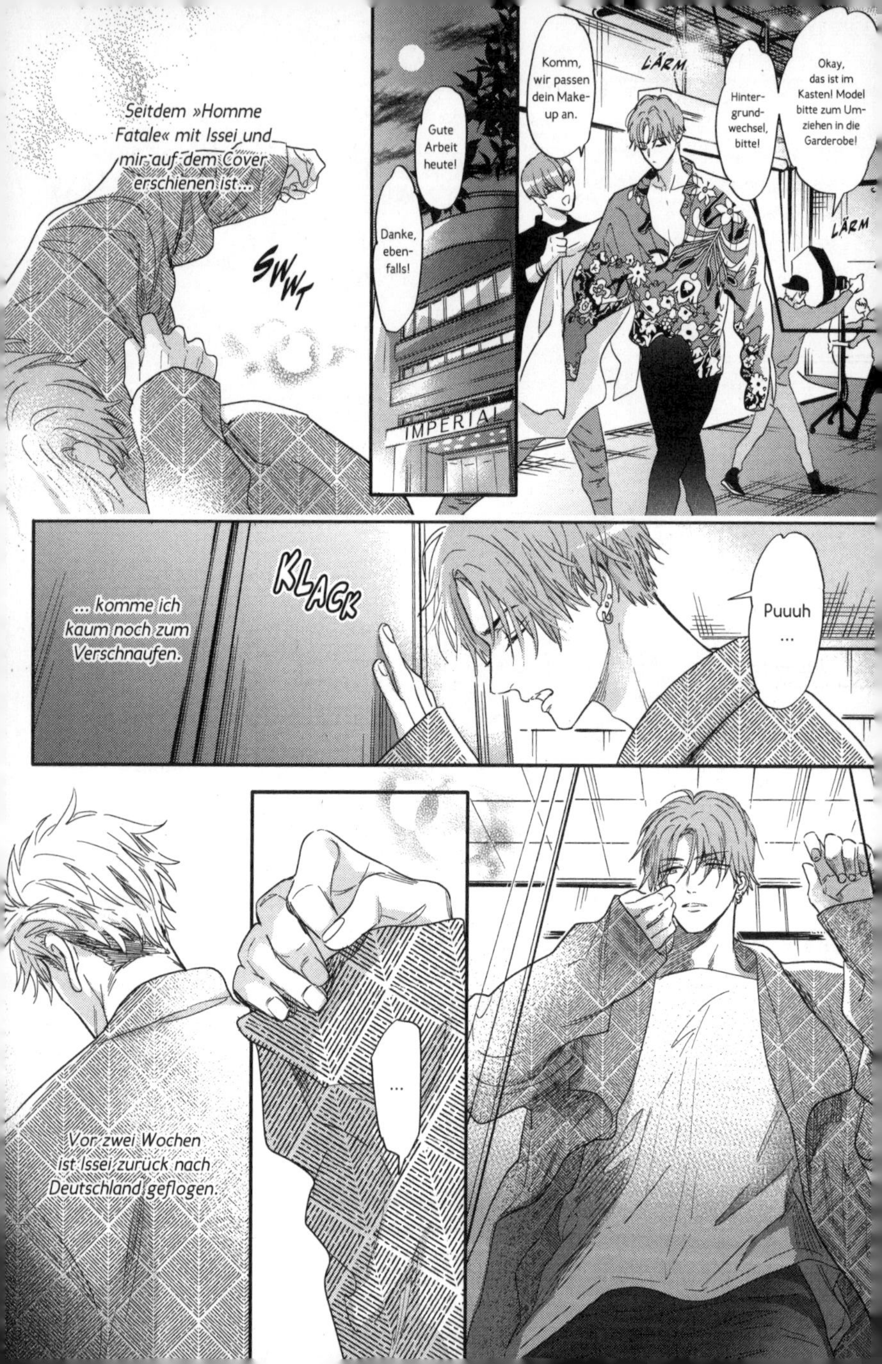
Okay, das ist im Kasten! Model bitte zum Umziehen in die Garderobe!
LÄRM
Hinter-grund-wechsel, bitte!
LÄRM
Komm, wir passen dein Make-up an.
Gute Arbeit heute!
Danke, eben-falls!
IMPERIAL
Seitdem »Homme Fatale« mit Issei und mir auf dem Cover erschienen ist …
Puuuh …
KLACK
… komme ich kaum noch zum Verschnaufen.
…
Vor zwei Wochen ist Issei zurück nach Deutschland geflogen.

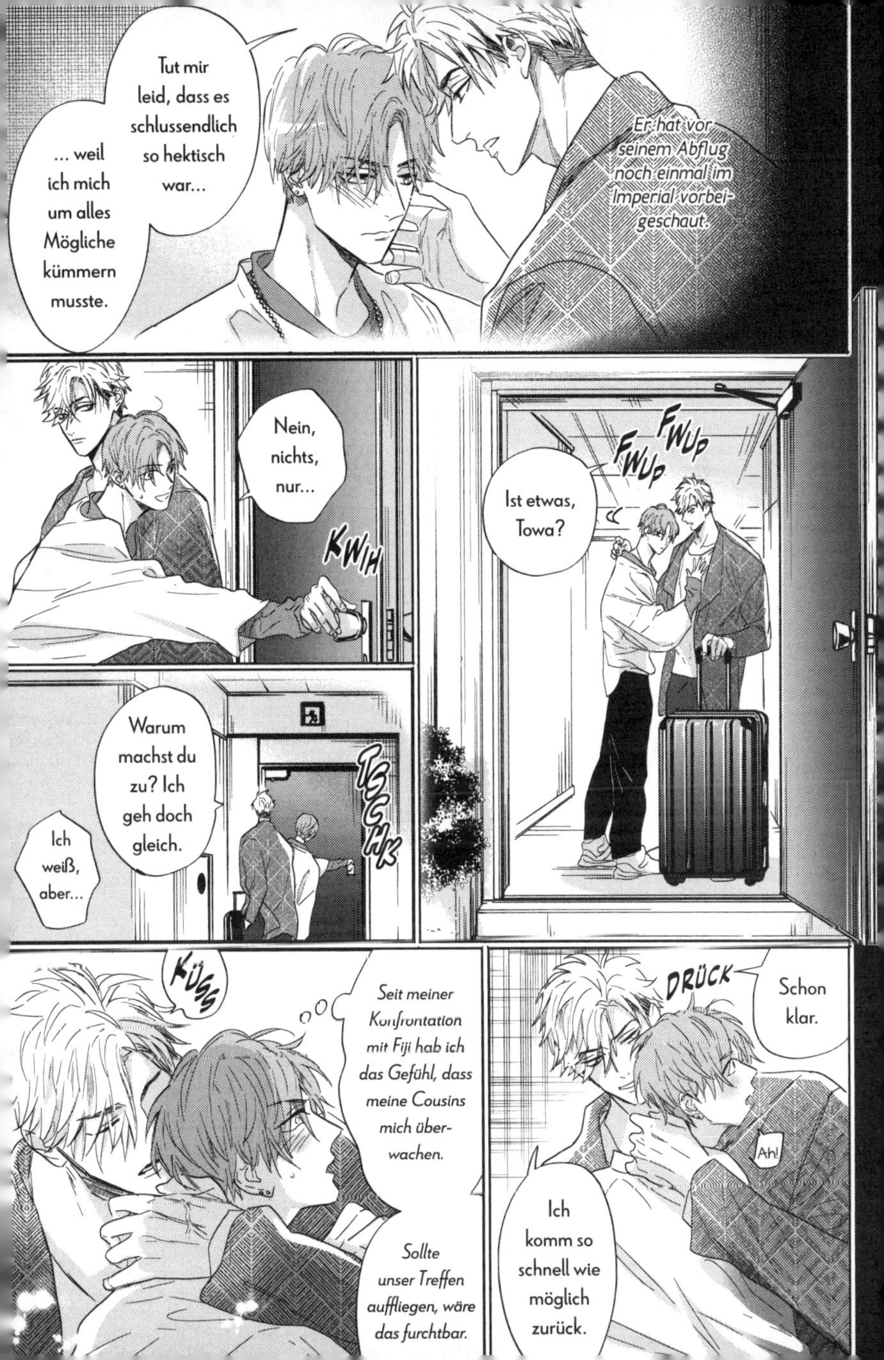
Er hat vor seinem Abflug noch einmal im Imperial vorbeigeschaut.
Tut mir leid, dass es schlussendlich so hektisch war…
… weil ich mich um alles Mögliche kümmern musste.
FWUP FWUP
Ist etwas, Towa?
Nein, nichts, nur…
KWIH
TSCHK
Warum machst du zu? Ich geh doch gleich.
Ich weiß, aber…
Schon klar.
DRÜCK
Ah!
Ich komm so schnell wie möglich zurück.
KÜSS
Seit meiner Konfrontation mit Fiji hab ich das Gefühl, dass meine Cousins mich überwachen.
Sollte unser Treffen auffliegen, wäre das furchtbar.

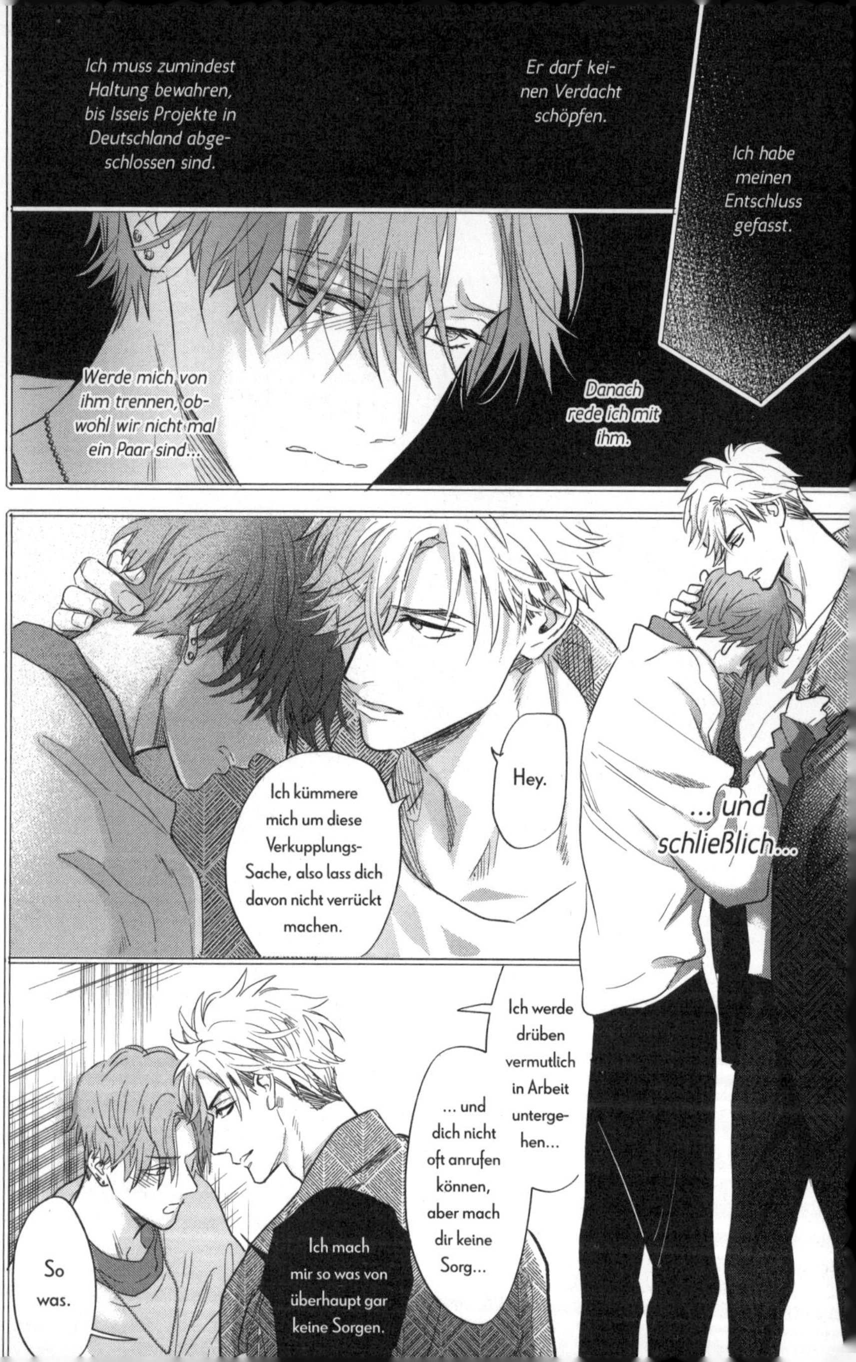
Ich habe meinen Entschluss gefasst.
Er darf keinen Verdacht schöpfen.
Ich muss zumindest Haltung bewahren, bis Isseis Projekte in Deutschland abgeschlossen sind.
Danach rede ich mit ihm.
Werde mich von ihm trennen, obwohl wir nicht mal ein Paar sind...
... und schließlich...
Hey.
Ich kümmere mich um diese Verkupplungs-Sache, also lass dich davon nicht verrückt machen.
Ich werde drüben vermutlich in Arbeit untergehen...
... und dich nicht oft anrufen können, aber mach dir keine Sorg...
Ich mach mir so was von überhaupt gar keine Sorgen.
So was.

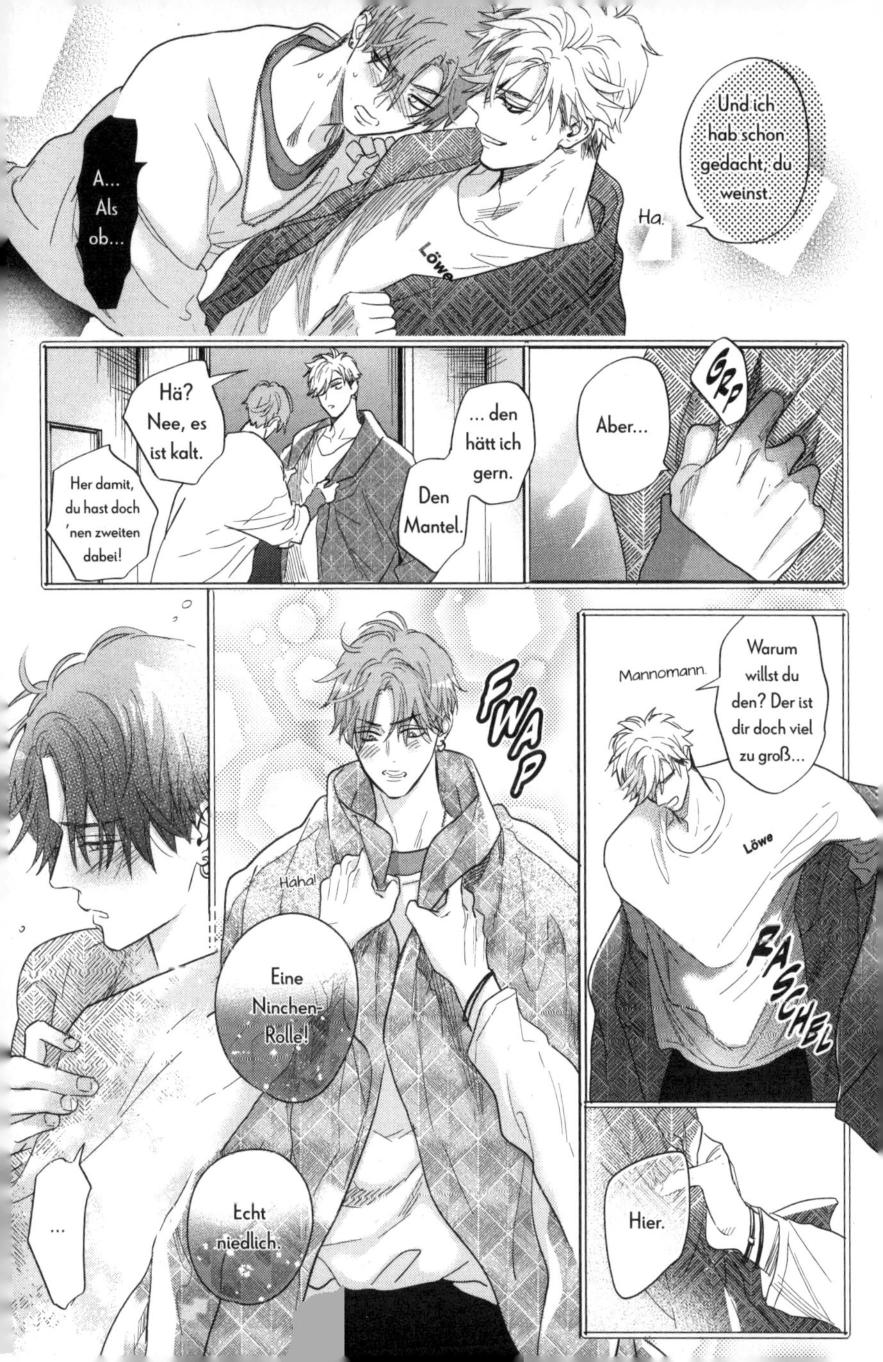
Und ich hab schon gedacht, du weinst.
Ha.
A... Als ob...
Löwe
GRP
Aber...
... den hätt ich gern.
Den Mantel.
Hä? Nee, es ist kalt.
Her damit, du hast doch 'nen zweiten dabei!
Warum willst du den? Der ist dir doch viel zu groß...
Mannomann.
Löwe
RASCHEL
Hier.
FWAP
Haha!
Eine Ninchen-Rolle!
Echt niedlich.
...

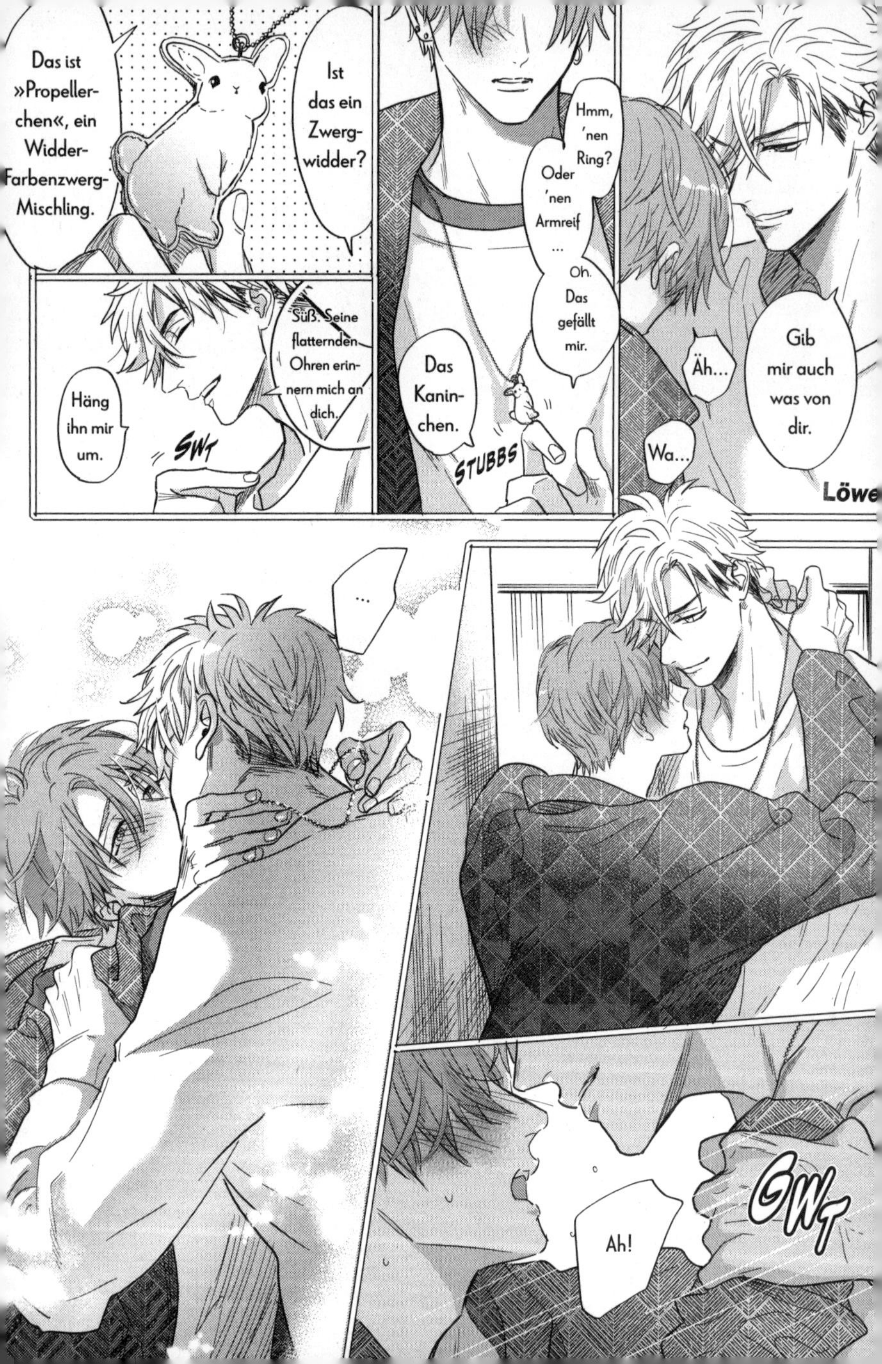
Ist das ein Zwergwidder?
Das ist »Propellerchen«, ein Widder-Farbenzwerg-Mischling.
Süß. Seine flatternden Ohren erinnern mich an dich.
Häng ihn mir um.
SWT
Hmm, 'nen Ring?
Oder 'nen Armreif ...
Oh. Das gefällt mir.
Das Kaninchen.
STUBBS
Gib mir auch was von dir.
Äh...
Wa...
Löwe
...
Ah!
GWT

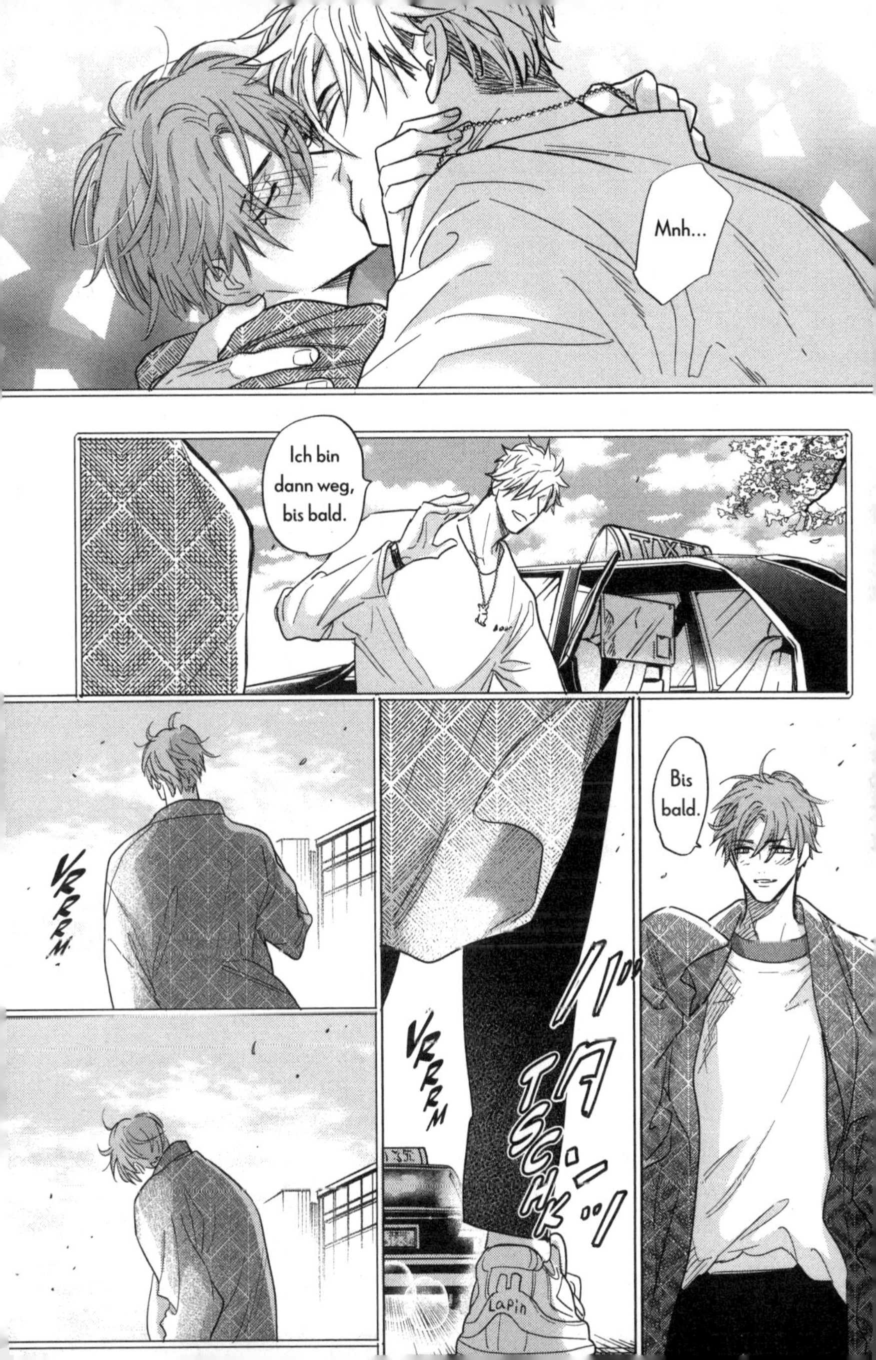
Mnh...
Ich bin dann weg, bis bald.
Bis bald.
TSCHK
VRRRM
VRRRM
Lapin

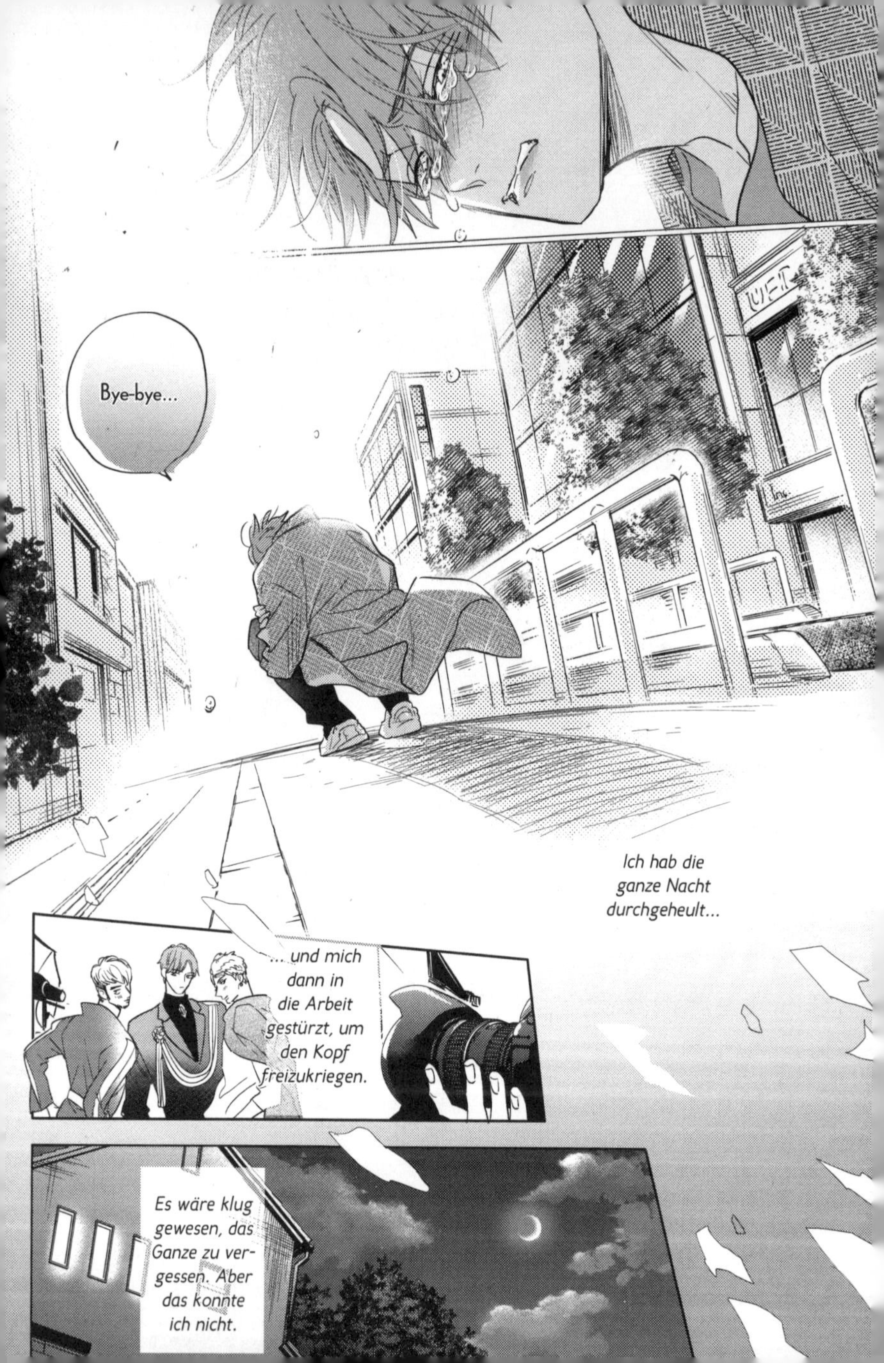
Bye-bye...
Ich hab die ganze Nacht durchgeheult...
... und mich dann in die Arbeit gestürzt, um den Kopf freizukriegen.
Es wäre klug gewesen, das Ganze zu vergessen. Aber das konnte ich nicht.

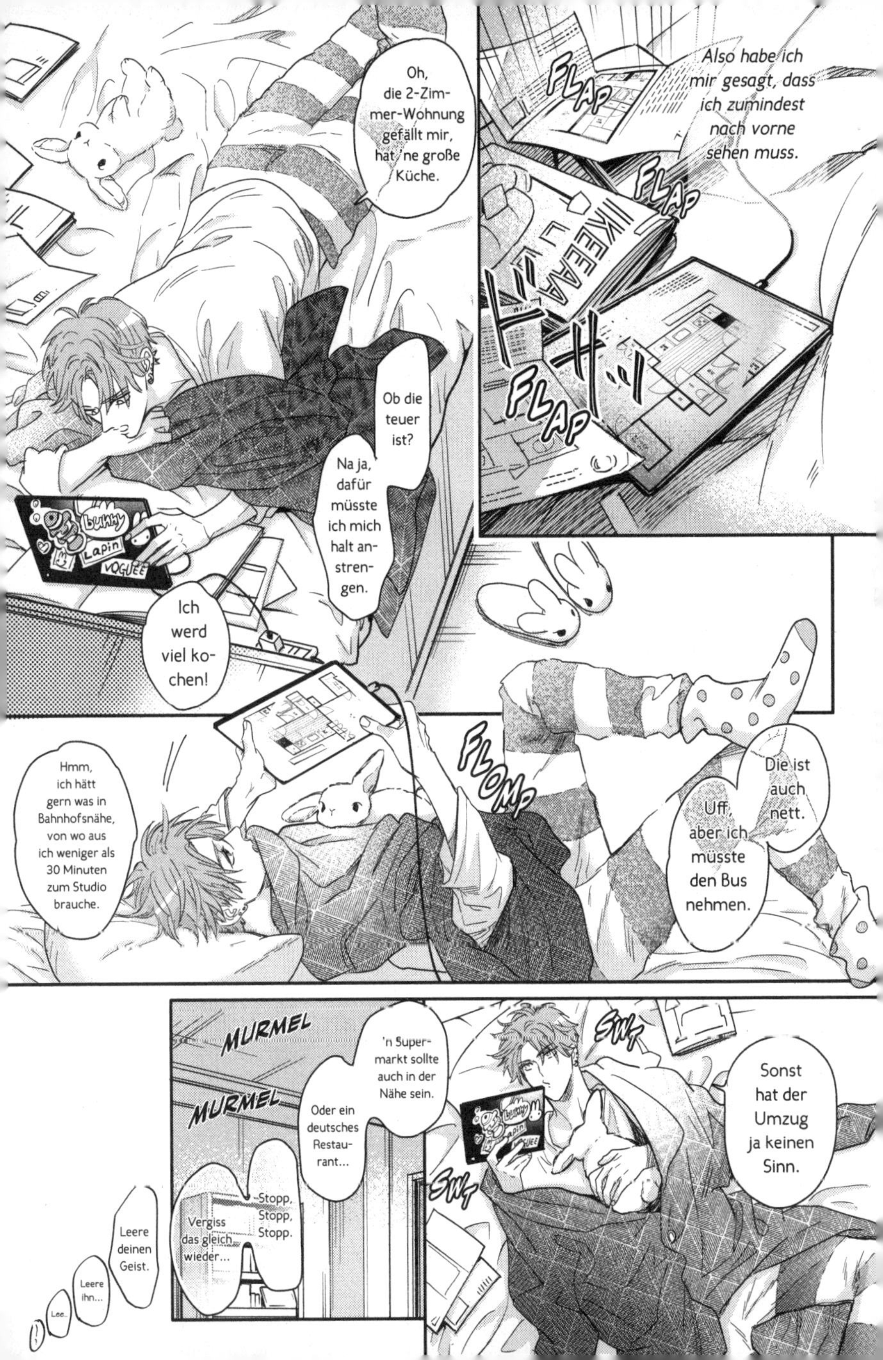
Also habe ich mir gesagt, dass ich zumindest nach vorne sehen muss.
FLAP
FLAP
FLAP
Oh, die 2-Zimmer-Wohnung gefällt mir, hat 'ne große Küche.
Ob die teuer ist?
Na ja, dafür müsste ich mich halt anstrengen.
Ich werd viel kochen!
FLOMP
Die ist auch nett.
Uff, aber ich müsste den Bus nehmen.
Hmm, ich hätt gern was in Bahnhofsnähe, von wo aus ich weniger als 30 Minuten zum Studio brauche.
Sonst hat der Umzug ja keinen Sinn.
SWT
SWT
'n Supermarkt sollte auch in der Nähe sein.
Oder ein deutsches Restaurant...
MURMEL
MURMEL
Stopp, Stopp, Stopp.
Vergiss das gleich wieder...
Leere deinen Geist.
Leere ihn...
Lee...
!

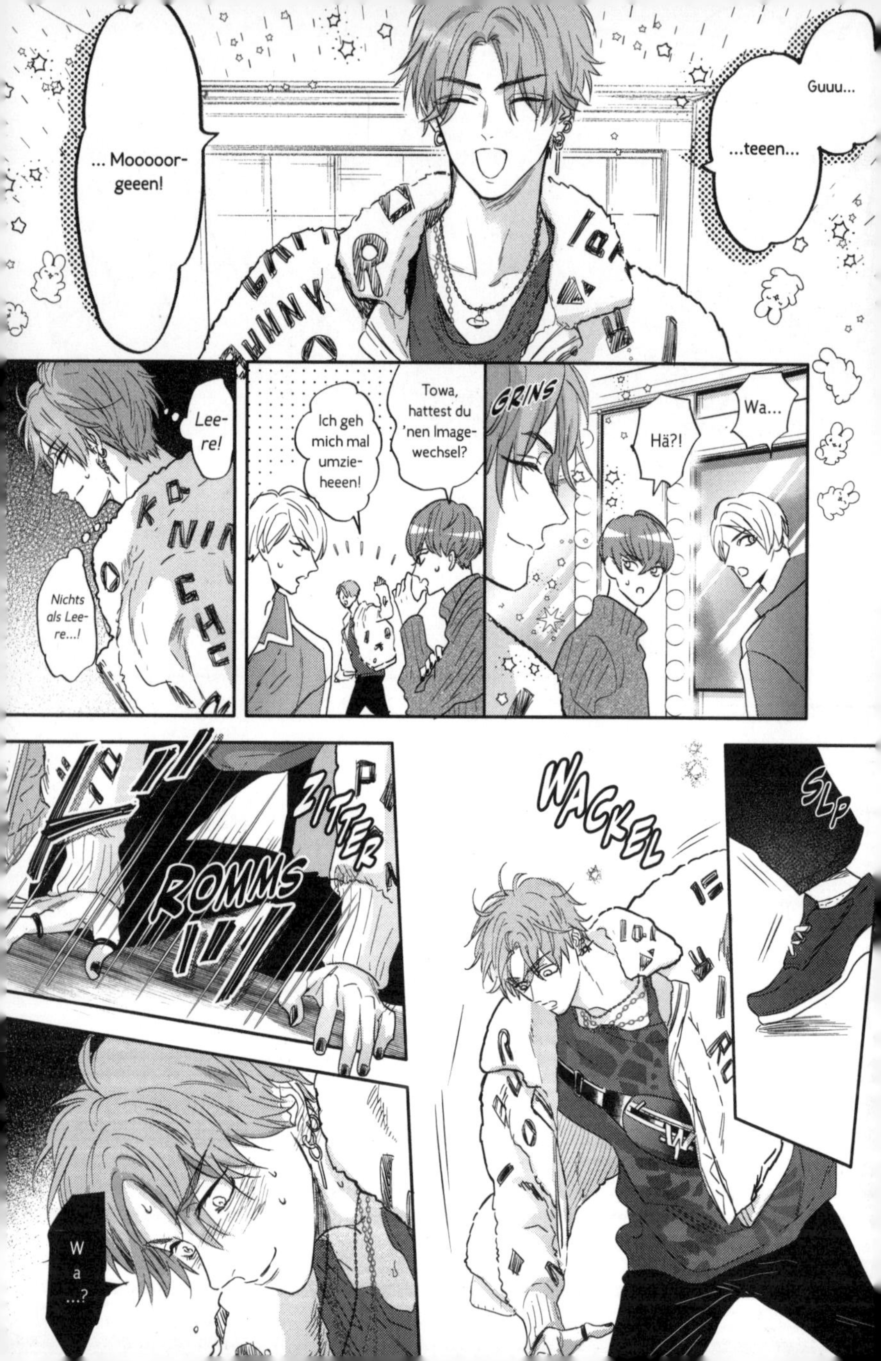
Guuu...
...teeen...
... Mooooor-geeen!
Wa...
Hä?!
GRINS
Towa, hattest du 'nen Image-wechsel?
Ich geh mich mal umzie-heeen!
Lee-re!
Nichts als Lee-re...!
SLP
WACKEL
ZITTER
ROMMS
Wa...?

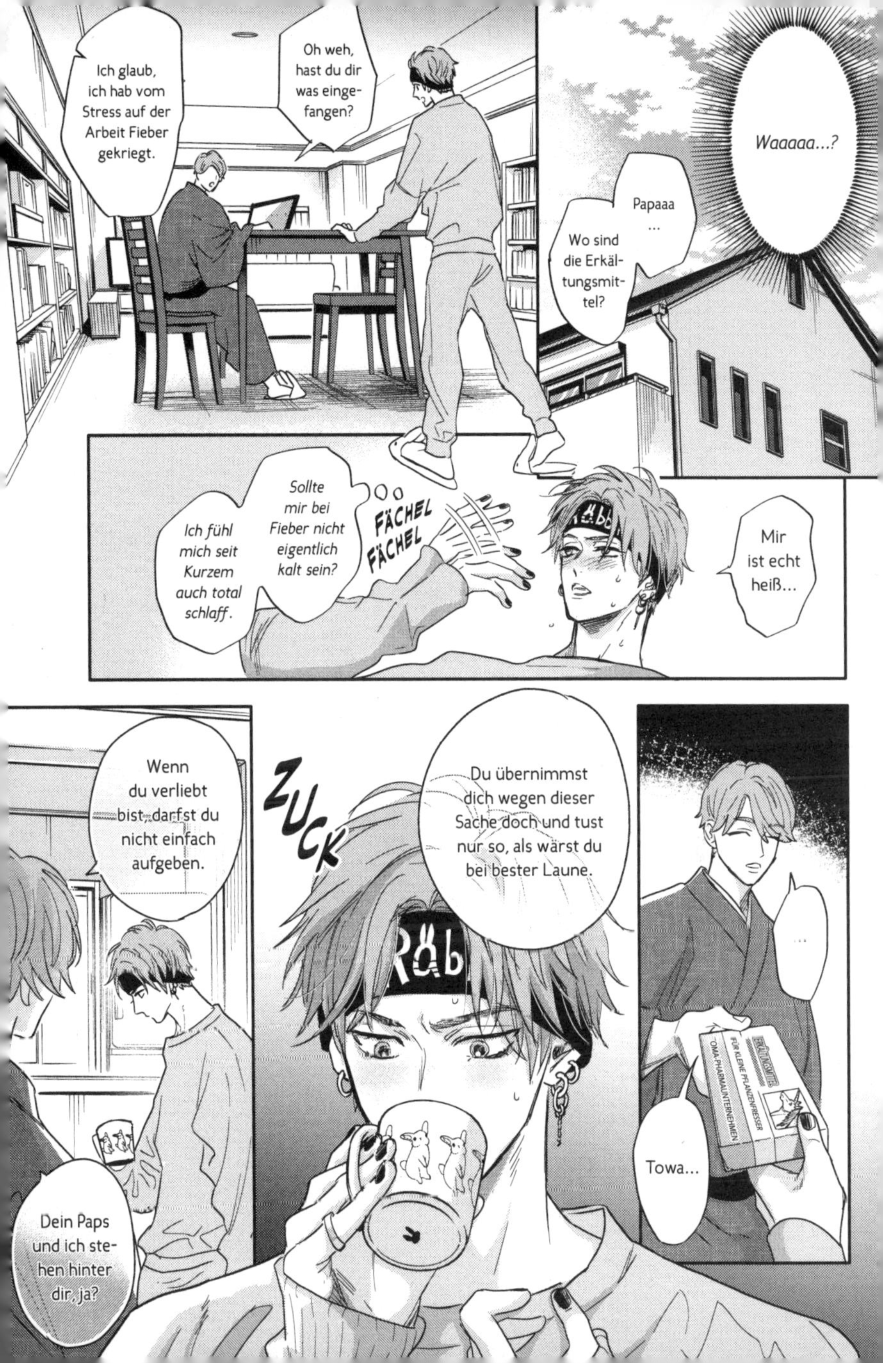
Waaaaa...?
Papaaa ...
Wo sind die Erkältungsmittel?
Oh weh, hast du dir was eingefangen?
Ich glaub, ich hab vom Stress auf der Arbeit Fieber gekriegt.
Mir ist echt heiß...
FÄCHEL FÄCHEL
Sollte mir bei Fieber nicht eigentlich kalt sein?
Ich fühl mich seit Kurzem auch total schlaff.
...
ERKÄLTUNGSMITTEL
FÜR KLEINE PFLANZENFRESSER
OMA-PHARMAUNTERNEHMEN
Towa...
ZUCK
Du übernimmst dich wegen dieser Sache doch und tust nur so, als wärst du bei bester Laune.
Wenn du verliebt bist, darfst du nicht einfach aufgeben.
Dein Paps und ich stehen hinter dir, ja?

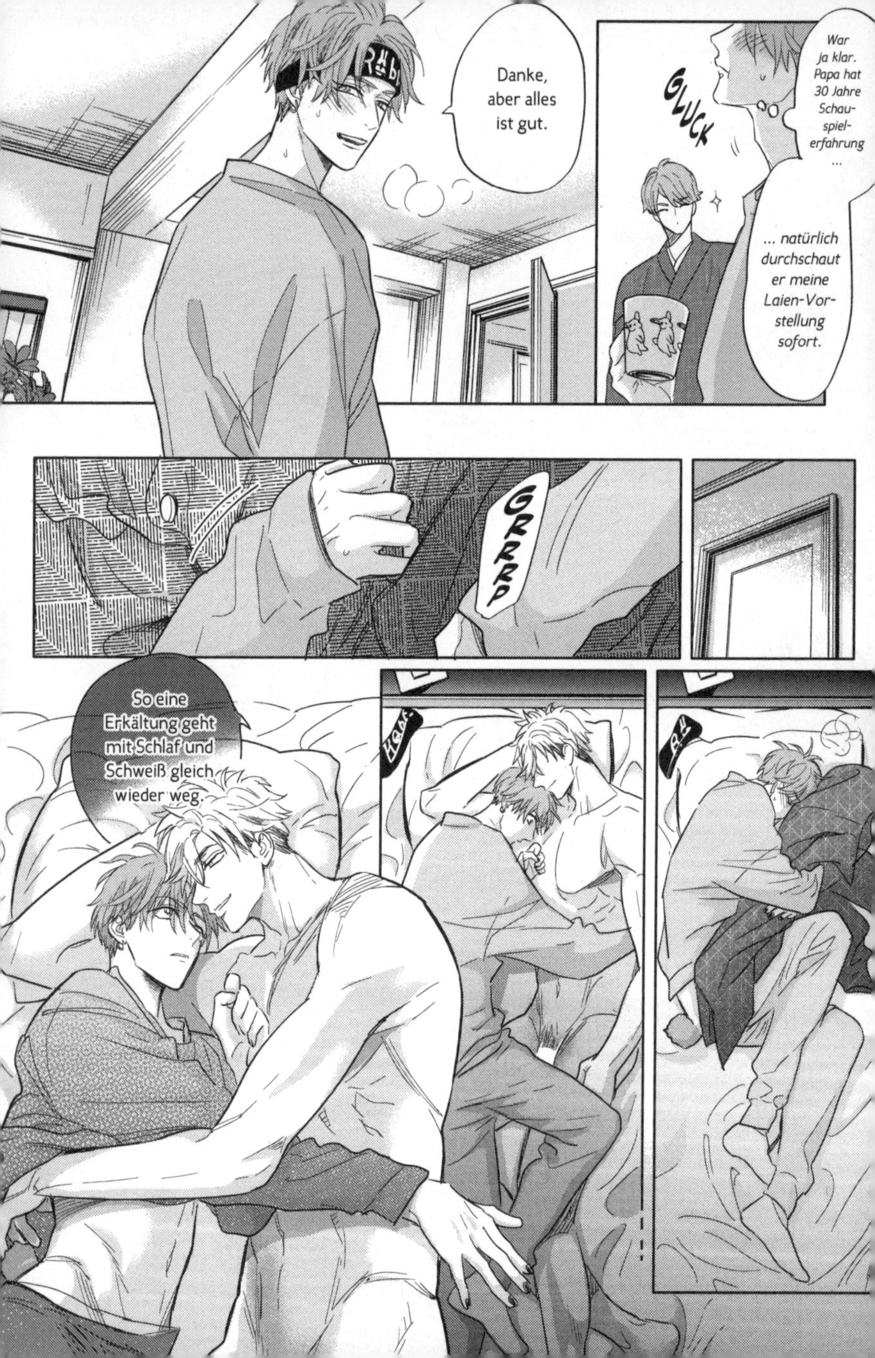

Danke, aber alles ist gut.
GLUCK
War ja klar. Papa hat 30 Jahre Schau-spiel-erfahrung ...
... natürlich durchschaut er meine Laien-Vorstellung sofort.
GRRRP
So eine Erkältung geht mit Schlaf und Schweiß gleich wieder weg.

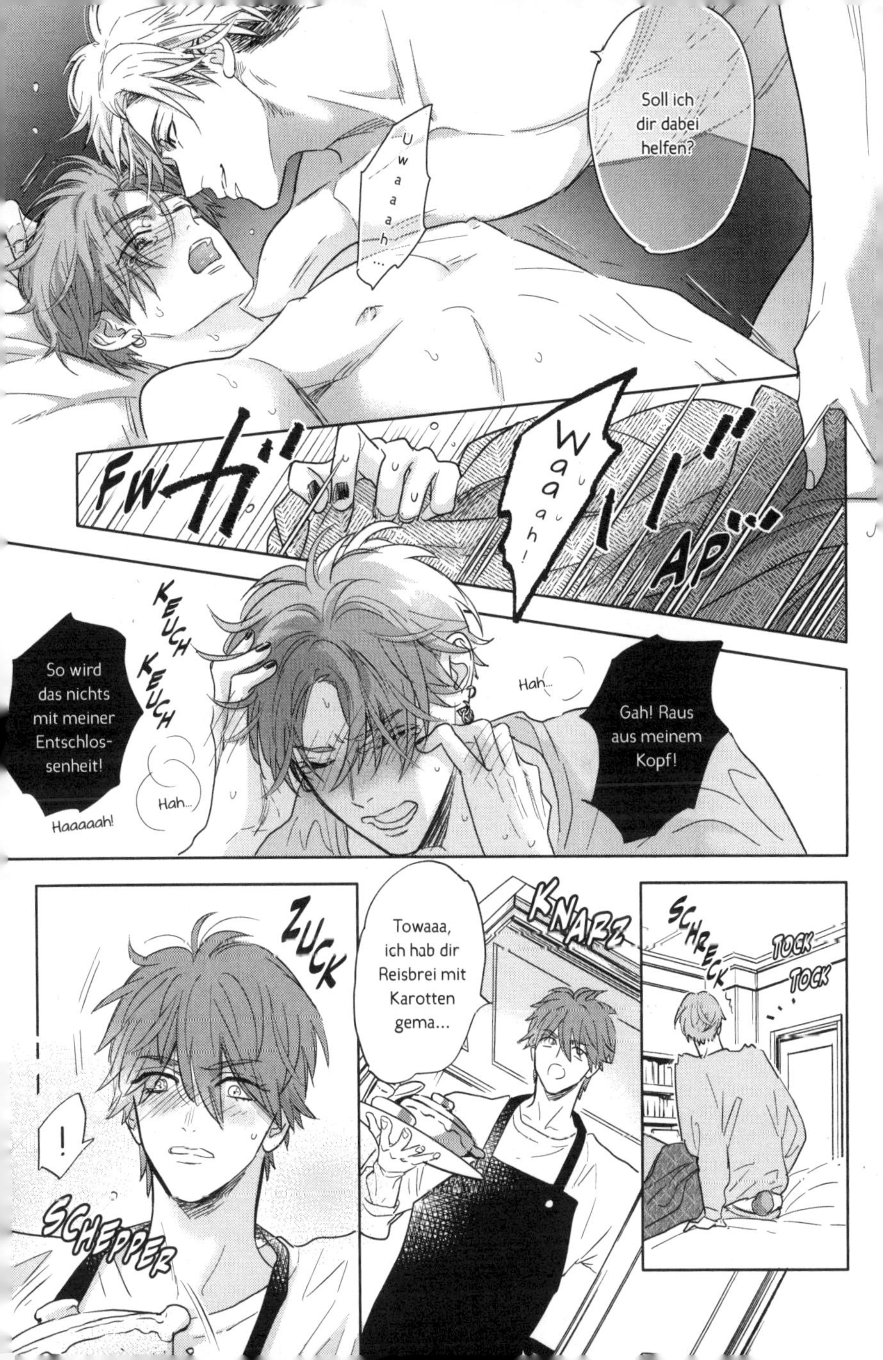
Soll ich dir dabei helfen?
Üwaaah...
Fwサ
Waaaah!
バ...
Ap...
Gah! Raus aus meinem Kopf!
Hah...
Keuch Keuch
So wird das nichts mit meiner Entschlossenheit!
Hah...
Haaaaah!
Schreck
Tock Tock
Knarz
Towaaa, ich hab dir Reisbrei mit Karotten gema...
Zuck
!
Schepper

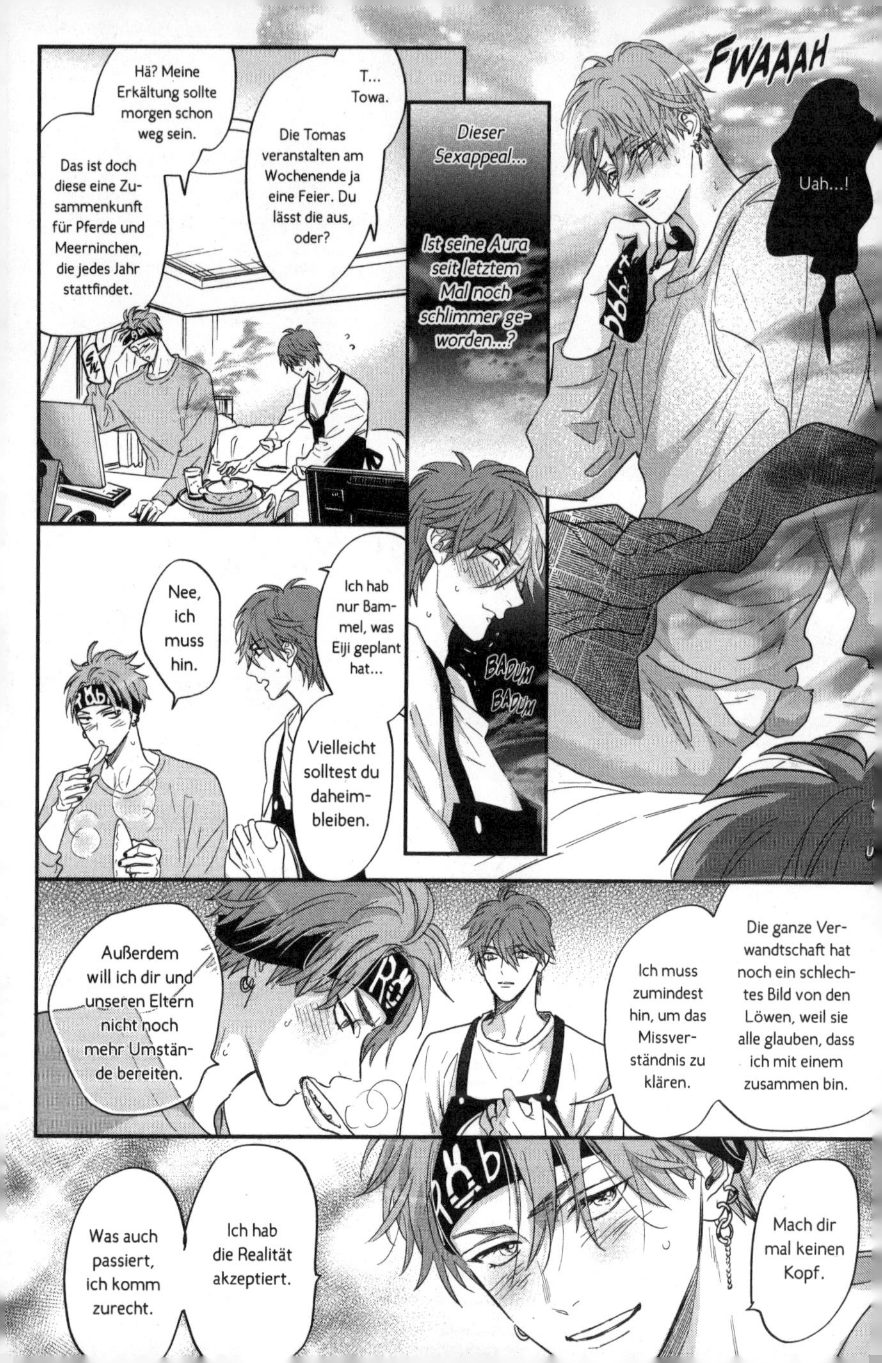
FWAAAH
Uah...!
Dieser Sexappeal...
Ist seine Aura seit letztem Mal noch schlimmer geworden...?
BADUM BADUM
T... Towa.
Die Tomas veranstalten am Wochenende ja eine Feier. Du lässt die aus, oder?
Hä? Meine Erkältung sollte morgen schon weg sein.
Das ist doch diese eine Zusammenkunft für Pferde und Meerninchen, die jedes Jahr stattfindet.
Ich hab nur Bammel, was Eiji geplant hat...
Vielleicht solltest du daheimbleiben.
Nee, ich muss hin.
Die ganze Verwandtschaft hat noch ein schlechtes Bild von den Löwen, weil sie alle glauben, dass ich mit einem zusammen bin.
Ich muss zumindest hin, um das Missverständnis zu klären.
Außerdem will ich dir und unseren Eltern nicht noch mehr Umstände bereiten.
Mach dir mal keinen Kopf.
Ich hab die Realität akzeptiert.
Was auch passiert, ich komm zurecht.

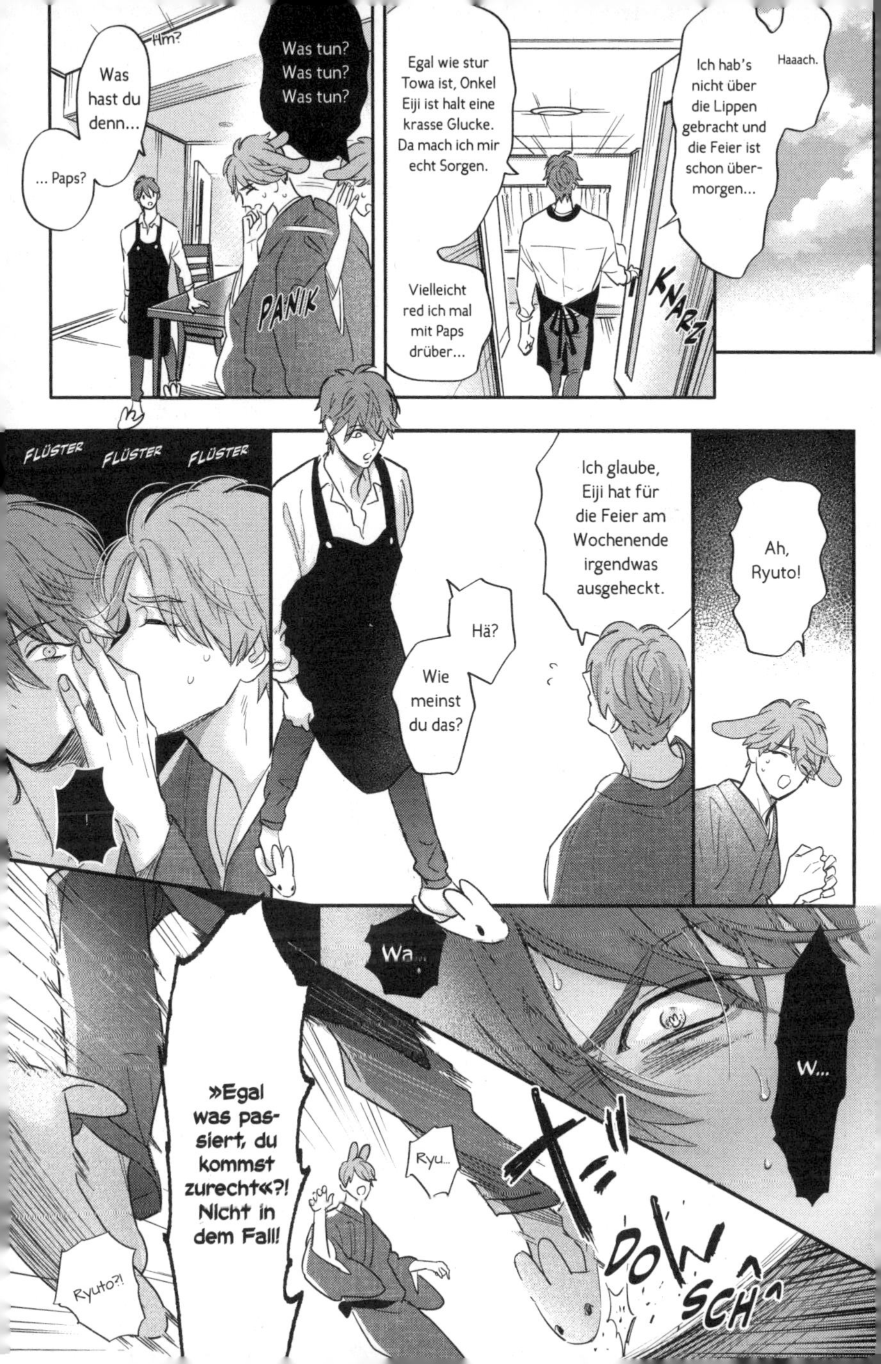
Haaach.
Ich hab's nicht über die Lippen gebracht und die Feier ist schon übermorgen...
KNARZ
Egal wie stur Towa ist, Onkel Eiji ist halt eine krasse Glucke. Da mach ich mir echt Sorgen.
Vielleicht red ich mal mit Paps drüber...
Was tun? Was tun? Was tun?
Hm?
Was hast du denn...
... Paps?
PANIK
Ah, Ryuto!
Ich glaube, Eiji hat für die Feier am Wochenende irgendwas ausgeheckt.
Hä?
Wie meinst du das?
FLÜSTER FLÜSTER FLÜSTER
W...
Wa...
DOWN
SCHÂ
Ryu...
»Egal was passiert, du kommst zurecht«?! Nicht in dem Fall!
Ryuto?!

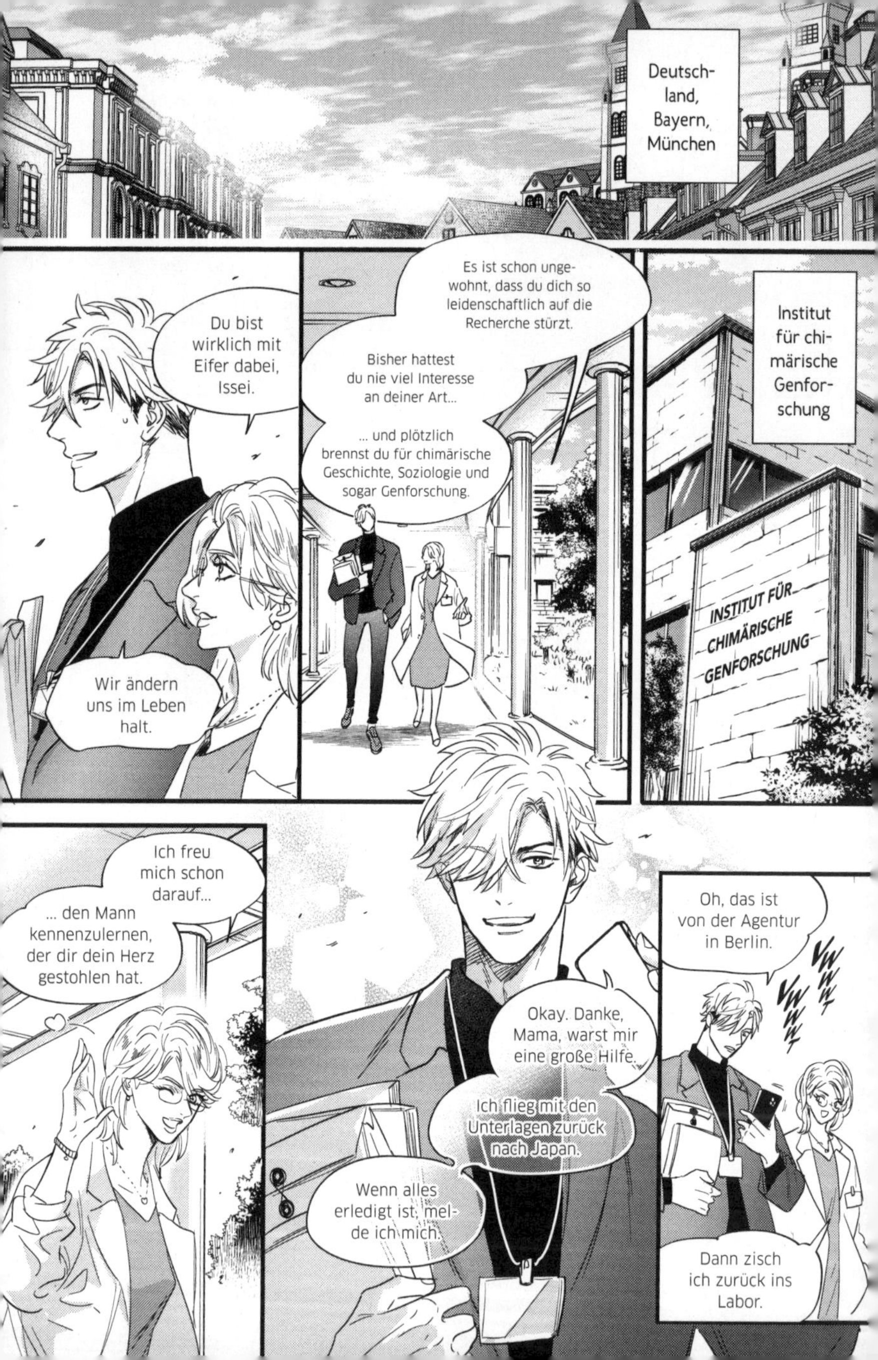
Deutschland, Bayern, München
Du bist wirklich mit Eifer dabei, Issei.
Wir ändern uns im Leben halt.
Es ist schon ungewohnt, dass du dich so leidenschaftlich auf die Recherche stürzt.
Bisher hattest du nie viel Interesse an deiner Art...
... und plötzlich brennst du für chimärische Geschichte, Soziologie und sogar Genforschung.
Institut für chimärische Genforschung
INSTITUT FÜR CHIMÄRISCHE GENFORSCHUNG
Ich freu mich schon darauf...
... den Mann kennenzulernen, der dir dein Herz gestohlen hat.
Oh, das ist von der Agentur in Berlin.
VWWW
Okay. Danke, Mama, warst mir eine große Hilfe.
Ich flieg mit den Unterlagen zurück nach Japan.
Wenn alles erledigt ist, melde ich mich.
Dann zisch ich zurück ins Labor.

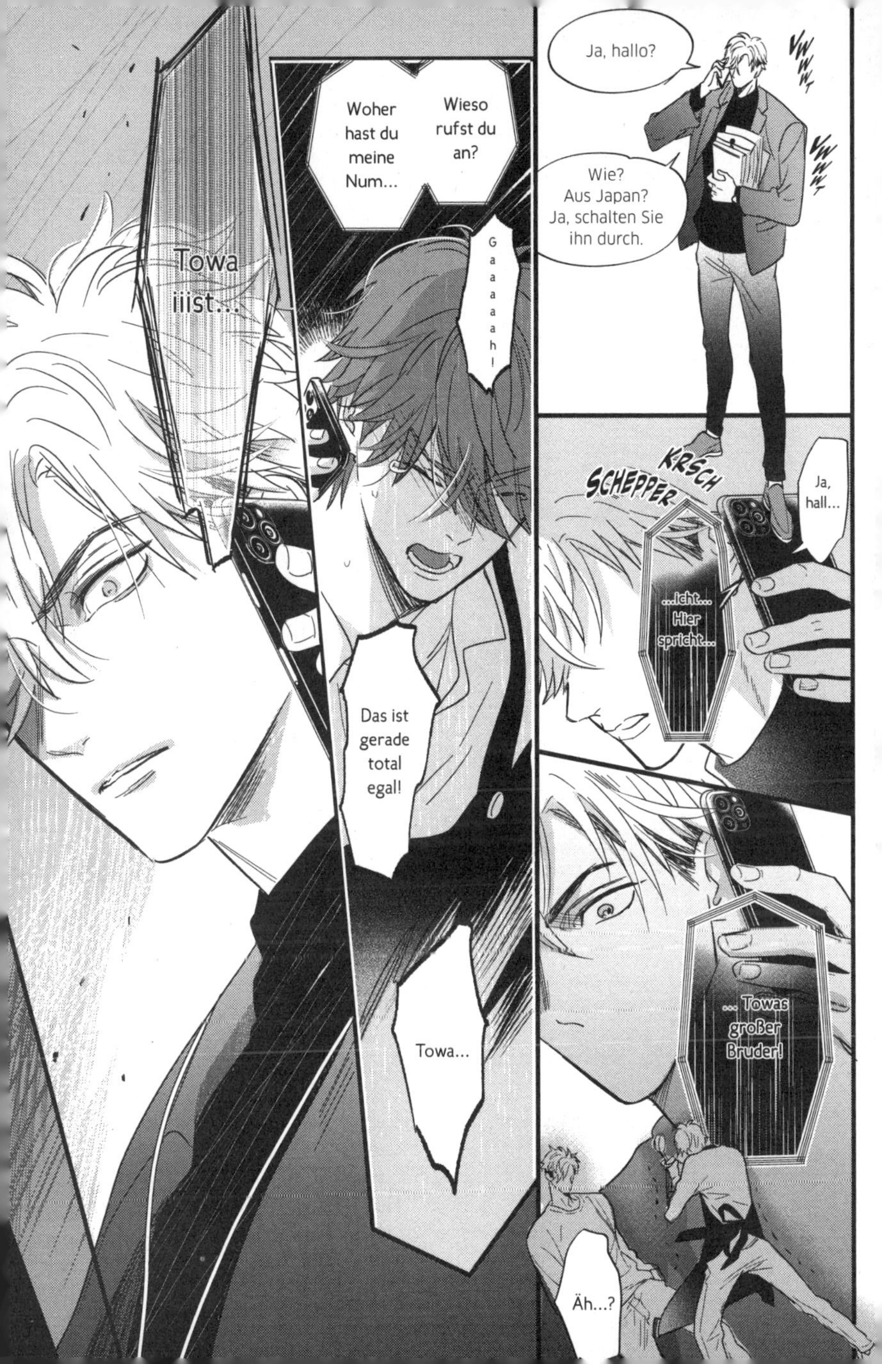
Ja, hallo?
Wie? Aus Japan? Ja, schalten Sie ihn durch.
KRSCH
SCHEPPER
Ja, hall…
…icht… Hier spricht…
… Towas großer Bruder!
Äh…?
Wieso rufst du an?
Woher hast du meine Num…
Gaaaaaah!
Das ist gerade total egal!
Towa…
Towa iiist…

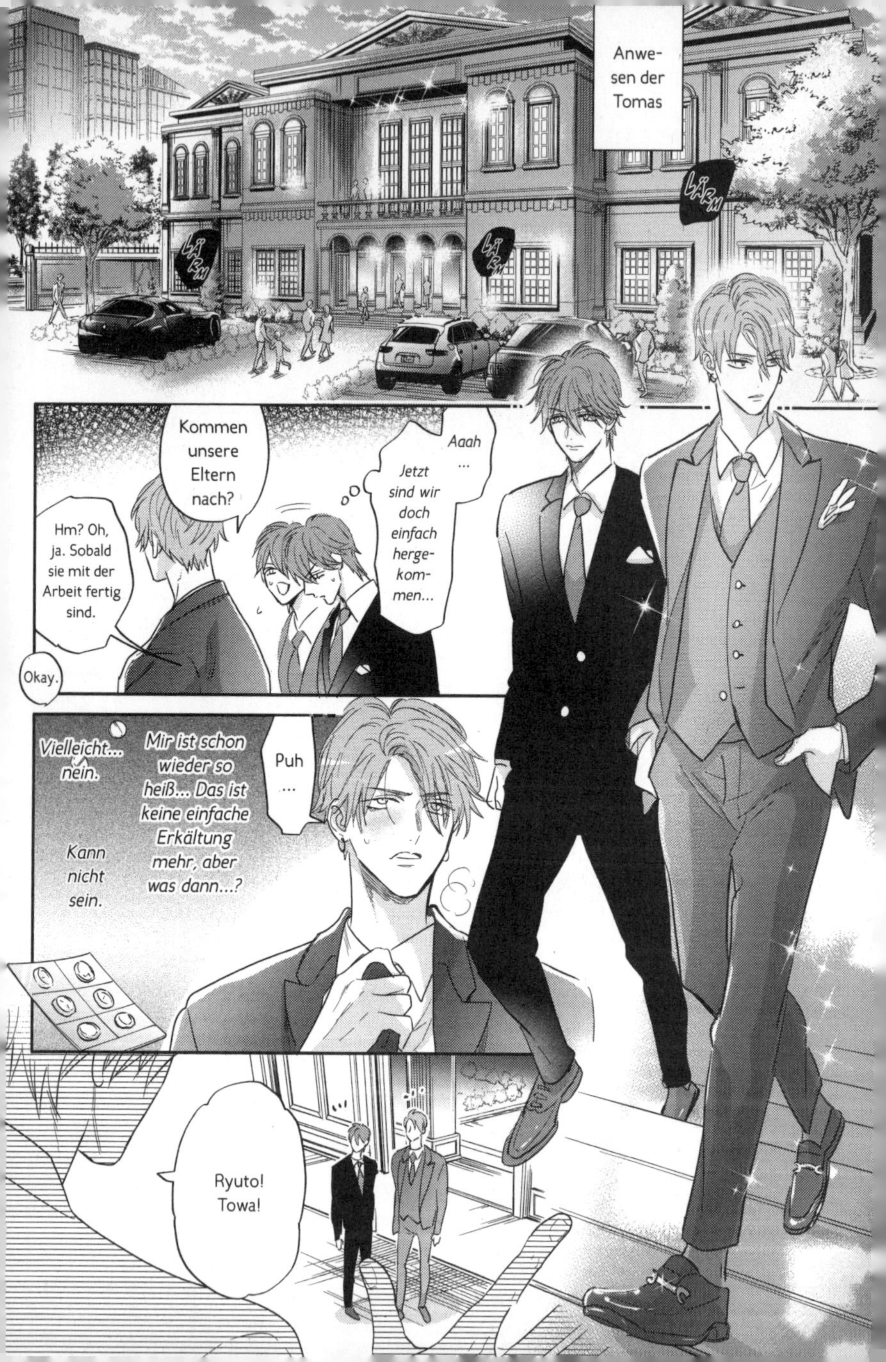
Anwesen der Tomas
LÄRM
LÄRM
LÄRM
Kommen unsere Eltern nach?
Hm? Oh, ja. Sobald sie mit der Arbeit fertig sind.
Okay.
Aaah ...
Jetzt sind wir doch einfach hergekommen...
Puh ...
Mir ist schon wieder so heiß... Das ist keine einfache Erkältung mehr, aber was dann...?
Vielleicht... nein.
Kann nicht sein.
Ryuto! Towa!

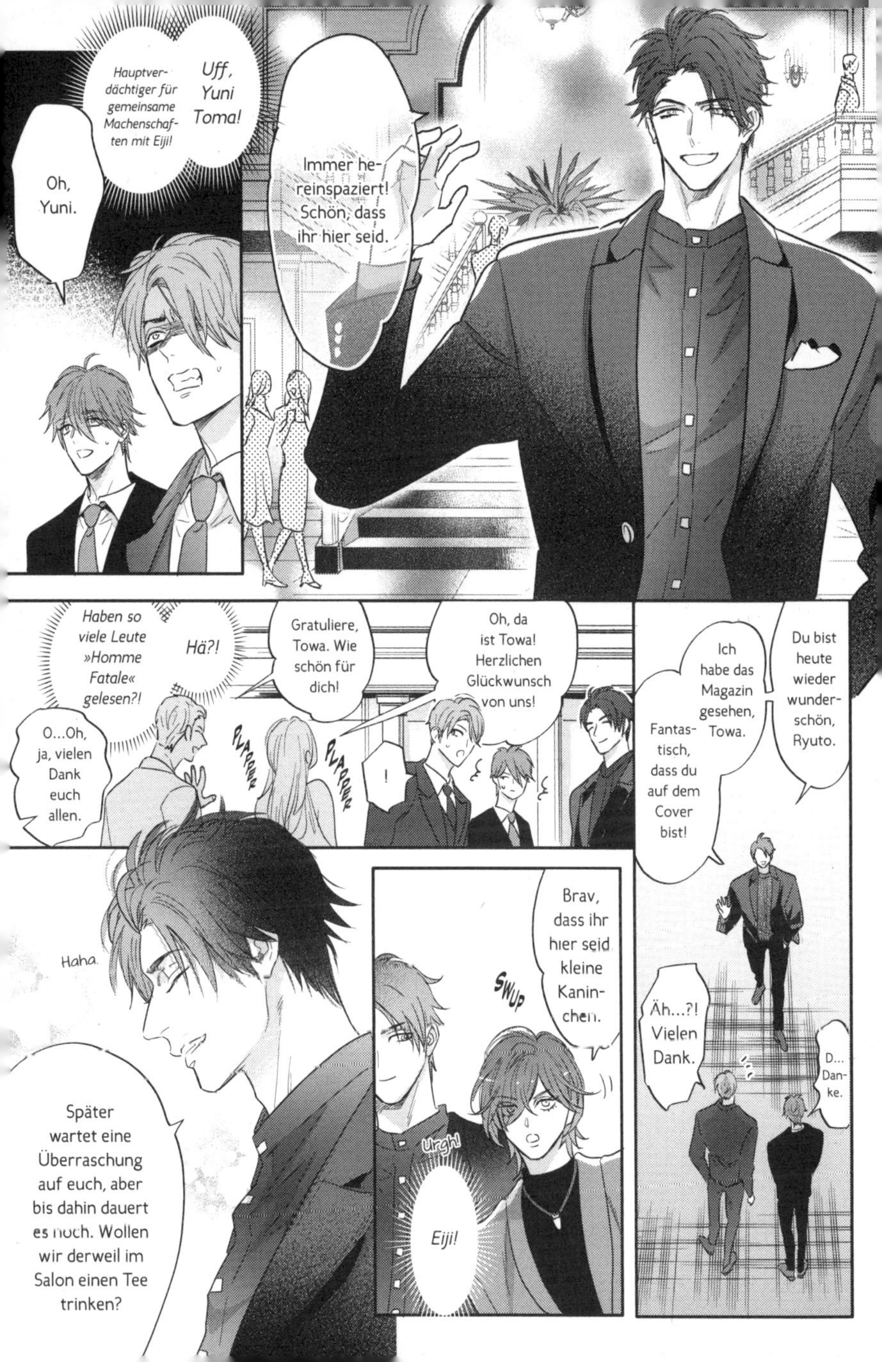
Immer hereinspaziert! Schön, dass ihr hier seid.
Uff, Yuni Toma!
Hauptverdächtiger für gemeinsame Machenschaften mit Eiji!
Oh, Yuni.
Du bist heute wieder wunderschön, Ryuto.
Ich habe das Magazin gesehen, Towa.
Fantastisch, dass du auf dem Cover bist!
Oh, da ist Towa! Herzlichen Glückwunsch von uns!
Gratuliere, Towa. Wie schön für dich!
!
PLAPPER
PLAPPER
Hä?!
Haben so viele Leute »Homme Fatale« gelesen?!
O...Oh, ja, vielen Dank euch allen.
Äh...?! Vielen Dank.
D... Danke.
Brav, dass ihr hier seid kleine Kaninchen.
SWUP
Urgh!
Eiji!
Haha.
Später wartet eine Überraschung auf euch, aber bis dahin dauert es noch. Wollen wir derweil im Salon einen Tee trinken?

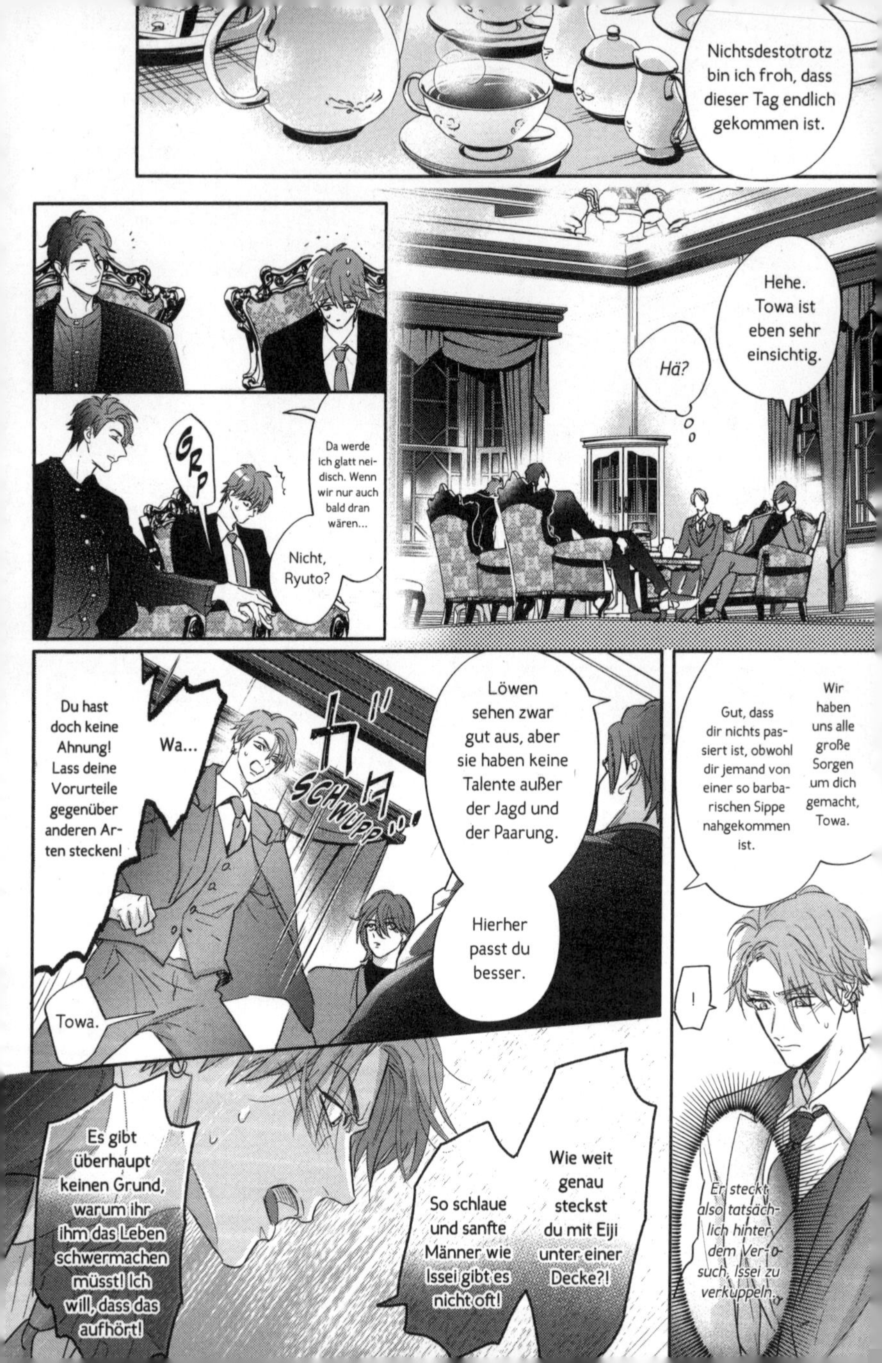

Nichtsdestotrotz bin ich froh, dass dieser Tag endlich gekommen ist.
Hehe. Towa ist eben sehr einsichtig.
Hä?
Da werde ich glatt neidisch. Wenn wir nur auch bald dran wären...
Nicht, Ryuto?
GRP
Wir haben uns alle große Sorgen um dich gemacht, Towa.
Gut, dass dir nichts passiert ist, obwohl dir jemand von einer so barbarischen Sippe nahgekommen ist.
!
Löwen sehen zwar gut aus, aber sie haben keine Talente außer der Jagd und der Paarung.
Hierher passt du besser.
SCHWUPP
Wa...
Du hast doch keine Ahnung! Lass deine Vorurteile gegenüber anderen Arten stecken!
Towa.
Er steckt also tatsächlich hinter dem Versuch, Issei zu verkuppeln.
Wie weit genau steckst du mit Eiji unter einer Decke?!
So schlaue und sanfte Männer wie Issei gibt es nicht oft!
Es gibt überhaupt keinen Grund, warum ihr ihm das Leben schwermachen müsst! Ich will, dass das aufhört!

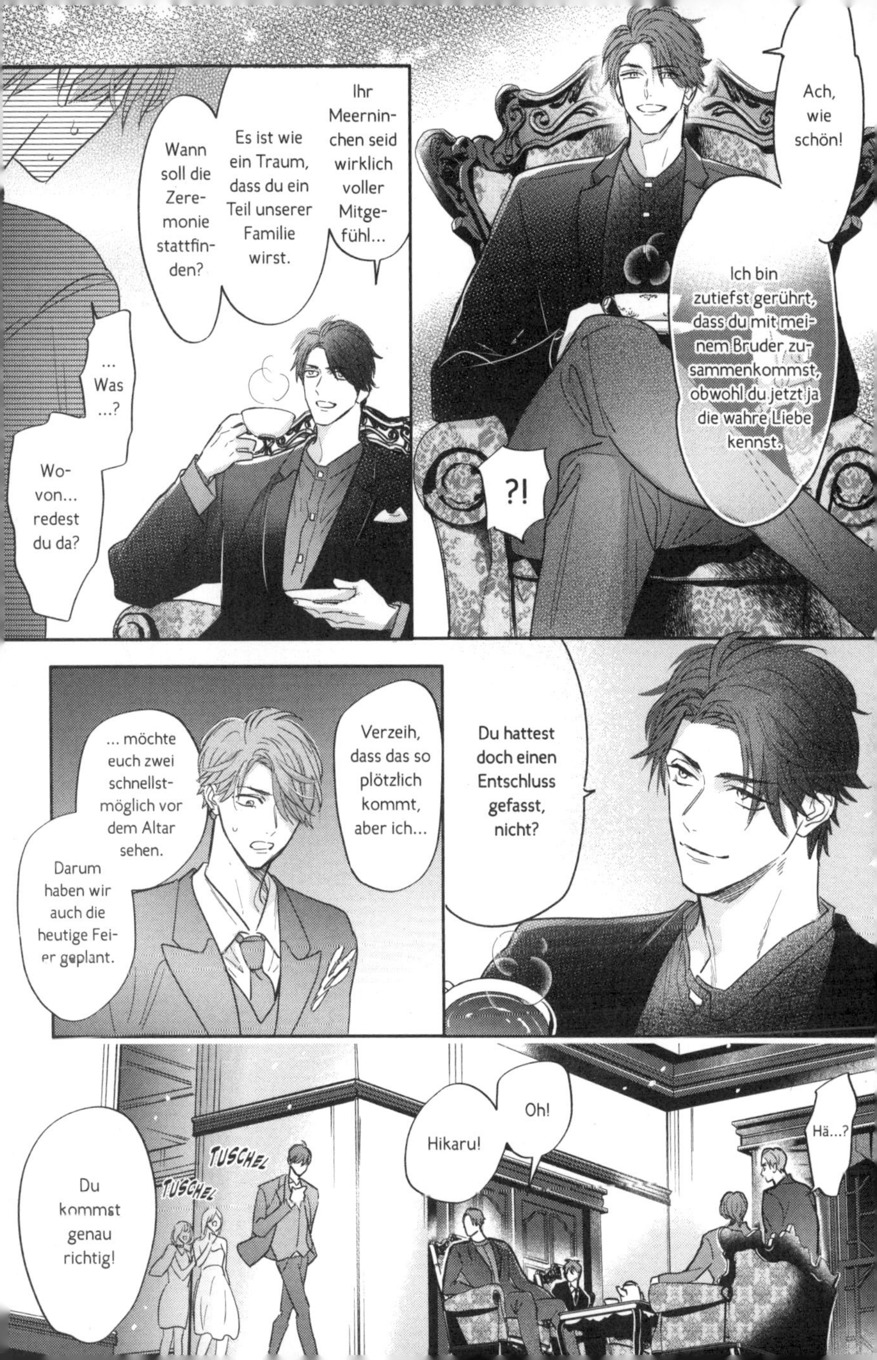
Ach, wie schön!
Ich bin zutiefst gerührt, dass du mit meinem Bruder zusammenkommst, obwohl du jetzt ja die wahre Liebe kennst.
?!
Ihr Meerninchen seid wirklich voller Mitgefühl…
Es ist wie ein Traum, dass du ein Teil unserer Familie wirst.
Wann soll die Zeremonie stattfinden?
… Was …?
Wovon… redest du da?
Du hattest doch einen Entschluss gefasst, nicht?
Verzeih, dass das so plötzlich kommt, aber ich…
… möchte euch zwei schnellstmöglich vor dem Altar sehen.
Darum haben wir auch die heutige Feier geplant.
Hä…?
Oh!
Hikaru!
TUSCHEL
TUSCHEL
Du kommst genau richtig!

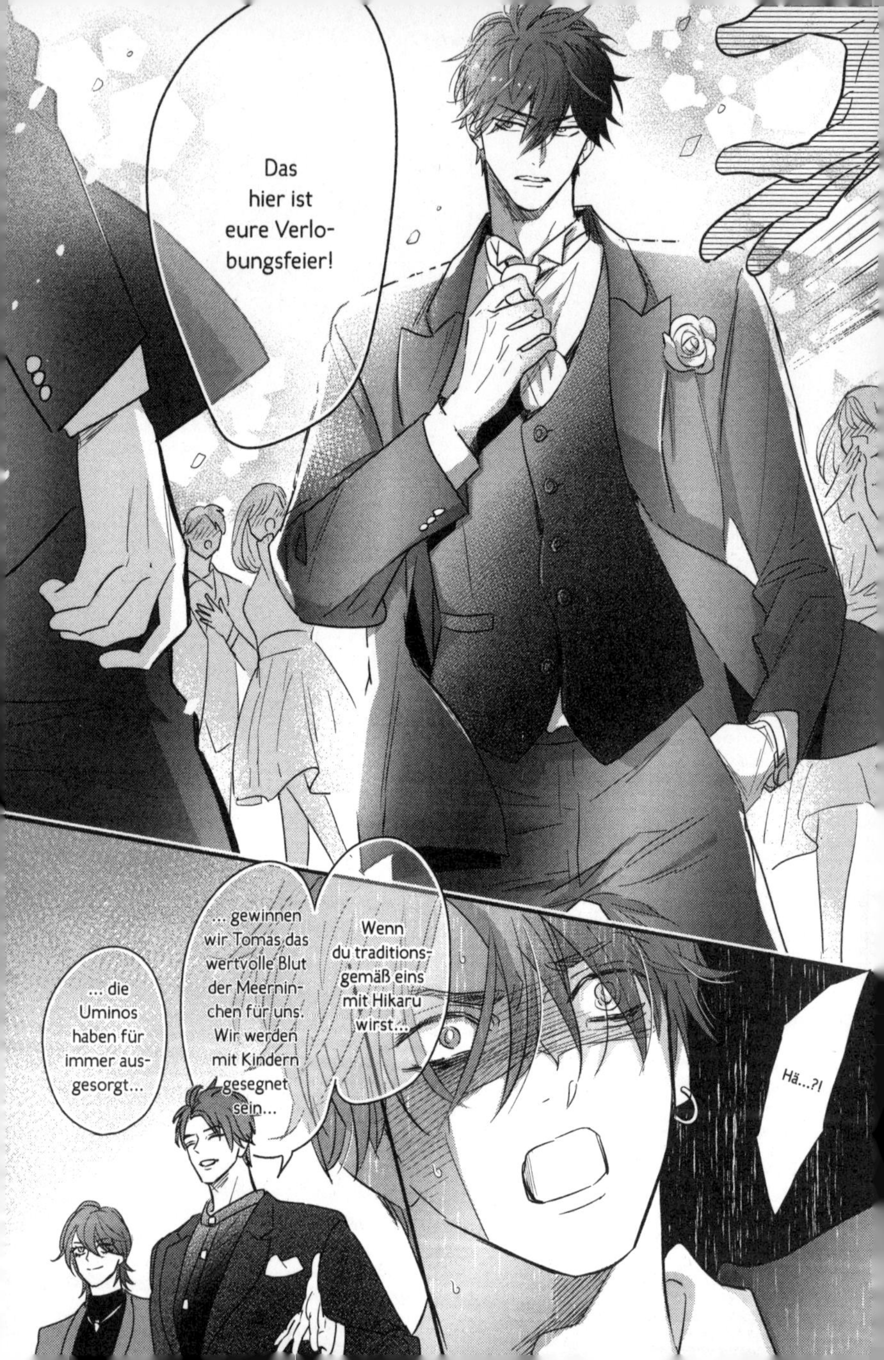
Das hier ist eure Verlobungsfeier!
Hä...?!
Wenn du traditionsgemäß eins mit Hikaru wirst...
... gewinnen wir Tomas das wertvolle Blut der Meerninchen für uns. Wir werden mit Kindern gesegnet sein...
... die Uminos haben für immer ausgesorgt...

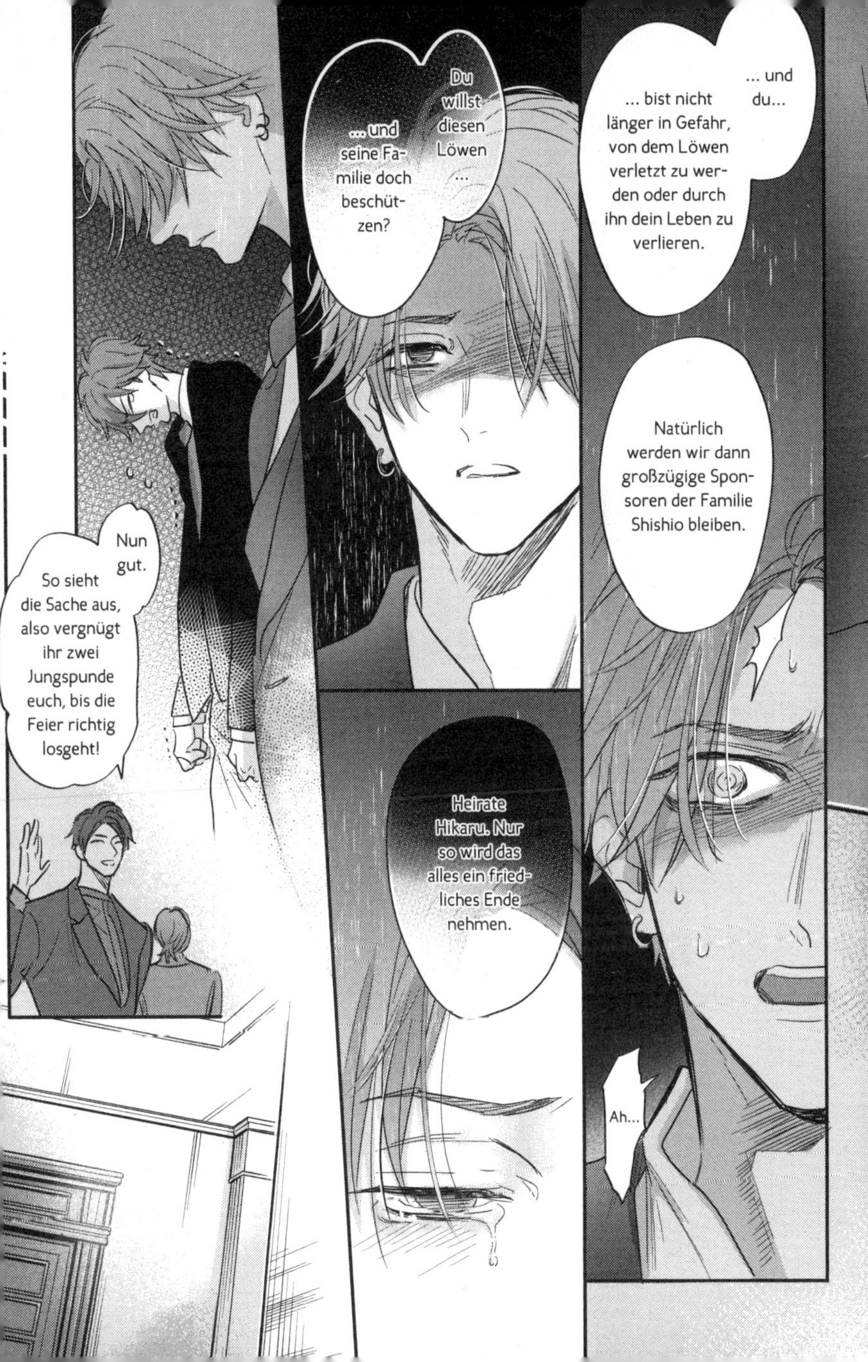
... und du...
... bist nicht länger in Gefahr, von dem Löwen verletzt zu werden oder durch ihn dein Leben zu verlieren.
Natürlich werden wir dann großzügige Sponsoren der Familie Shishio bleiben.
Du willst diesen Löwen ...
... und seine Familie doch beschützen?
Nun gut.
So sieht die Sache aus, also vergnügt ihr zwei Jungspunde euch, bis die Feier richtig losgeht!
Heirate Hikaru. Nur so wird das alles ein friedliches Ende nehmen.
Ah...

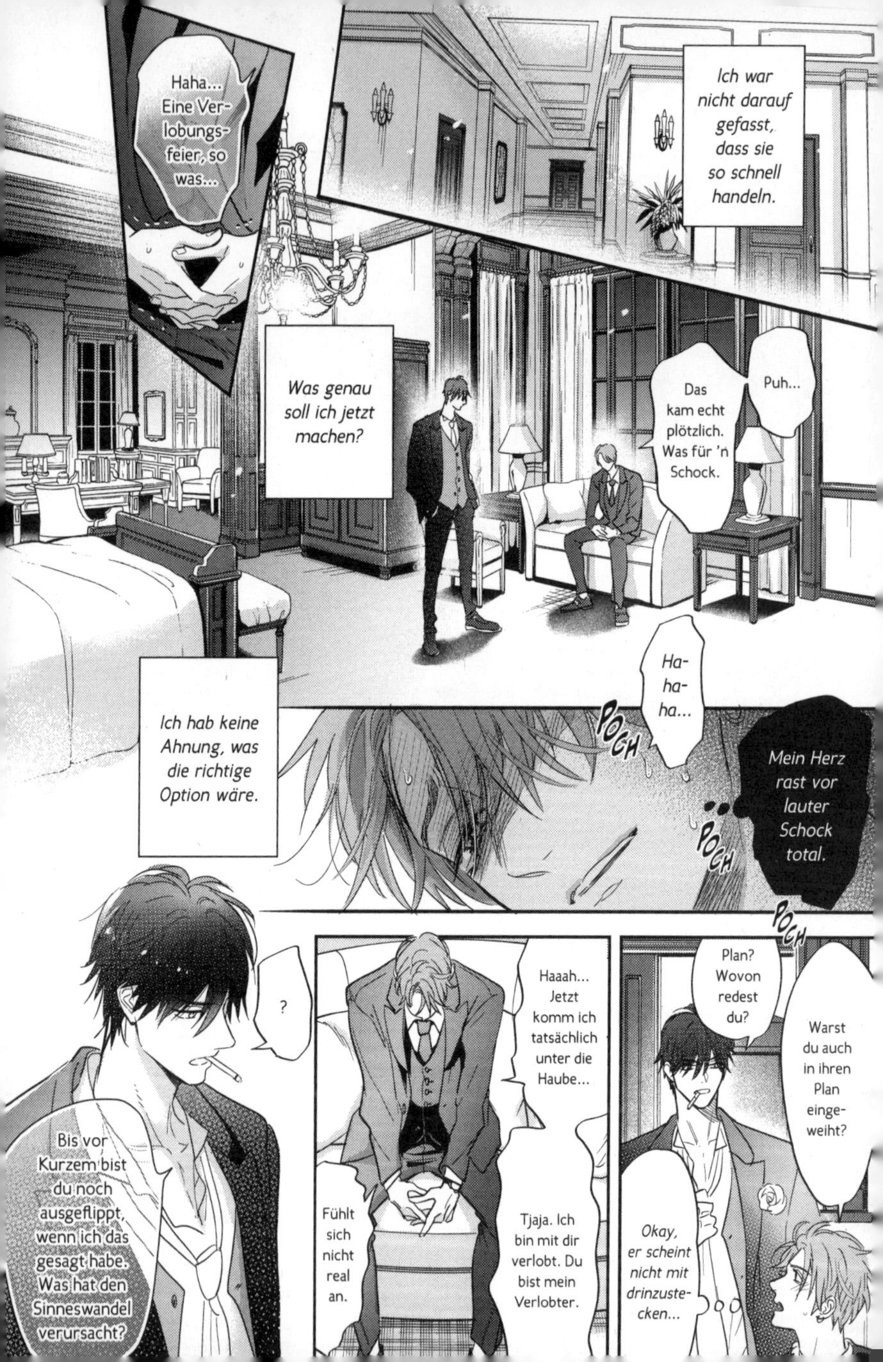
Ich war nicht darauf gefasst, dass sie so schnell handeln.
Haha... Eine Verlobungsfeier, so was...
Puh...
Das kam echt plötzlich. Was für 'n Schock.
Was genau soll ich jetzt machen?
Ha-ha-ha...
POCH
Mein Herz rast vor lauter Schock total.
POCH
Ich hab keine Ahnung, was die richtige Option wäre.
POCH
Warst du auch in ihren Plan eingeweiht?
Plan? Wovon redest du?
Okay, er scheint nicht mit drinzustecken...
Haaah... Jetzt komm ich tatsächlich unter die Haube...
Tjaja. Ich bin mit dir verlobt. Du bist mein Verlobter.
Fühlt sich nicht real an.
?
Bis vor Kurzem bist du noch ausgeflippt, wenn ich das gesagt habe. Was hat den Sinneswandel verursacht?

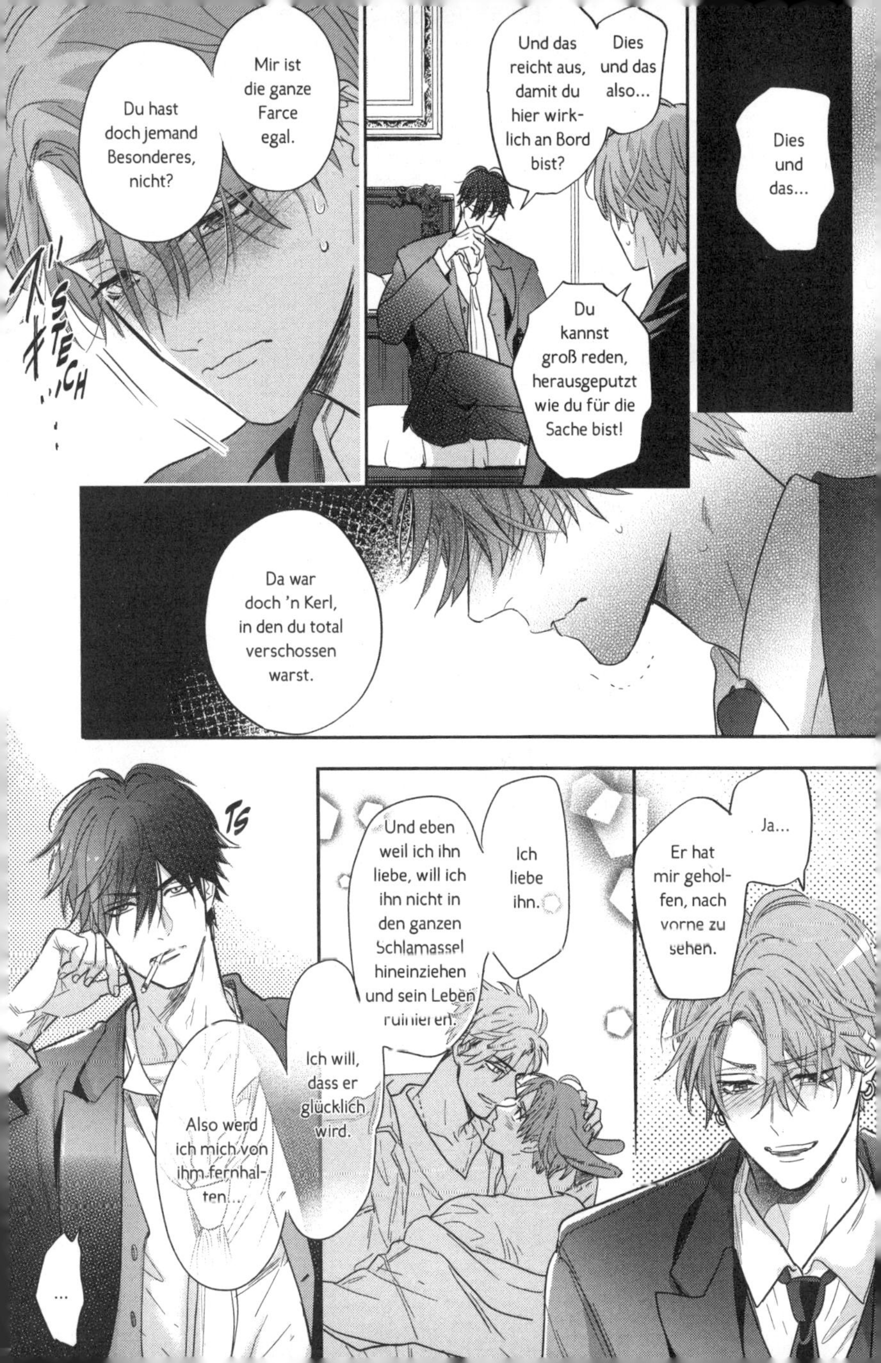
Dies und das...
Dies und das also...
Und das reicht aus, damit du hier wirklich an Bord bist?
Du kannst groß reden, herausgeputzt wie du für die Sache bist!
Mir ist die ganze Farce egal.
Du hast doch jemand Besonderes, nicht?
STECH
Da war doch ’n Kerl, in den du total verschossen warst.
Ja...
Er hat mir geholfen, nach vorne zu sehen.
Ich liebe ihn.
Und eben weil ich ihn liebe, will ich ihn nicht in den ganzen Schlamassel hineinziehen und sein Leben ruinieren.
Ich will, dass er glücklich wird.
Also werd ich mich von ihm fernhalten...
TS
...

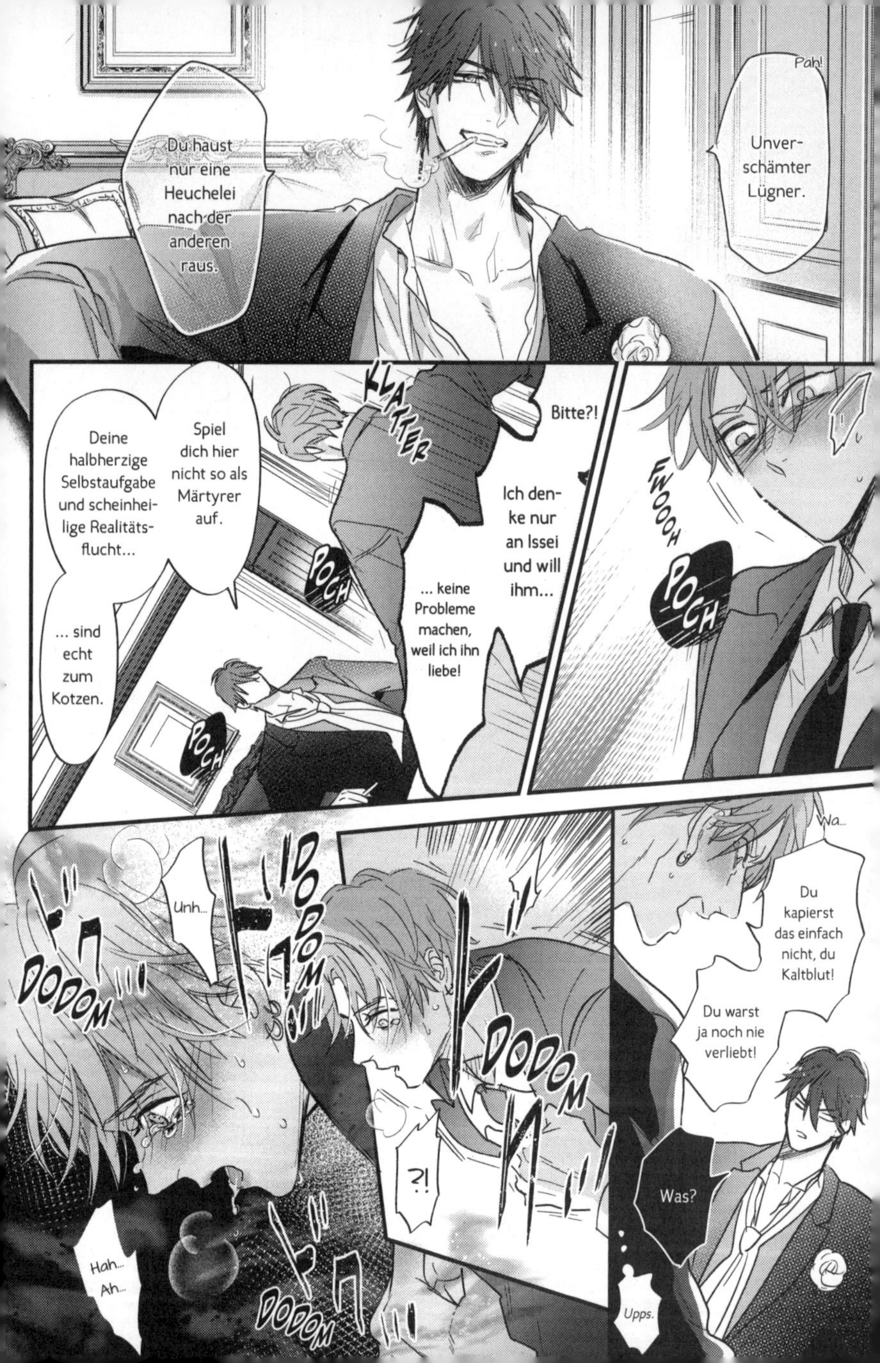
Pah!
Unverschämter Lügner.
Du haust nur eine Heuchelei nach der anderen raus.
FWOOOH
POCH
Bitte?!
Ich denke nur an Issei und will ihm…
… keine Probleme machen, weil ich ihn liebe!
KLATTER
POCH
Spiel dich hier nicht so als Märtyrer auf.
Deine halbherzige Selbstaufgabe und scheinheilige Realitätsflucht…
… sind echt zum Kotzen.
POCH
Wa…
Du kapierst das einfach nicht, du Kaltblut!
Du warst ja noch nie verliebt!
Was?
Upps.
?!
DODOM
DODOM
Unh…
DODOM
Hah… Ah…
DODOM

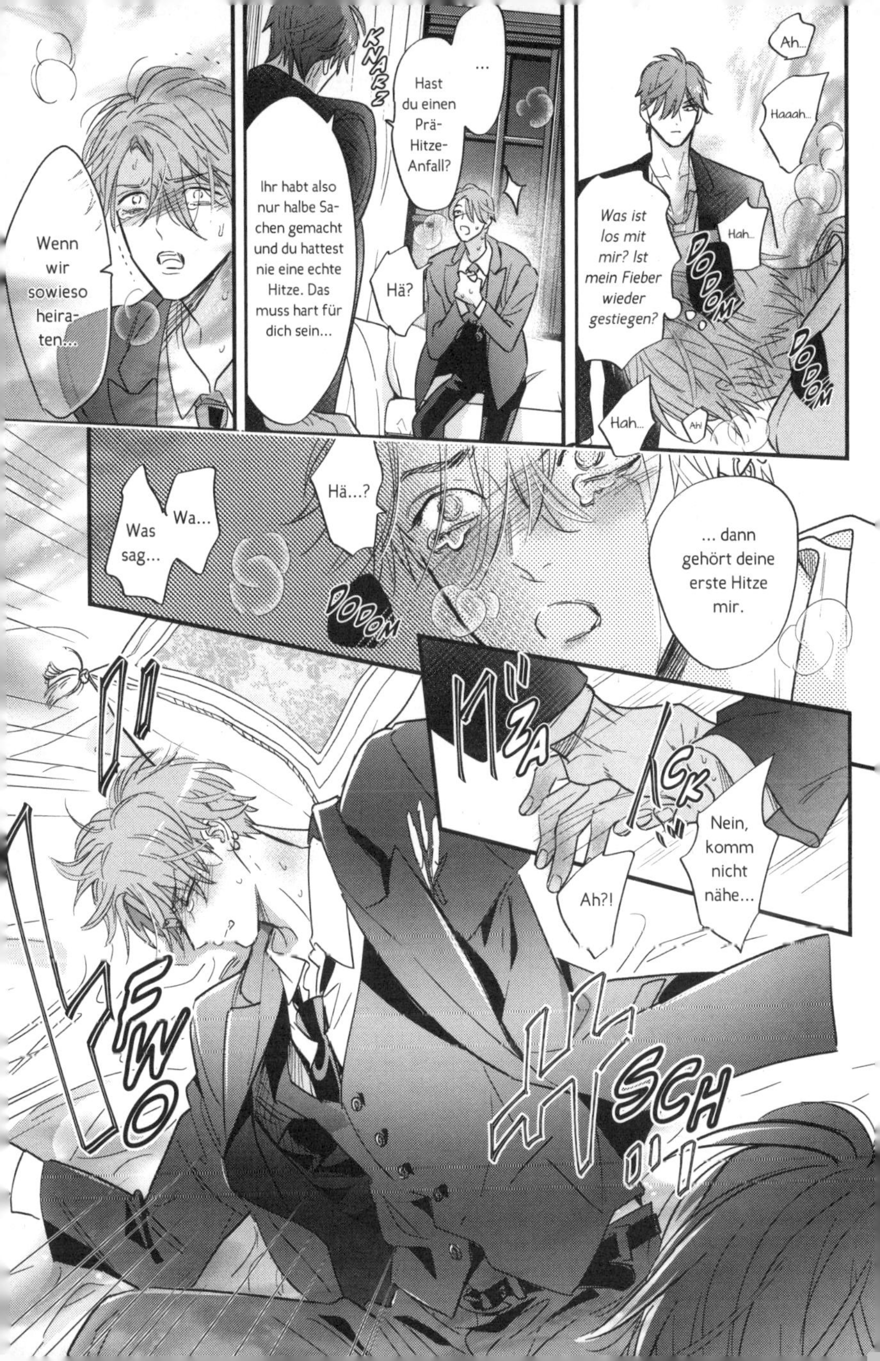
Ah...
Haaah...
Hah...
DODOM
DODOM
Was ist los mit mir? Ist mein Fieber wieder gestiegen?
Hah...
Ah!
KNARZ
...
Hast du einen Prä-Hitze-Anfall?
Ihr habt also nur halbe Sachen gemacht und du hattest nie eine echte Hitze. Das muss hart für dich sein...
Hä?
Wenn wir sowieso heiraten...
... dann gehört deine erste Hitze mir.
Hä...?
Wa...
Was sag...
DODOM
ZA
CK
Nein, komm nicht nähe...
Ah?!
FWO
SCH

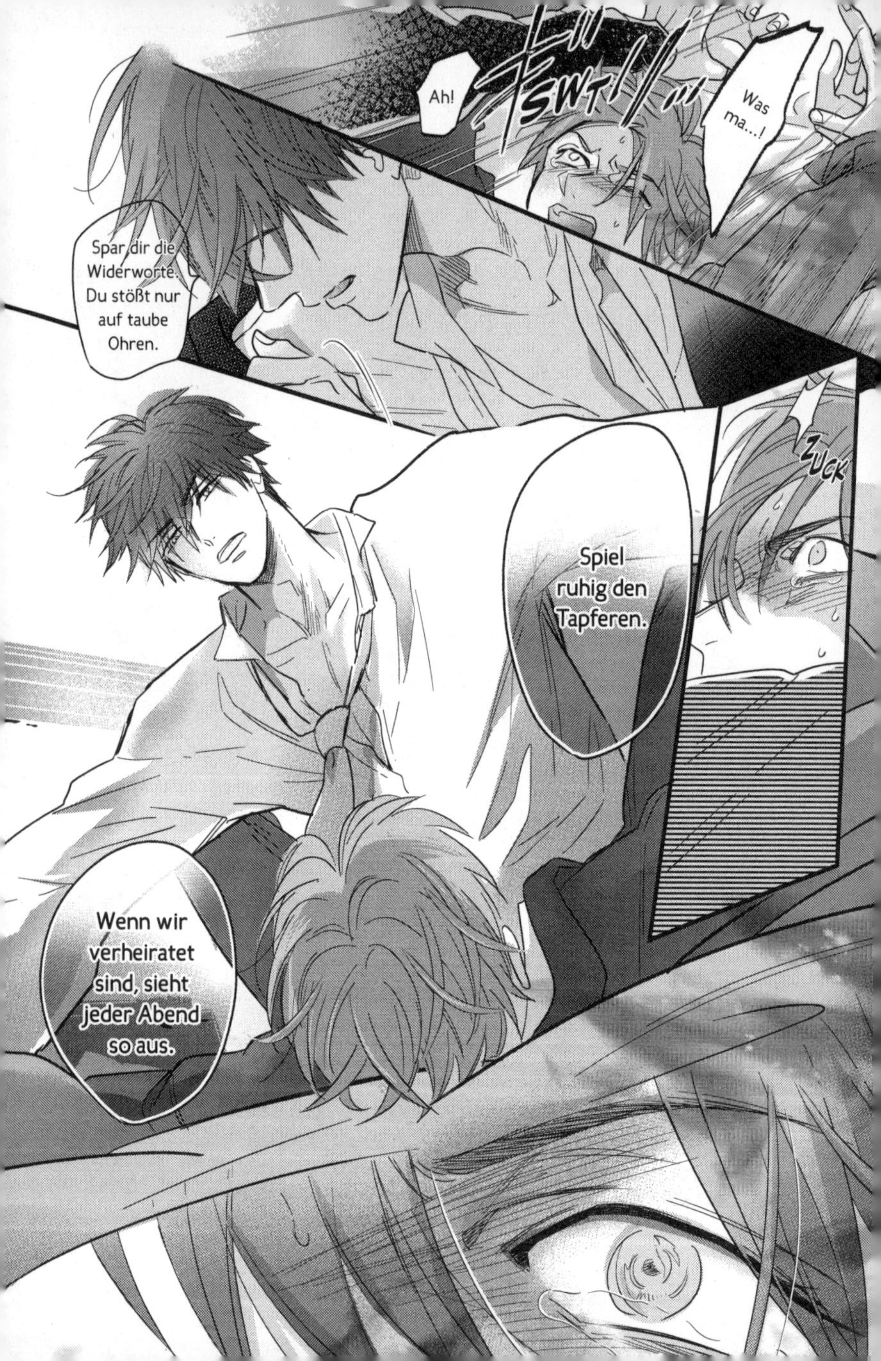
Was ma...!
SWT
Ah!
Spar dir die Widerworte. Du stößt nur auf taube Ohren.
ZUCK
Spiel ruhig den Tapferen.
Wenn wir verheiratet sind, sieht jeder Abend so aus.

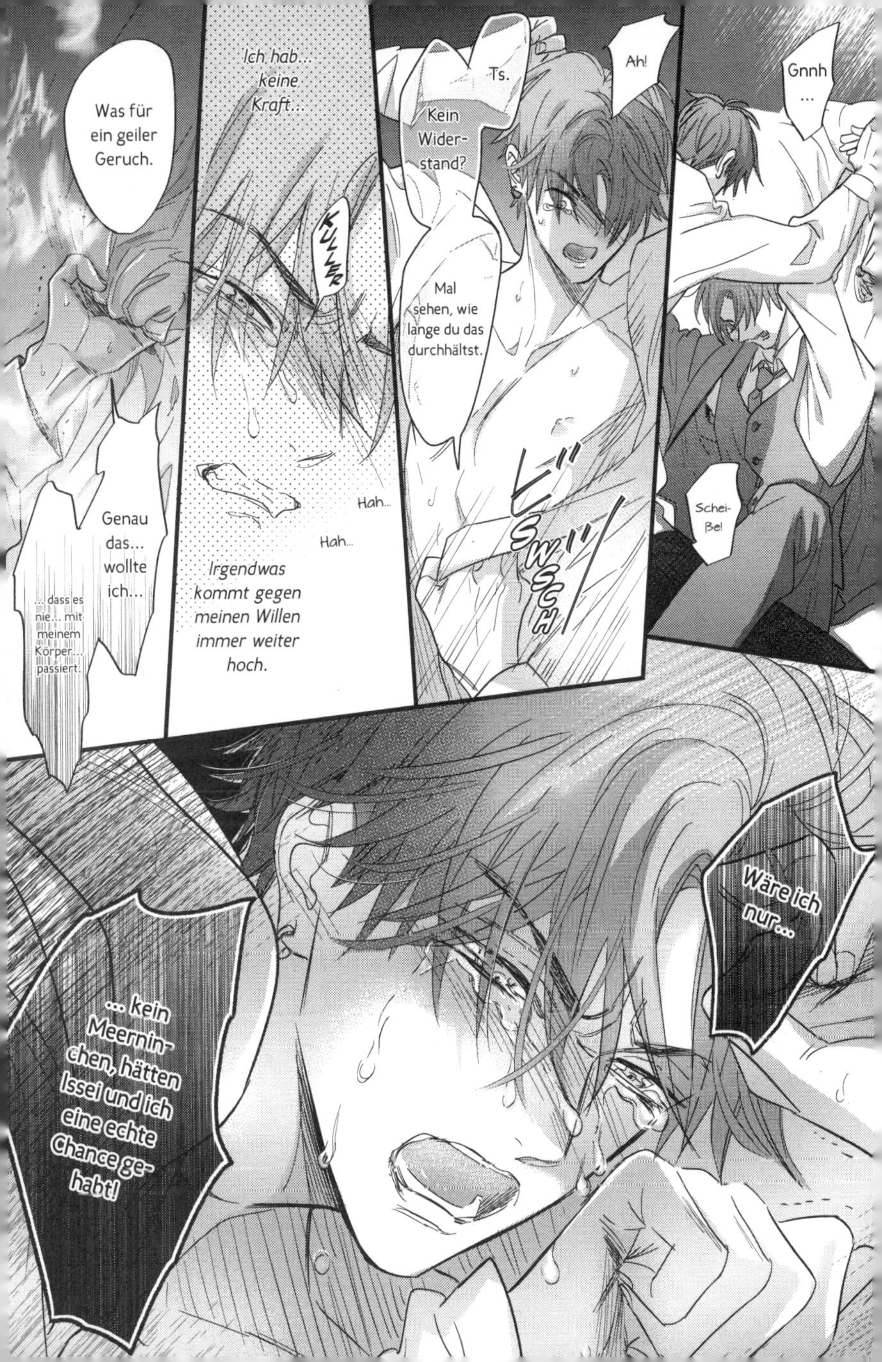
Gnnh ...
Ah!
Schei-ße!
Ts.
Kein Wider-stand?
Mal sehen, wie lange du das durchhältst.
SWSCH
Ich hab... keine Kraft...
KULLER
Hah...
Hah...
Irgendwas kommt gegen meinen Willen immer weiter hoch.
Was für ein geiler Geruch.
Genau das... wollte ich...
... dass es nie... mit meinem Körper... passiert.
Wäre ich nur...
... kein Meernin-chen, hätten Issei und ich eine echte Chance ge-habt!

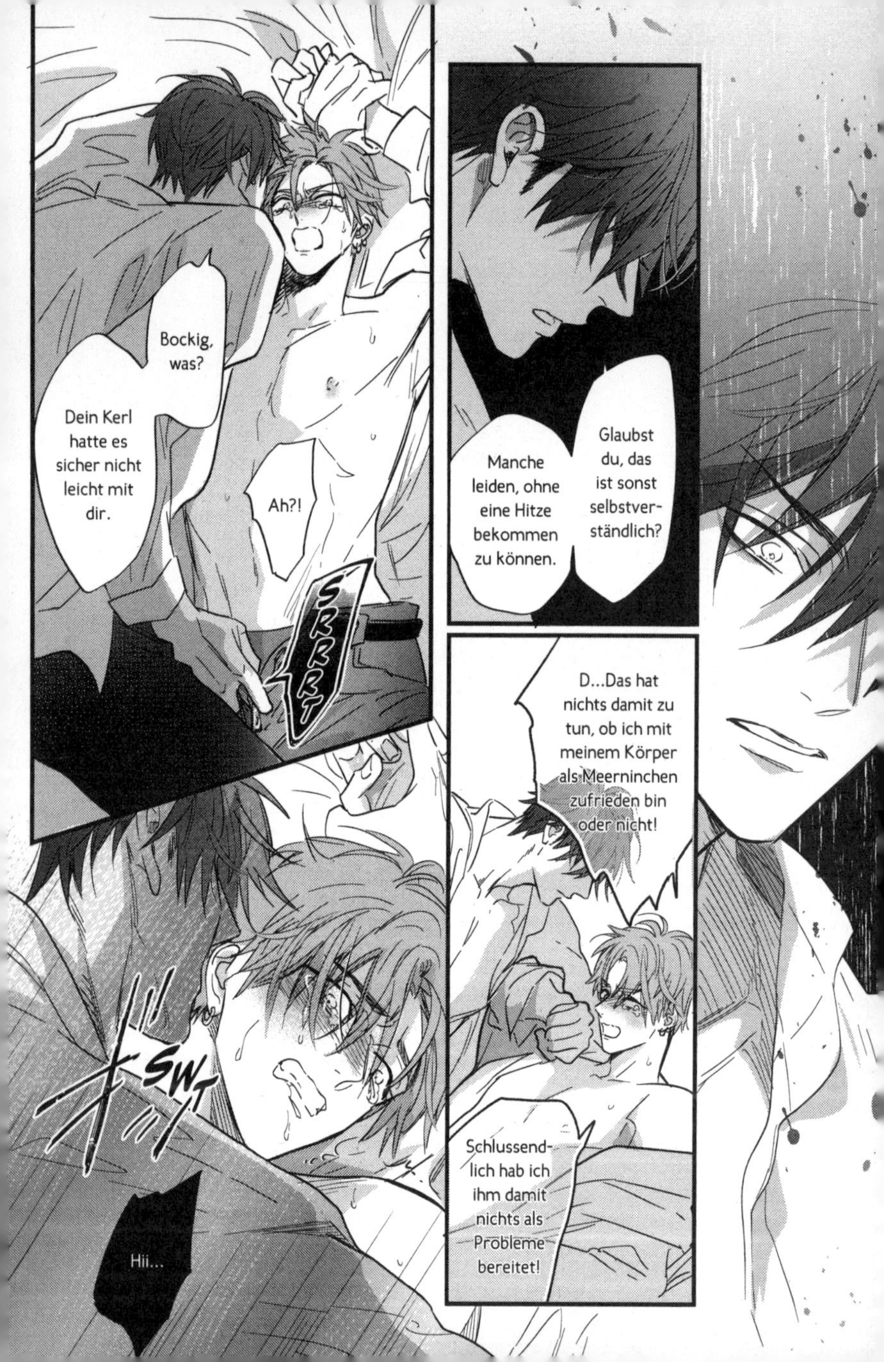
Bockig, was?
Dein Kerl hatte es sicher nicht leicht mit dir.
Ah?!
SRRRT
D...Das hat nichts damit zu tun, ob ich mit meinem Körper als Meerninchen zufrieden bin oder nicht!
Schlussendlich hab ich ihm damit nichts als Probleme bereitet!
Glaubst du, das ist sonst selbstverständlich?
Manche leiden, ohne eine Hitze bekommen zu können.
SWT
Hii...

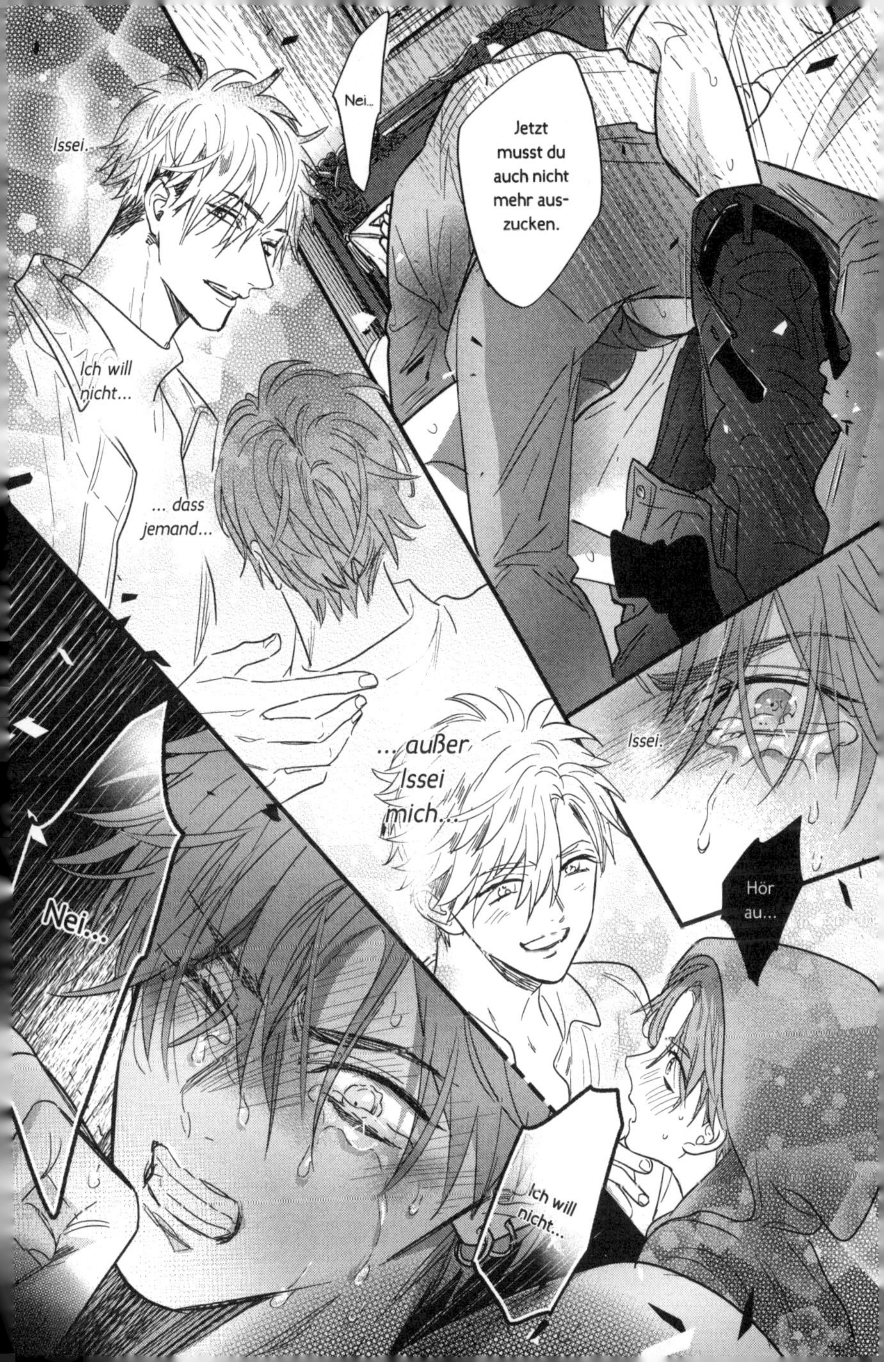
Nei...
Jetzt musst du auch nicht mehr aus-zucken.
Issei...
Ich will nicht...
... dass jemand...
... außer Issei mich...
Issei.
Hör au...
Nei...
Ich will nicht...

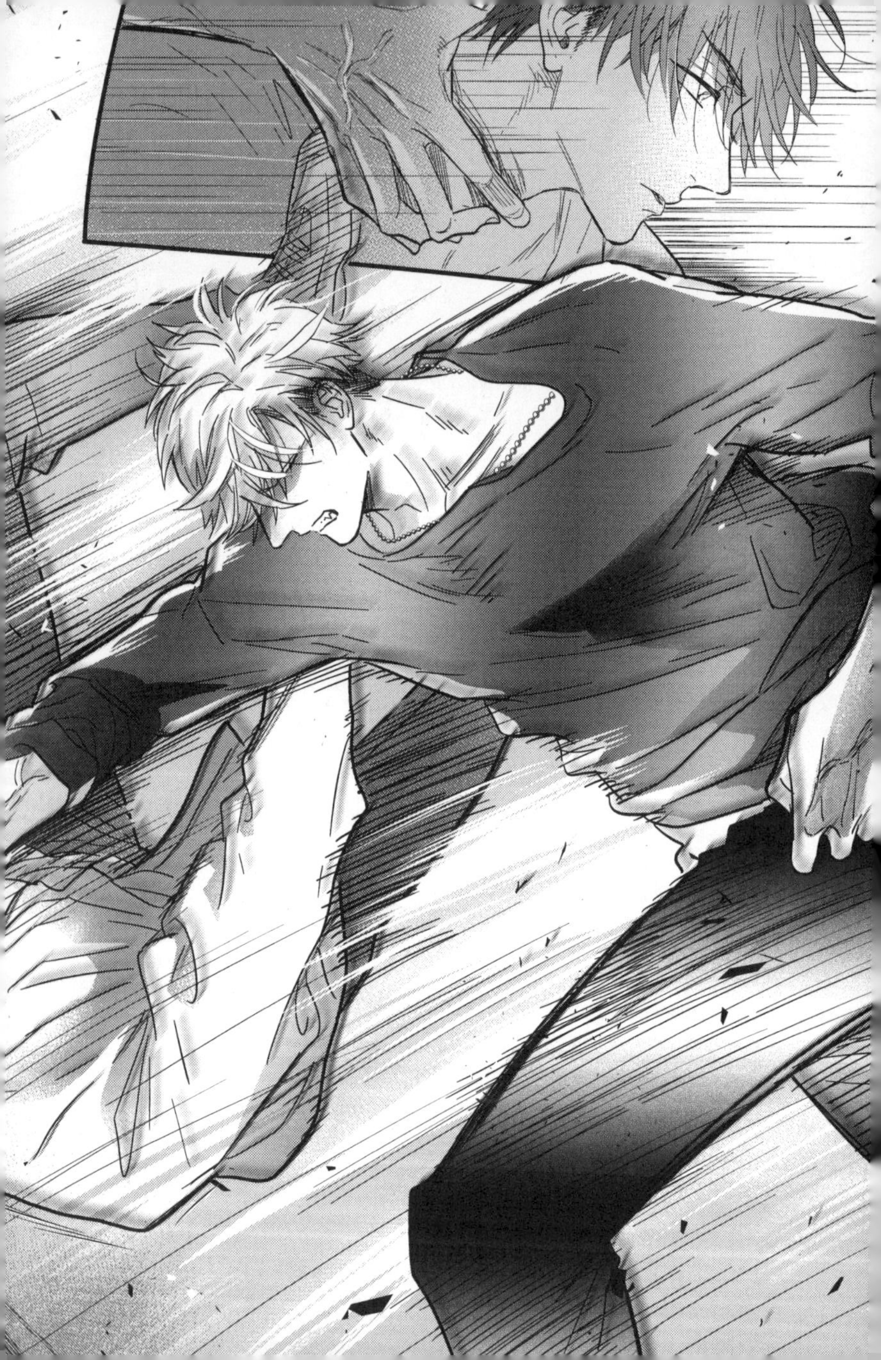

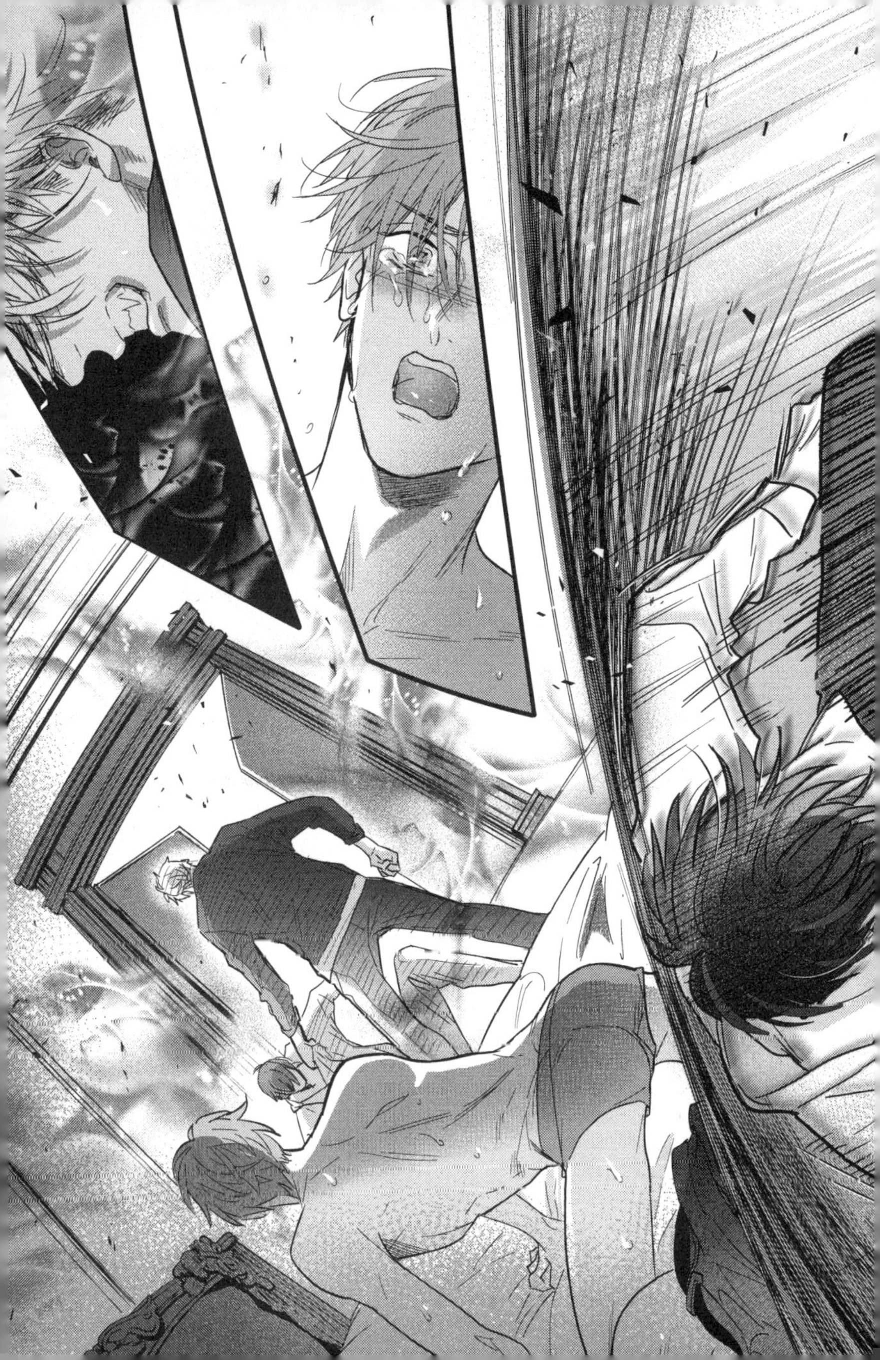

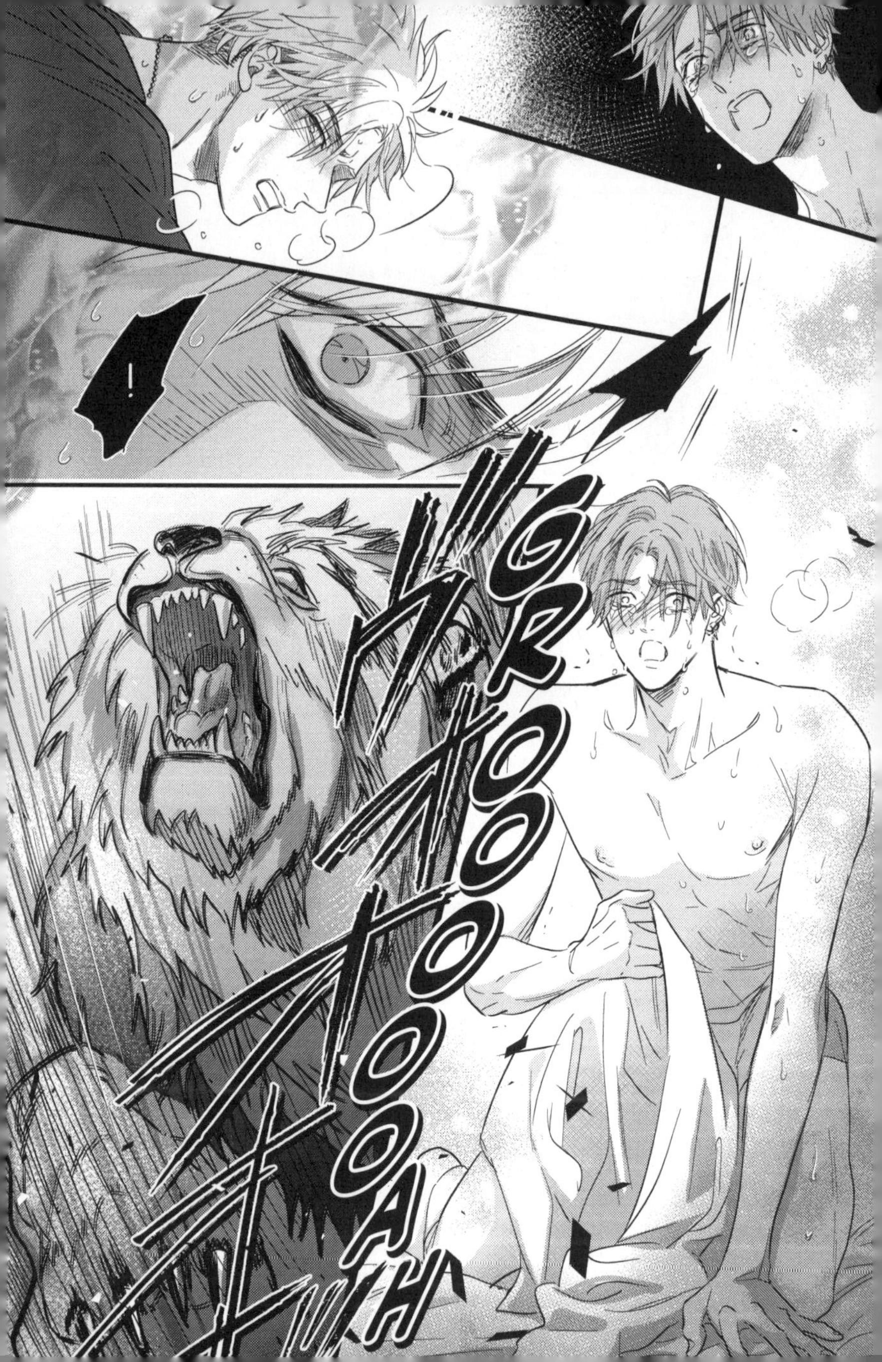
!
GROOOOOOOAH

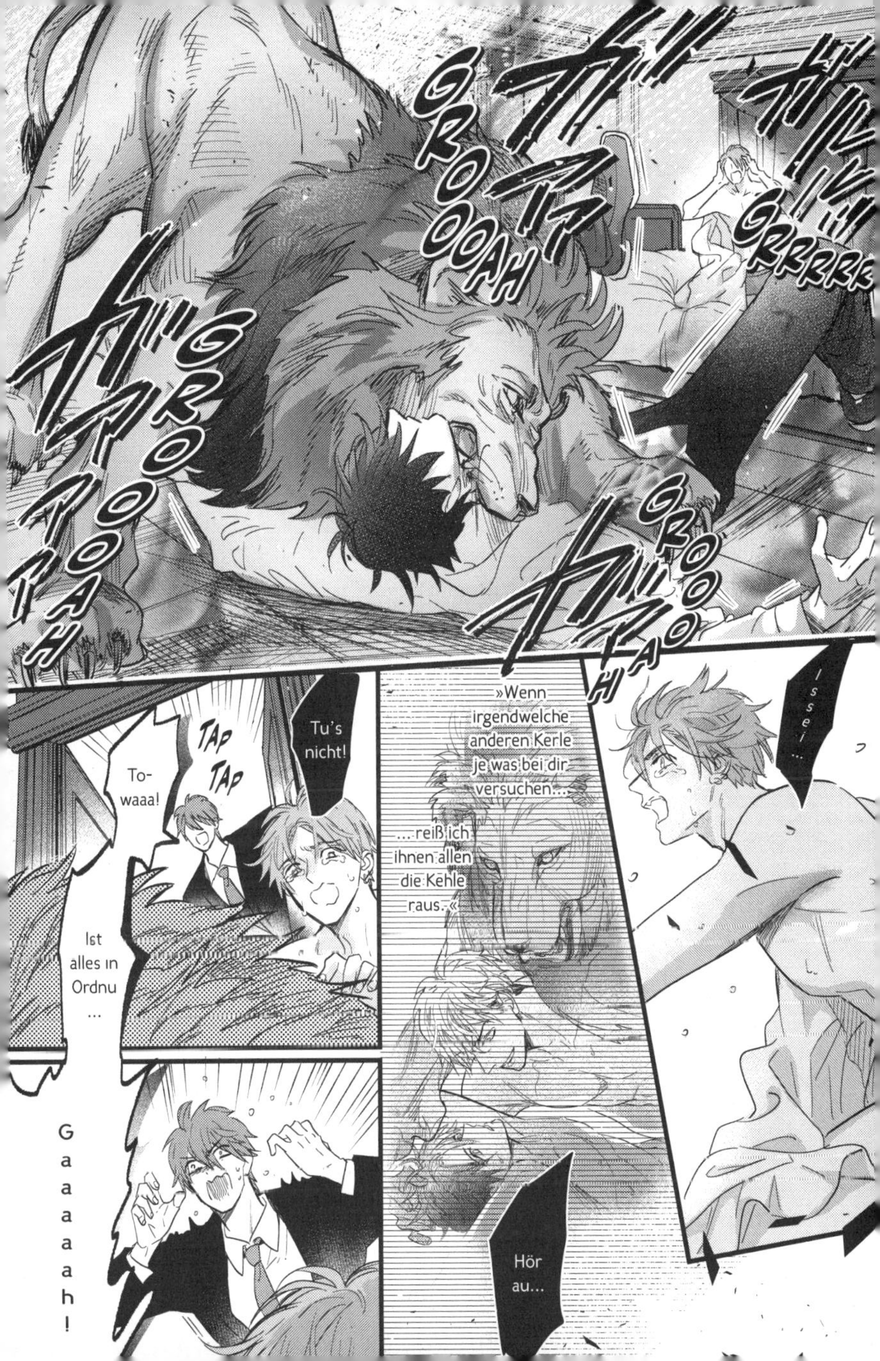

GRRRRRR
GROOOOAH
GROOOOAAH
GROOOHAO
Isseii …
»Wenn irgendwelche anderen Kerle je was bei dir versuchen …
… reiß ich ihnen allen die Kehle raus.«
Tu's nicht!
TAP TAP
To-waaa!
Ist alles in Ordnu …
Hör au …
Gaaaaah!

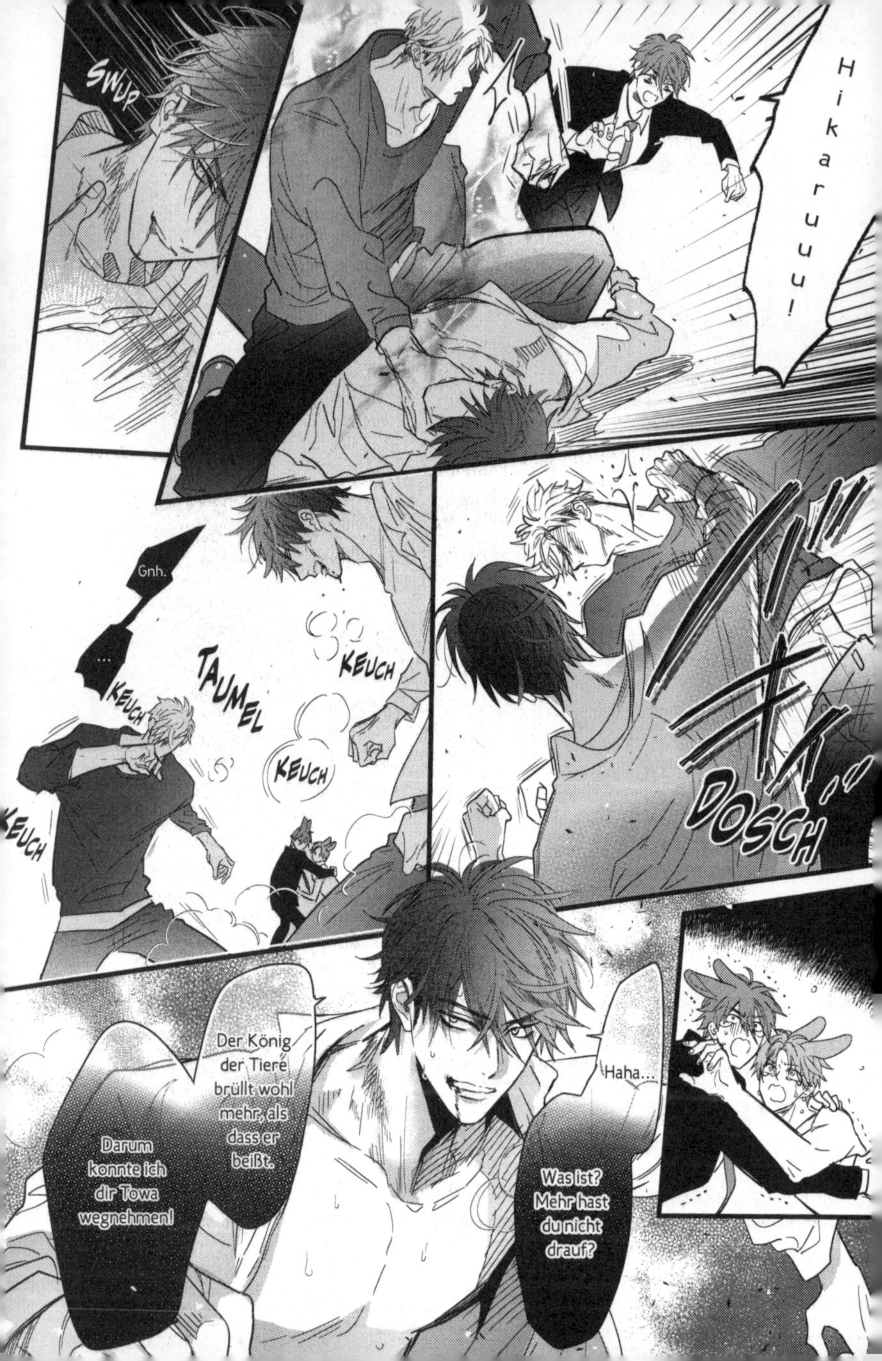
Hikaruuuu!
SWUP
DOSCH
Gnh.
...
KEUCH
TAUMEL
KEUCH
KEUCH
KEUCH
Haha...
Was ist? Mehr hast du nicht drauf?
Der König der Tiere brüllt wohl mehr, als dass er beißt.
Darum konnte ich dir Towa wegnehmen!

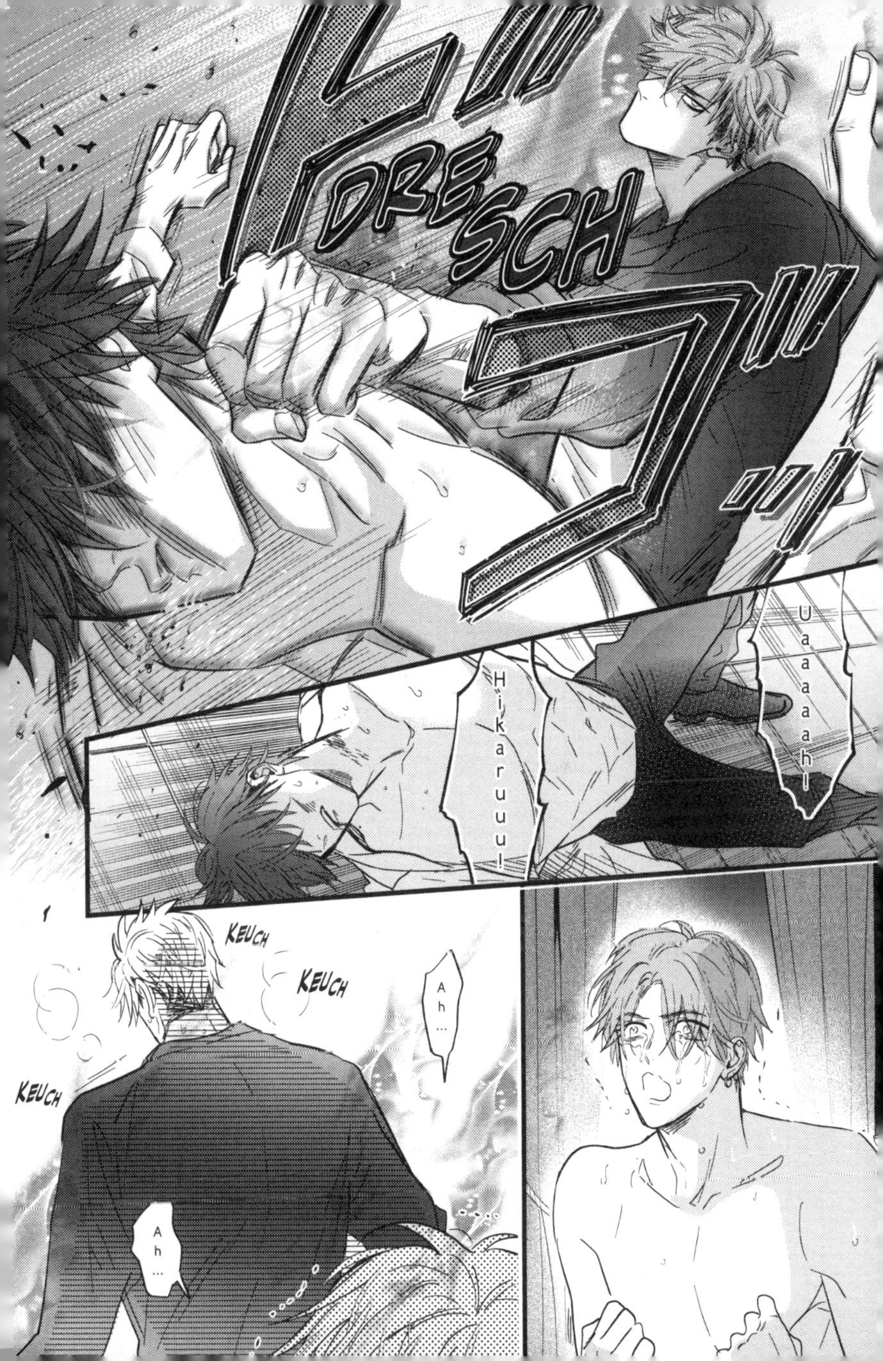
DRESCH
Uaaaaaah!
Hikaruuu!
KEUCH
KEUCH
KEUCH
Ah …
Ah …

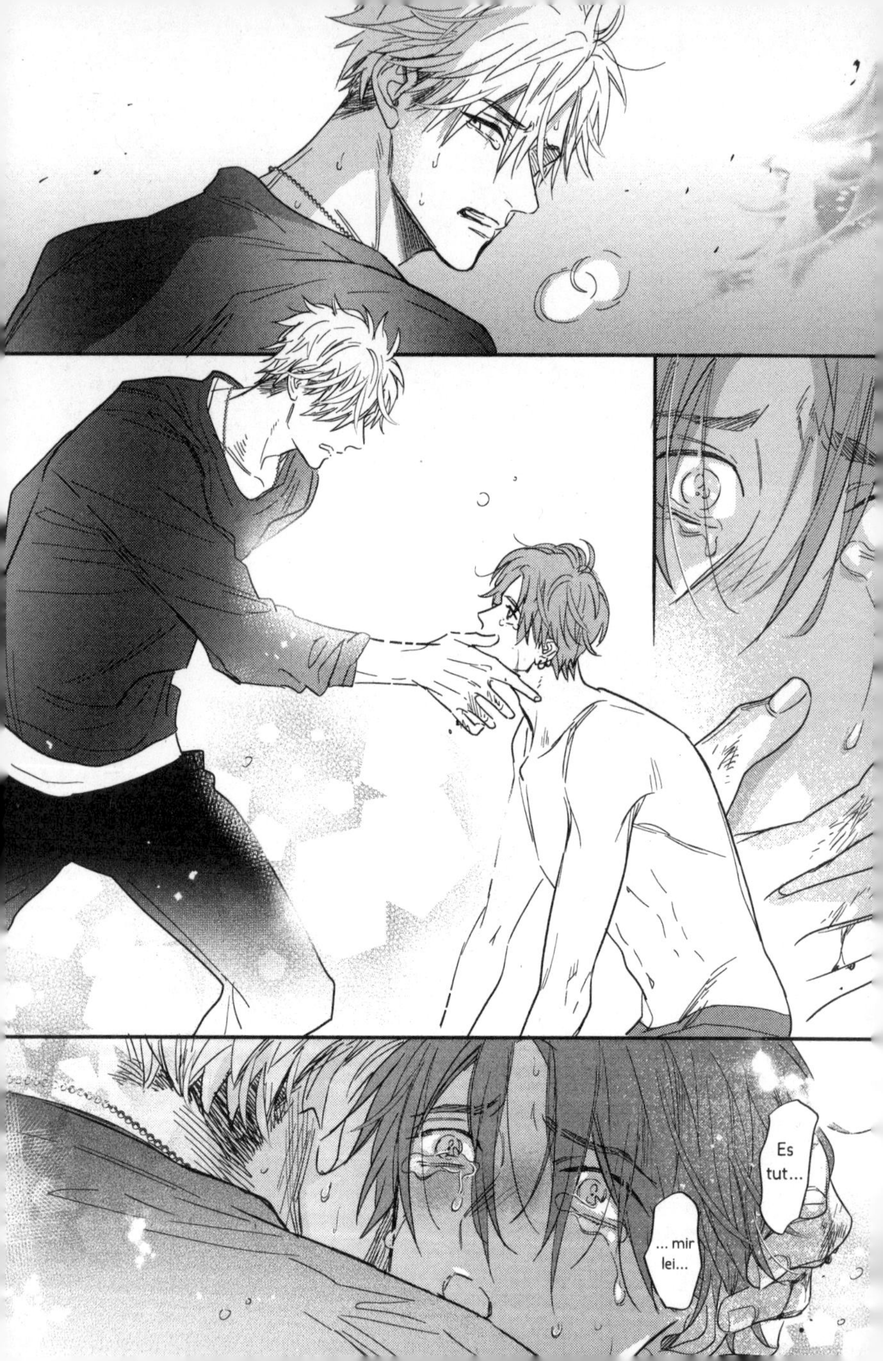
Es tut...
... mir lei...

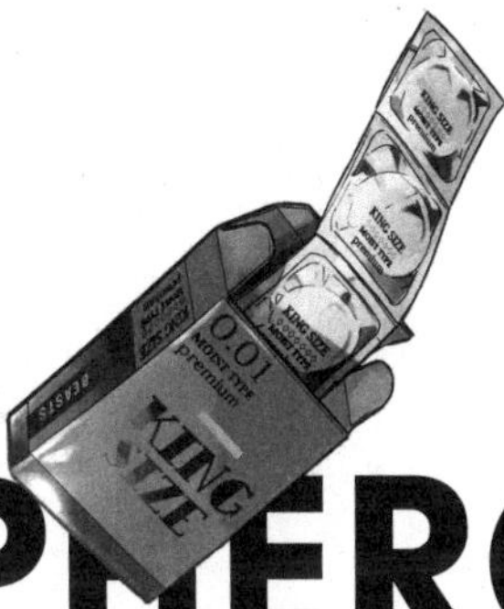

PHEROMO HOLIC

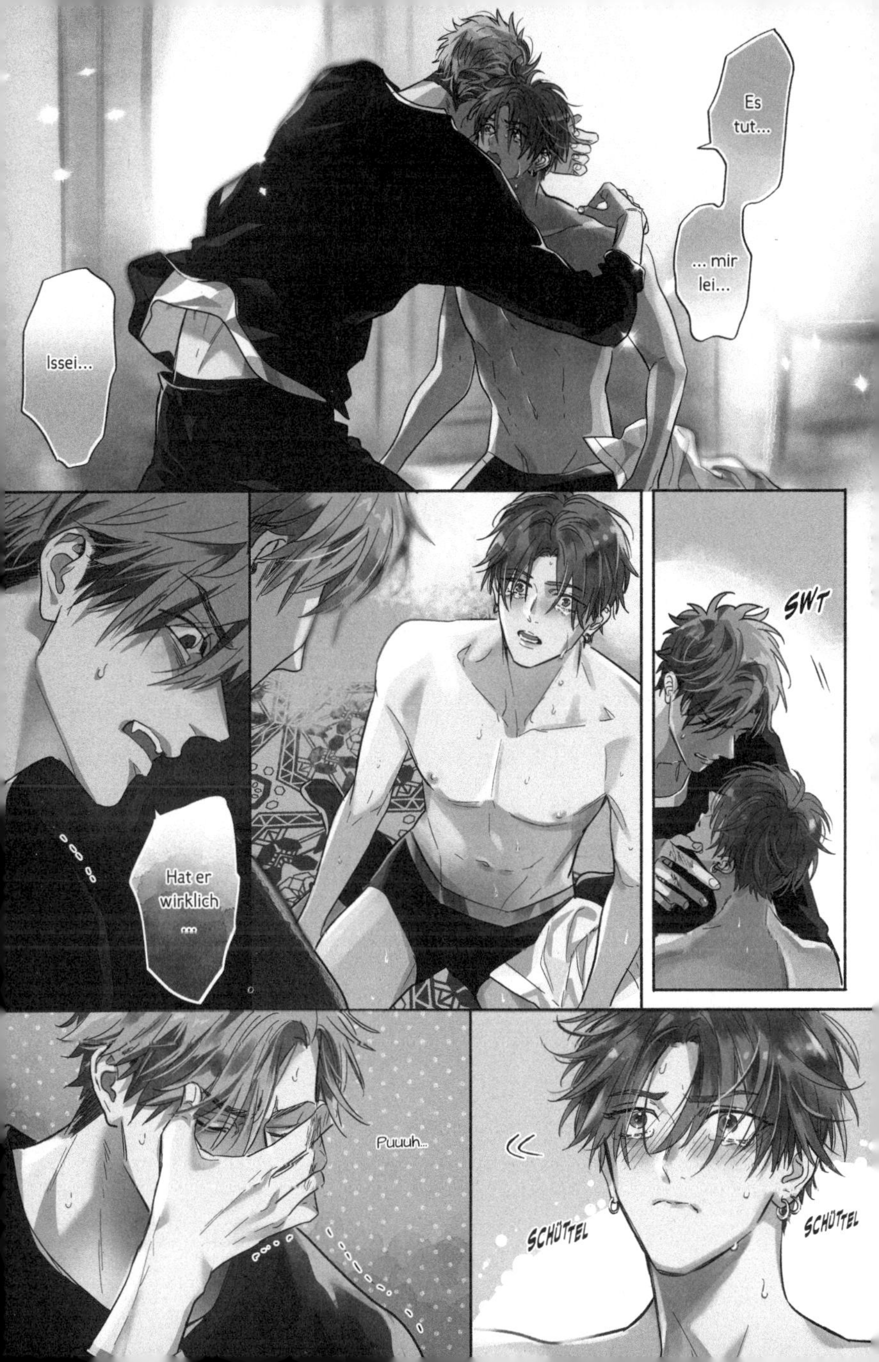
Es tut...
... mir lei...
Issei...
SWT
Hat er wirklich ...
Puuuh...
SCHÜTTEL
SCHÜTTEL

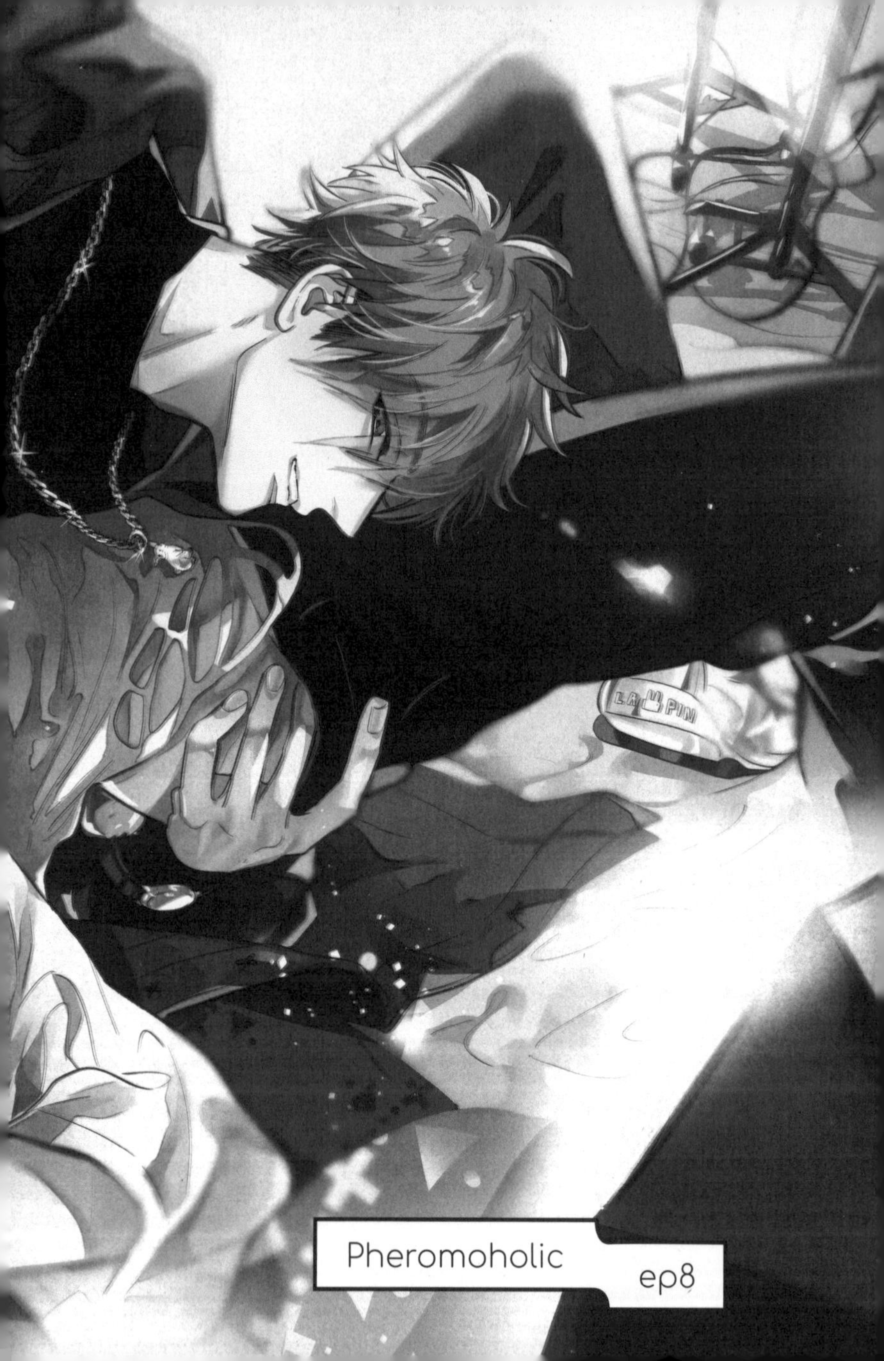
Pheromoholic
ep8

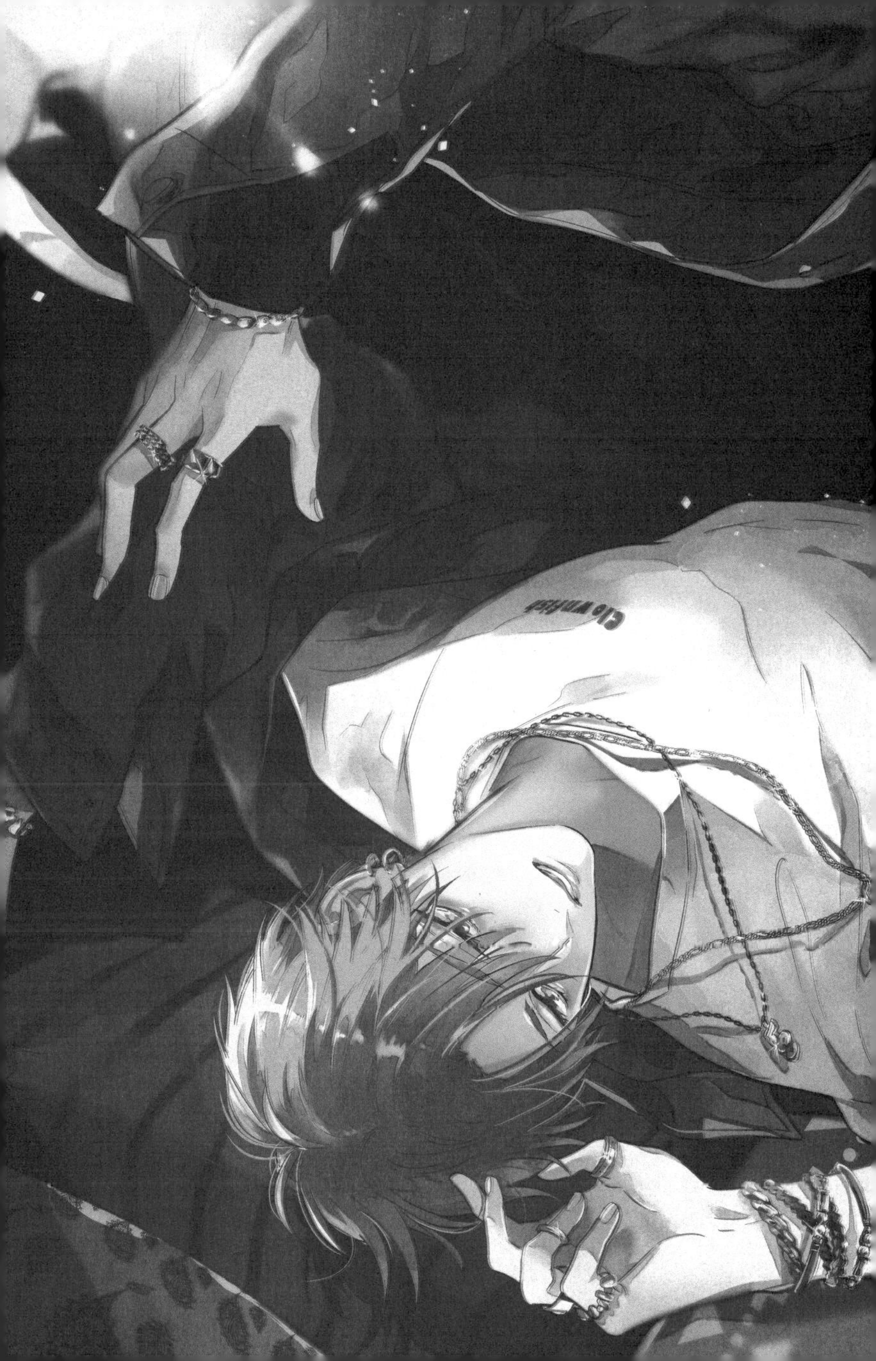
Clownfish

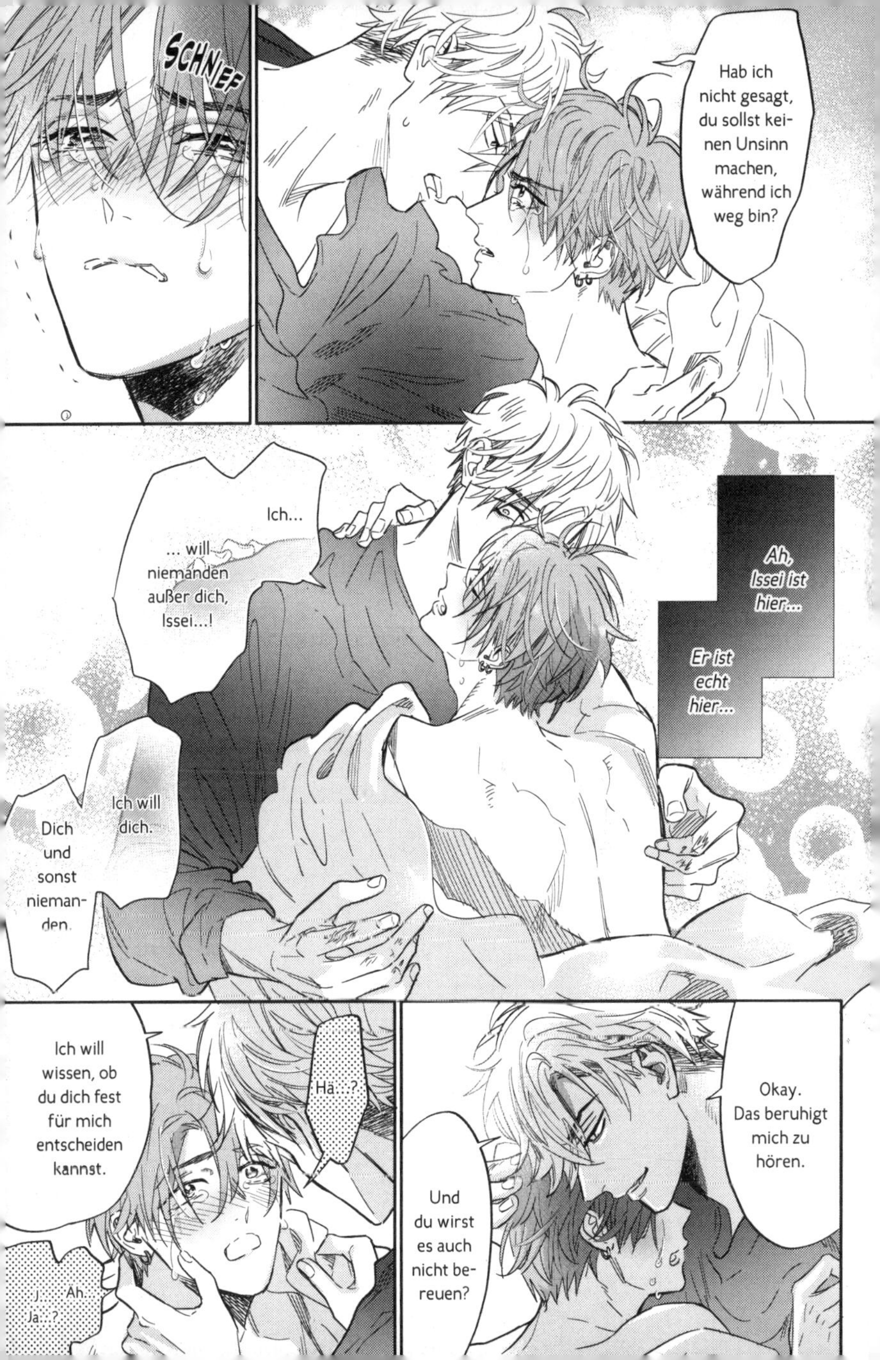
Hab ich nicht gesagt, du sollst keinen Unsinn machen, während ich weg bin?
SCHNIEF
Ah, Issei ist hier...
Er ist echt hier...
Ich...
... will niemanden außer dich, Issei...!
Ich will dich.
Dich und sonst niemanden.
Okay. Das beruhigt mich zu hören.
Und du wirst es auch nicht bereuen?
Ich will wissen, ob du dich fest für mich entscheiden kannst.
Hä...?
J... Ah. Ja...?

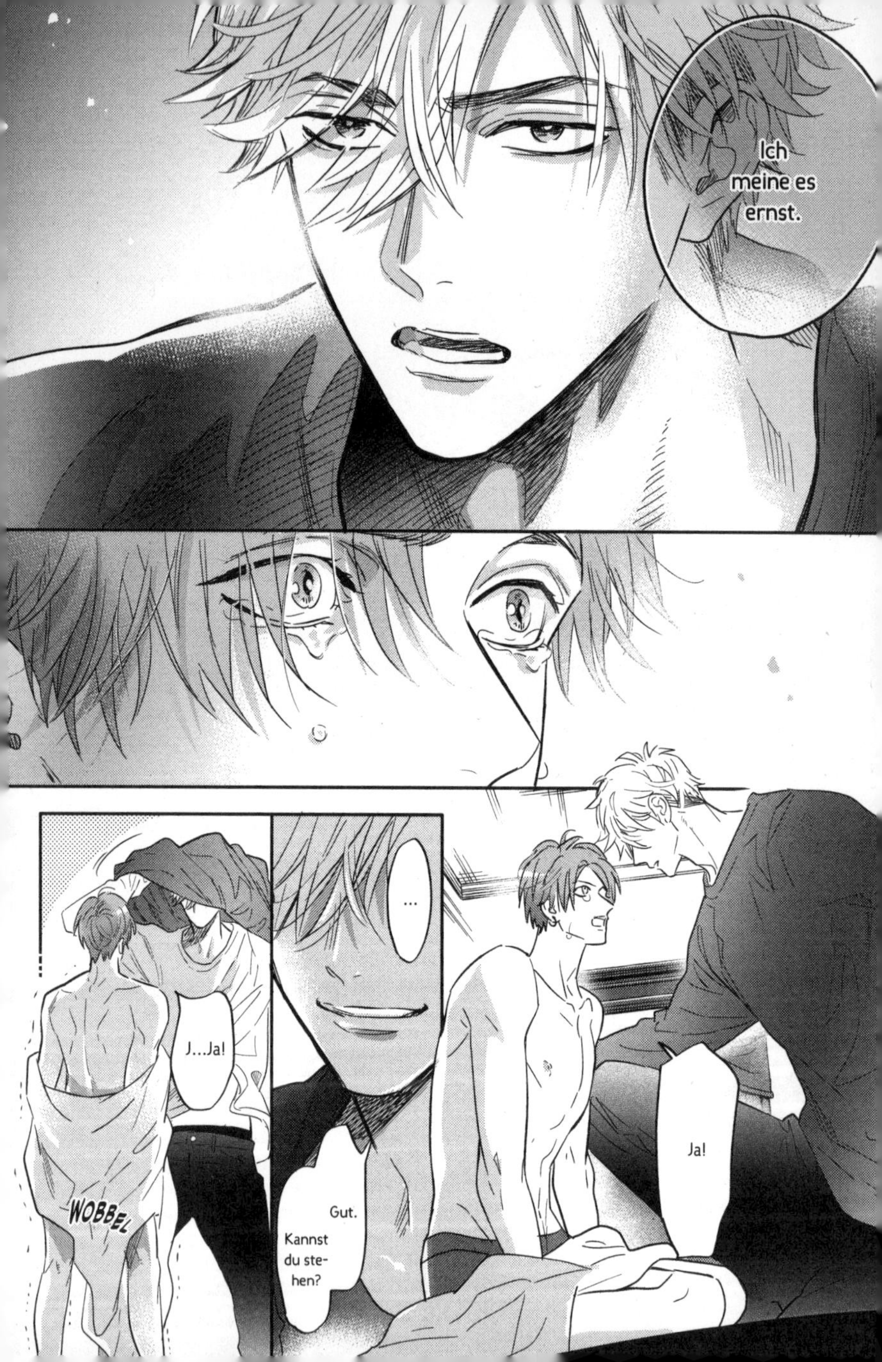
Ich meine es ernst.
Ja!
...
Gut.
Kannst du stehen?
J...Ja!
WOBBEL

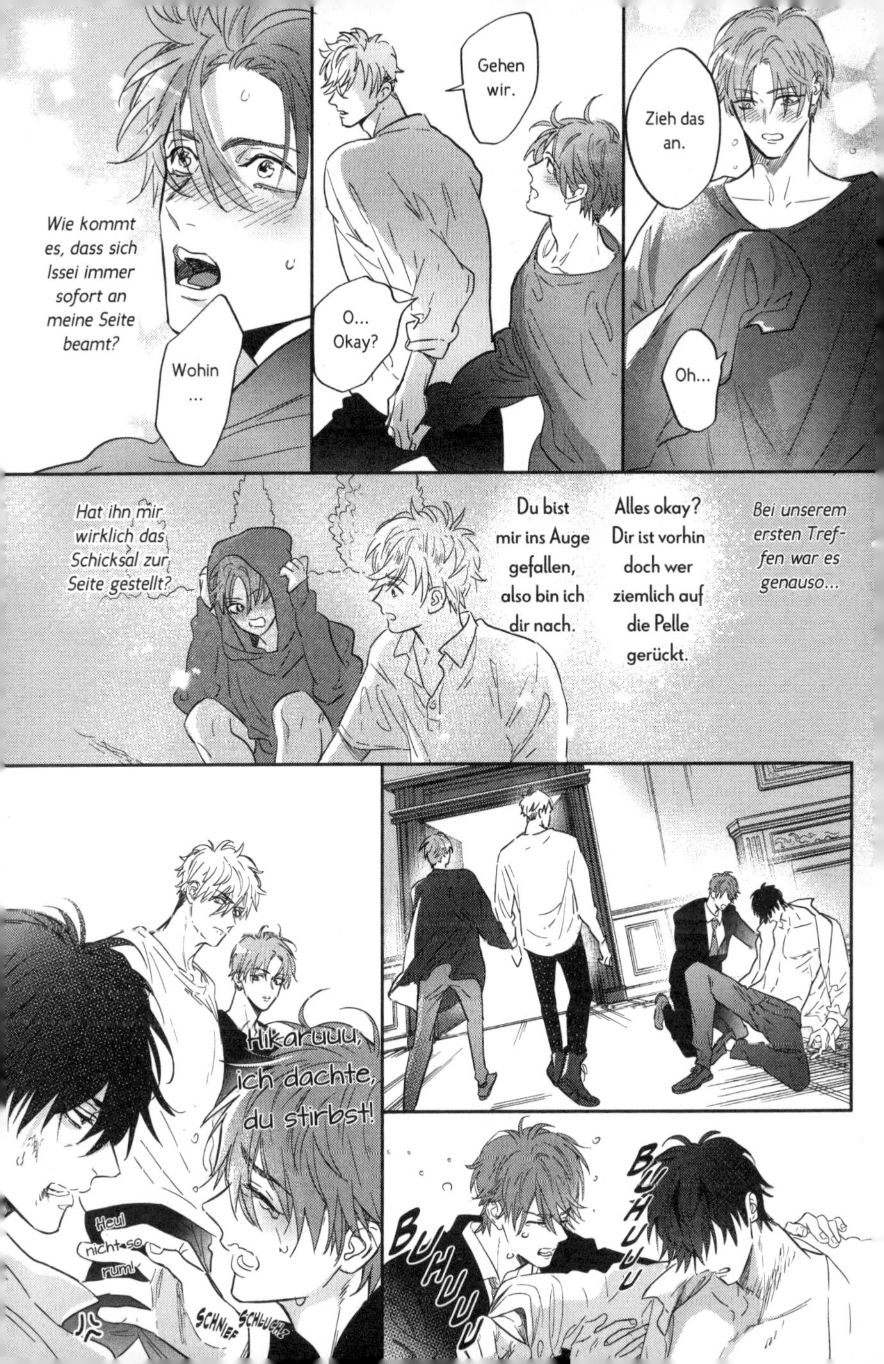
Zieh das an.
Oh...
Gehen wir.
O... Okay?
Wie kommt es, dass sich Issei immer sofort an meine Seite beamt?
Wohin ...
Bei unserem ersten Treffen war es genauso...
Alles okay? Dir ist vorhin doch wer ziemlich auf die Pelle gerückt.
Du bist mir ins Auge gefallen, also bin ich dir nach.
Hat ihn mir wirklich das Schicksal zur Seite gestellt?
BUHUUU
BUHUUU
Hikaruuu, ich dachte, du stirbst!
Heul nicht so rum!
SCHNIEF
SCHLUCHZ

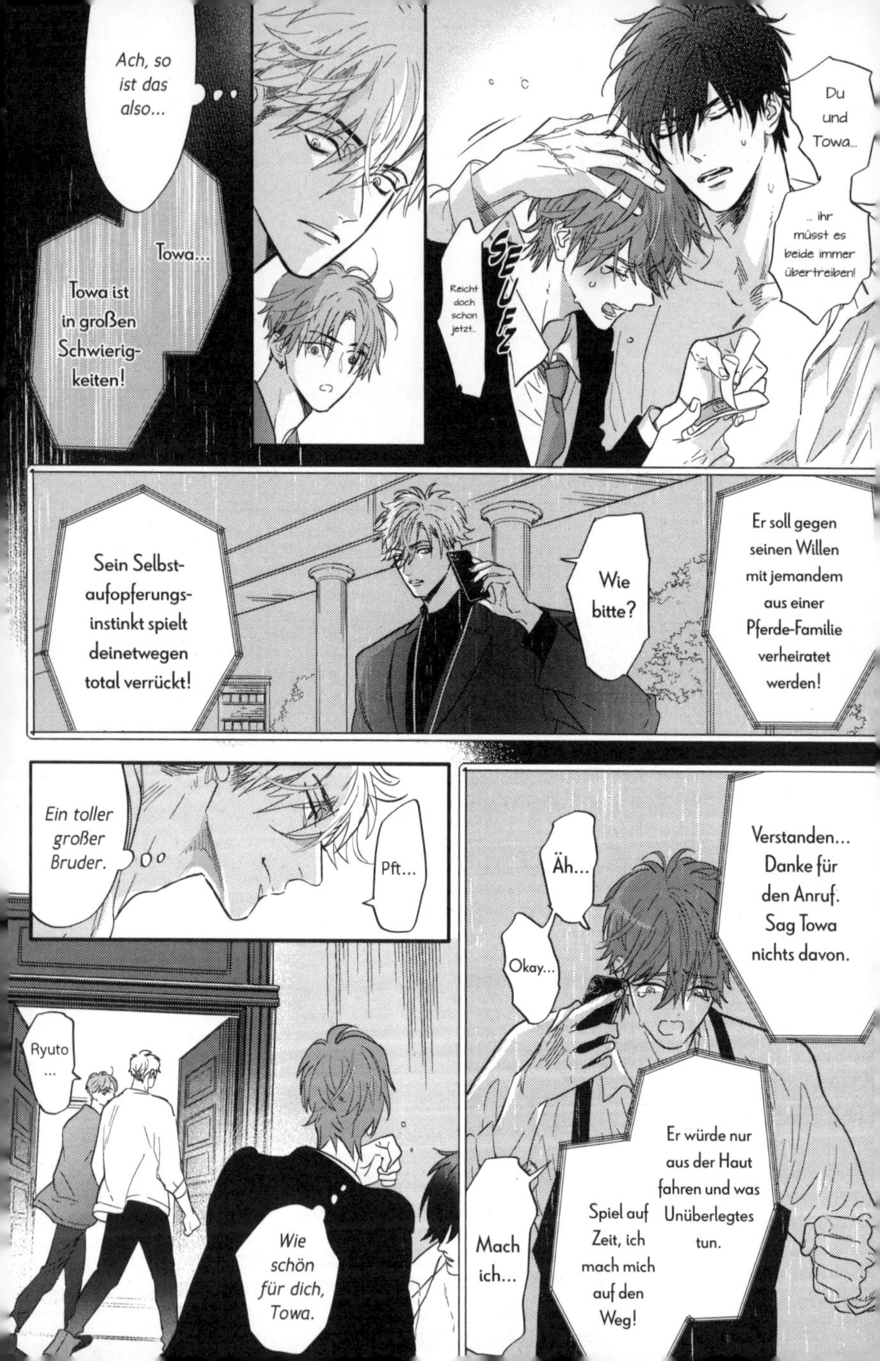
Du und Towa...
... ihr müsst es beide immer übertreiben!
SEUFZ
Reicht doch schon jetzt...
Ach, so ist das also...
Towa...
Towa ist in großen Schwierigkeiten!
Er soll gegen seinen Willen mit jemandem aus einer Pferde-Familie verheiratet werden!
Wie bitte?
Sein Selbstaufopferungsinstinkt spielt deinetwegen total verrückt!
Verstanden... Danke für den Anruf. Sag Towa nichts davon.
Äh...
Okay...
Er würde nur aus der Haut fahren und was Unüberlegtes tun.
Spiel auf Zeit, ich mach mich auf den Weg!
Mach ich...
Pft...
Ein toller großer Bruder.
Wie schön für dich, Towa.
Ryuto ...

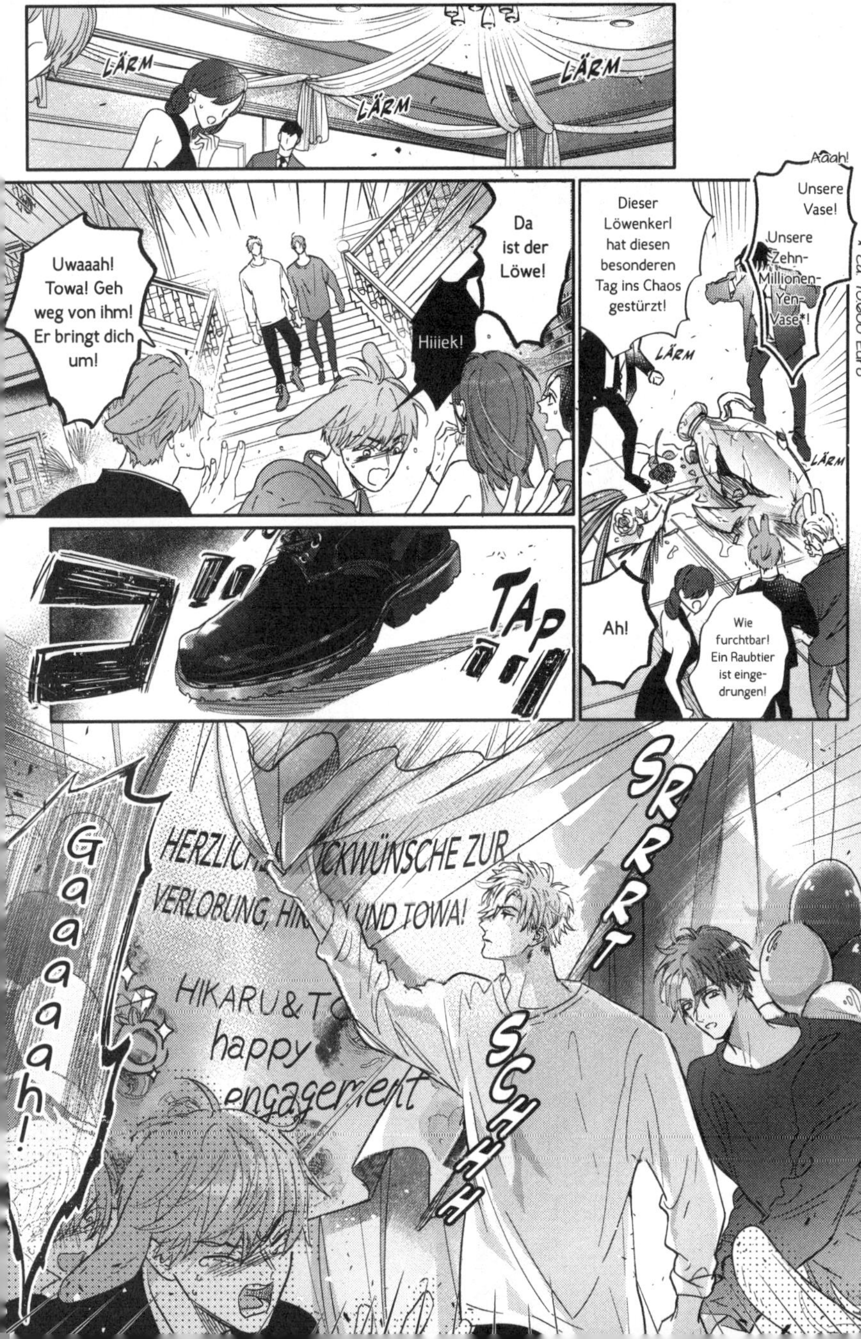

* ca. 70.600 Euro

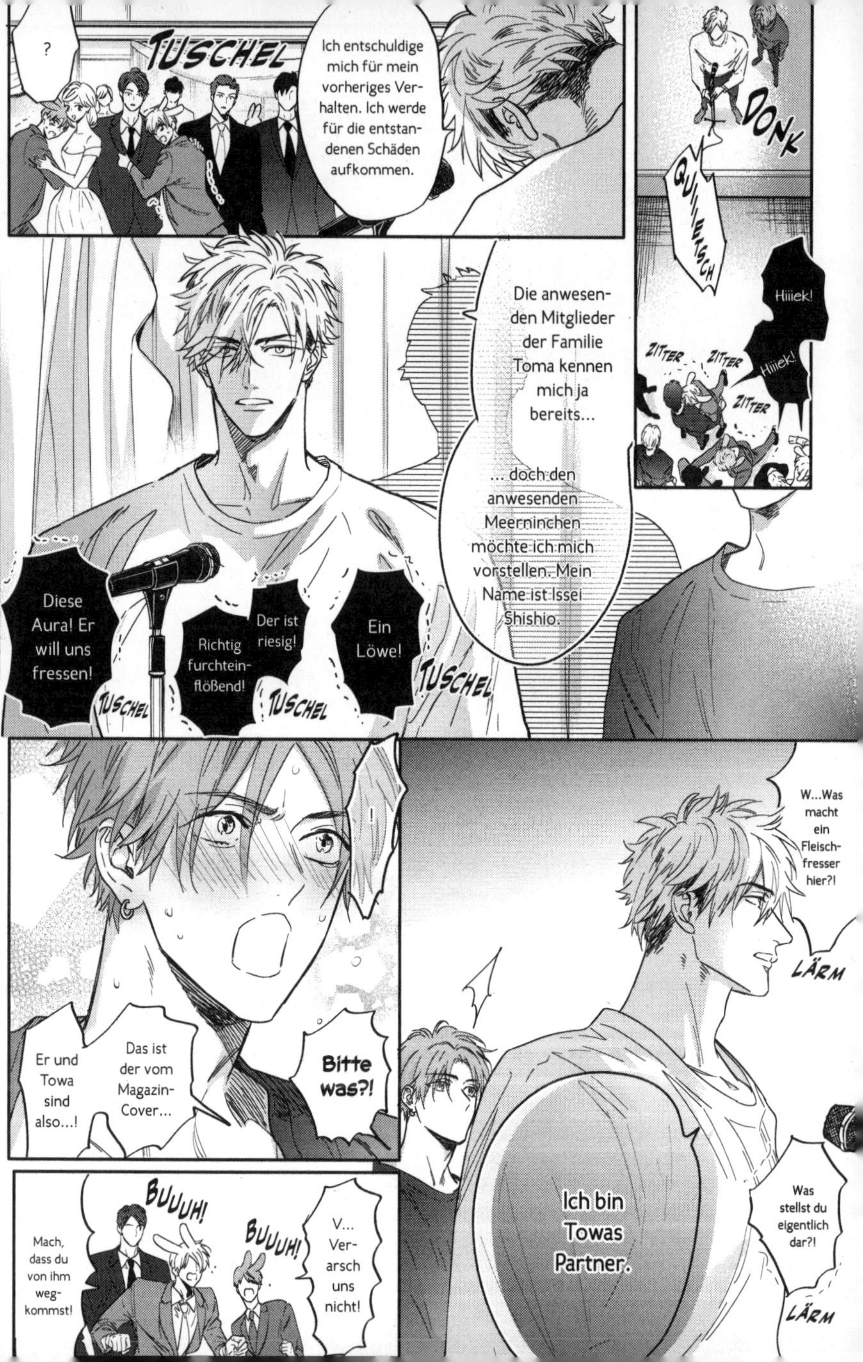
DONK
QUIIIETSCH
Hiiiek!
Hiiiek!
ZITTER
ZITTER
ZITTER
Ich entschuldige mich für mein vorheriges Verhalten. Ich werde für die entstandenen Schäden aufkommen.
?
TUSCHEL
Die anwesenden Mitglieder der Familie Toma kennen mich ja bereits…
… doch den anwesenden Meerninchen möchte ich mich vorstellen. Mein Name ist Issei Shishio.
Ein Löwe!
Der ist riesig!
Richtig furchteinflößend!
Diese Aura! Er will uns fressen!
TUSCHEL
TUSCHEL
TUSCHEL
W…Was macht ein Fleischfresser hier?!
LÄRM
Ich bin Towas Partner.
Was stellst du eigentlich dar?!
LÄRM
!
Bitte was?!
Das ist der vom Magazin-Cover…
Er und Towa sind also…!
BUUUH!
BUUUH!
V… Verarsch uns nicht!
Mach, dass du von ihm wegkommst!

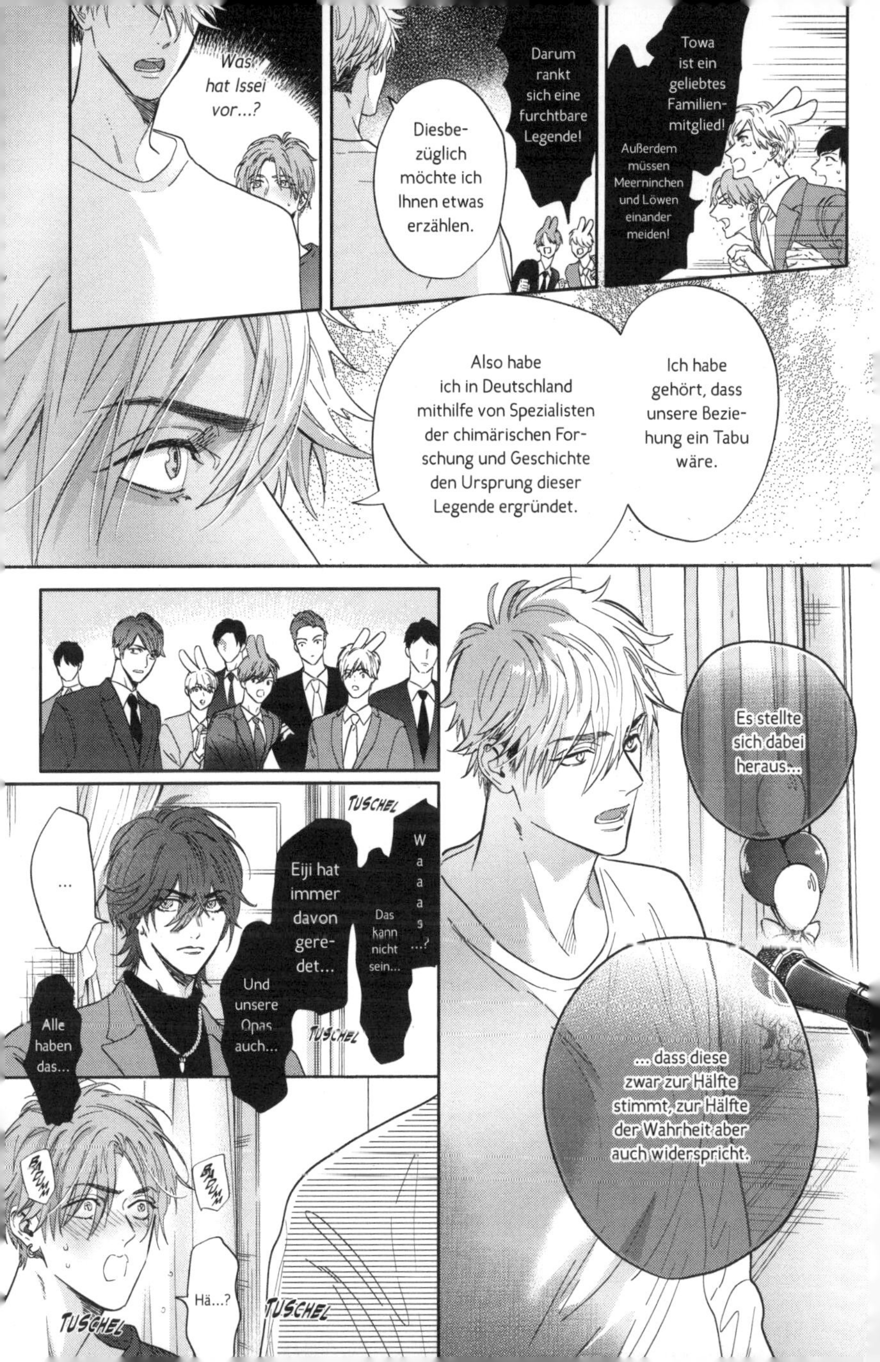
Towa ist ein geliebtes Familienmitglied!
Außerdem müssen Meerninchen und Löwen einander meiden!
Darum rankt sich eine furchtbare Legende!
Diesbezüglich möchte ich Ihnen etwas erzählen.
Was hat Issei vor...?
Ich habe gehört, dass unsere Beziehung ein Tabu wäre.
Also habe ich in Deutschland mithilfe von Spezialisten der chimärischen Forschung und Geschichte den Ursprung dieser Legende ergründet.
Es stellte sich dabei heraus...
... dass diese zwar zur Hälfte stimmt, zur Hälfte der Wahrheit aber auch widerspricht.
TUSCHEL
Waaas...?
Das kann nicht sein...
Eiji hat immer davon geredet...
Und unsere Opas auch...
TUSCHEL
Alle haben das...
...
BADUMM
BADUMM
Hä...?
TUSCHEL
TUSCHEL

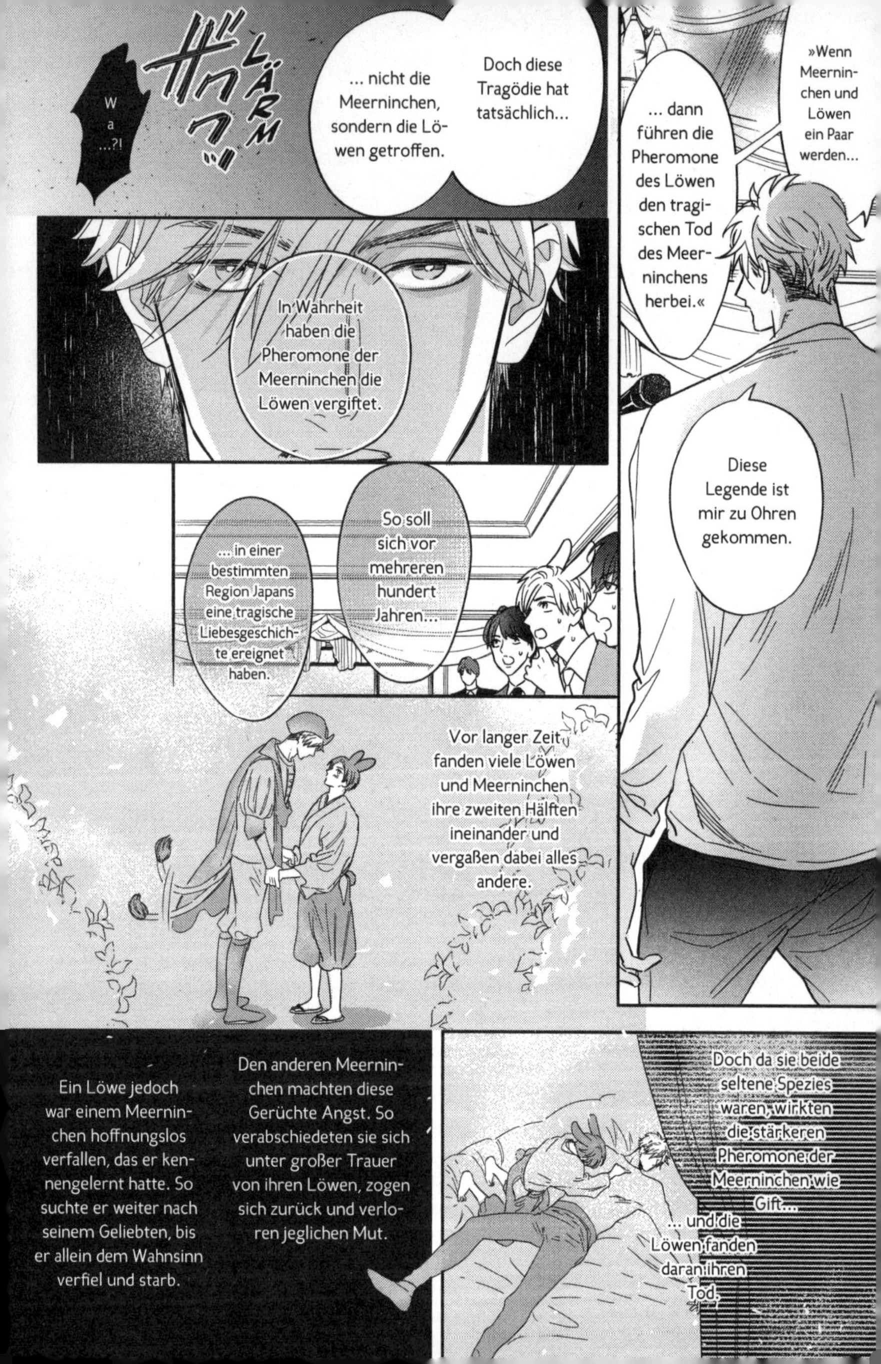

So soll sich vor mehreren hundert Jahren…
… in einer bestimmten Region Japans eine tragische Liebesgeschichte ereignet haben.
Vor langer Zeit fanden viele Löwen und Meerninchen ihre zweiten Hälften ineinander und vergaßen dabei alles andere.
Ein Löwe jedoch war einem Meerninchen hoffnungslos verfallen, das er kennengelernt hatte. So suchte er weiter nach seinem Geliebten, bis er allein dem Wahnsinn verfiel und starb.
Den anderen Meerninchen machten diese Gerüchte Angst. So verabschiedeten sie sich unter großer Trauer von ihren Löwen, zogen sich zurück und verloren jeglichen Mut.
Doch da sie beide seltene Spezies waren, wirkten die stärkeren Pheromone der Meerninchen wie Gift…
… und die Löwen fanden daran ihren Tod.
»Wenn Meerninchen und Löwen ein Paar werden…
… dann führen die Pheromone des Löwen den tragischen Tod des Meerninchens herbei.«
Diese Legende ist mir zu Ohren gekommen.
Doch diese Tragödie hat tatsächlich…
… nicht die Meerninchen, sondern die Löwen getroffen.
LÄRM
Wa…?!
In Wahrheit haben die Pheromone der Meerninchen die Löwen vergiftet.

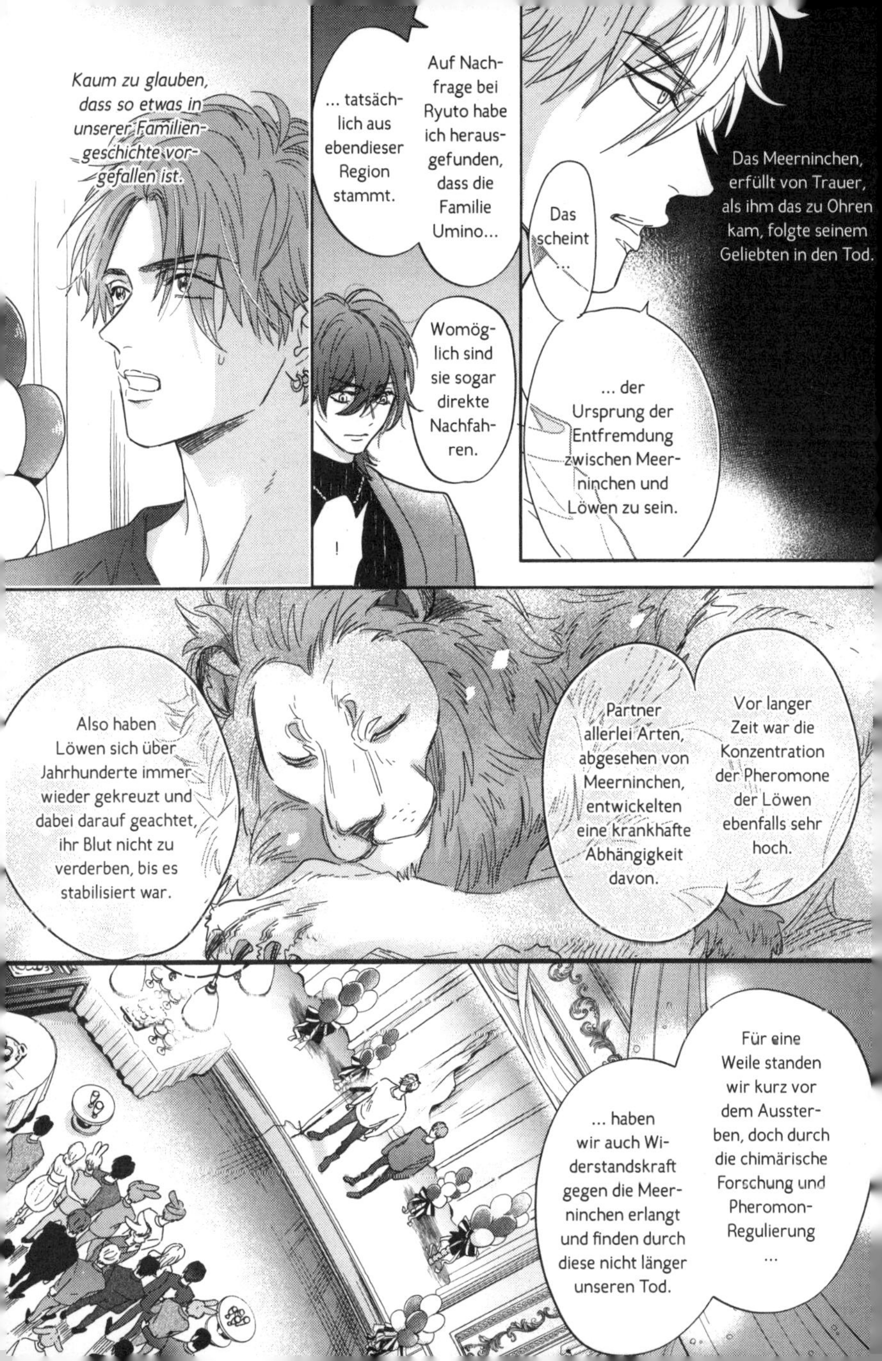
Das Meerninchen, erfüllt von Trauer, als ihm das zu Ohren kam, folgte seinem Geliebten in den Tod.
Das scheint ...
... der Ursprung der Entfremdung zwischen Meerninchen und Löwen zu sein.
Auf Nachfrage bei Ryuto habe ich herausgefunden, dass die Familie Umino...
... tatsächlich aus ebendieser Region stammt.
Womöglich sind sie sogar direkte Nachfahren.
!
Kaum zu glauben, dass so etwas in unserer Familiengeschichte vorgefallen ist.
Vor langer Zeit war die Konzentration der Pheromone der Löwen ebenfalls sehr hoch.
Partner allerlei Arten, abgesehen von Meerninchen, entwickelten eine krankhafte Abhängigkeit davon.
Also haben Löwen sich über Jahrhunderte immer wieder gekreuzt und dabei darauf geachtet, ihr Blut nicht zu verderben, bis es stabilisiert war.
Für eine Weile standen wir kurz vor dem Aussterben, doch durch die chimärische Forschung und Pheromon-Regulierung ...
... haben wir auch Widerstandskraft gegen die Meerninchen erlangt und finden durch diese nicht länger unseren Tod.

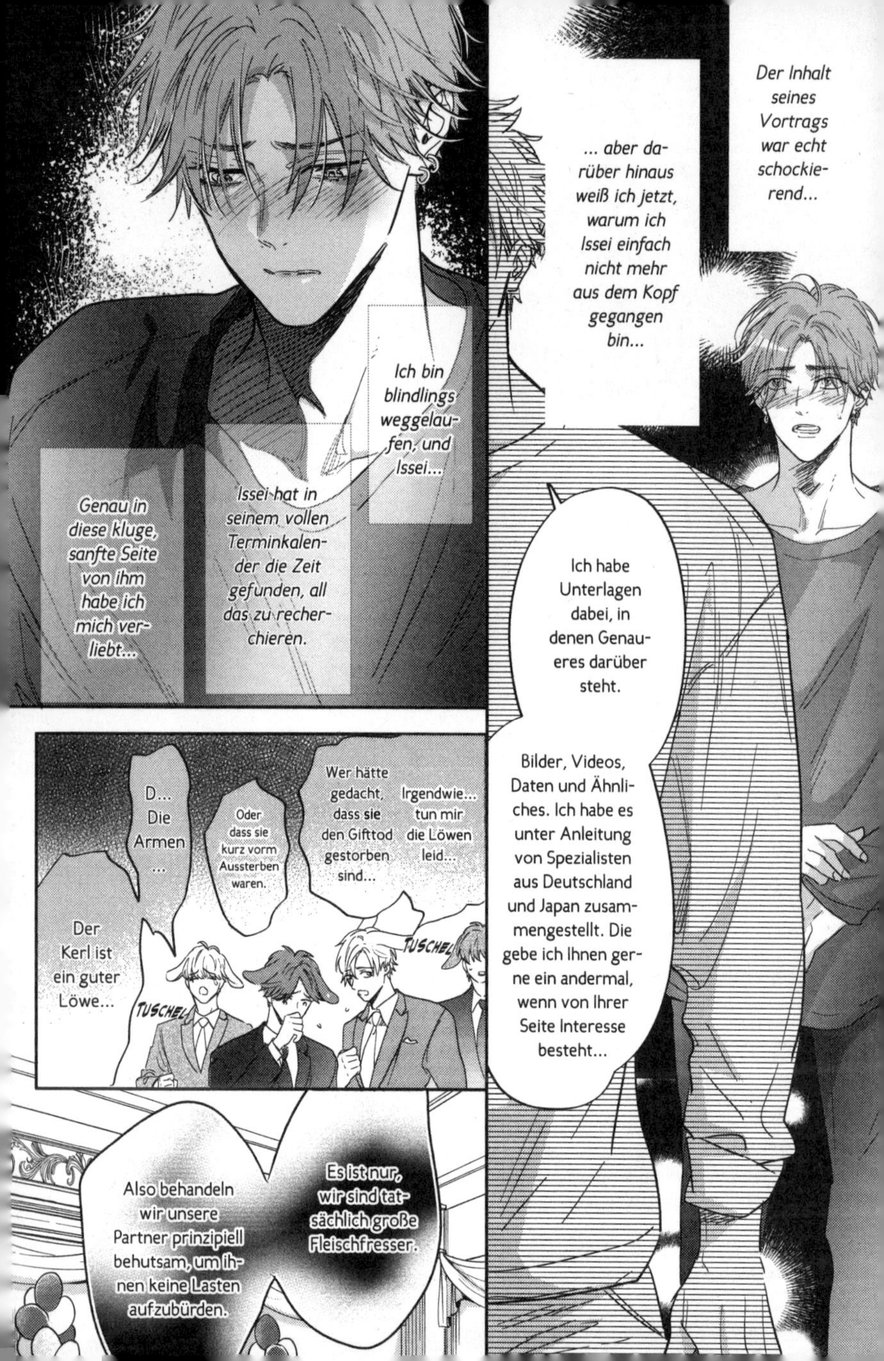
Der Inhalt seines Vortrags war echt schockierend...
... aber darüber hinaus weiß ich jetzt, warum ich Issei einfach nicht mehr aus dem Kopf gegangen bin...
Ich bin blindlings weggelaufen, und Issei...
Issei hat in seinem vollen Terminkalender die Zeit gefunden, all das zu recherchieren.
Genau in diese kluge, sanfte Seite von ihm habe ich mich verliebt...
Ich habe Unterlagen dabei, in denen Genaueres darüber steht.
Bilder, Videos, Daten und Ähnliches. Ich habe es unter Anleitung von Spezialisten aus Deutschland und Japan zusammengestellt. Die gebe ich Ihnen gerne ein andermal, wenn von Ihrer Seite Interesse besteht...
Irgendwie... tun mir die Löwen leid...
Wer hätte gedacht, dass **sie** den Gifttod gestorben sind...
Oder dass sie kurz vorm Aussterben waren.
D... Die Armen ...
Der Kerl ist ein guter Löwe...
TUSCHEL
TUSCHEL
Es ist nur, wir sind tatsächlich große Fleischfresser.
Also behandeln wir unsere Partner prinzipiell behutsam, um ihnen keine Lasten aufzubürden.

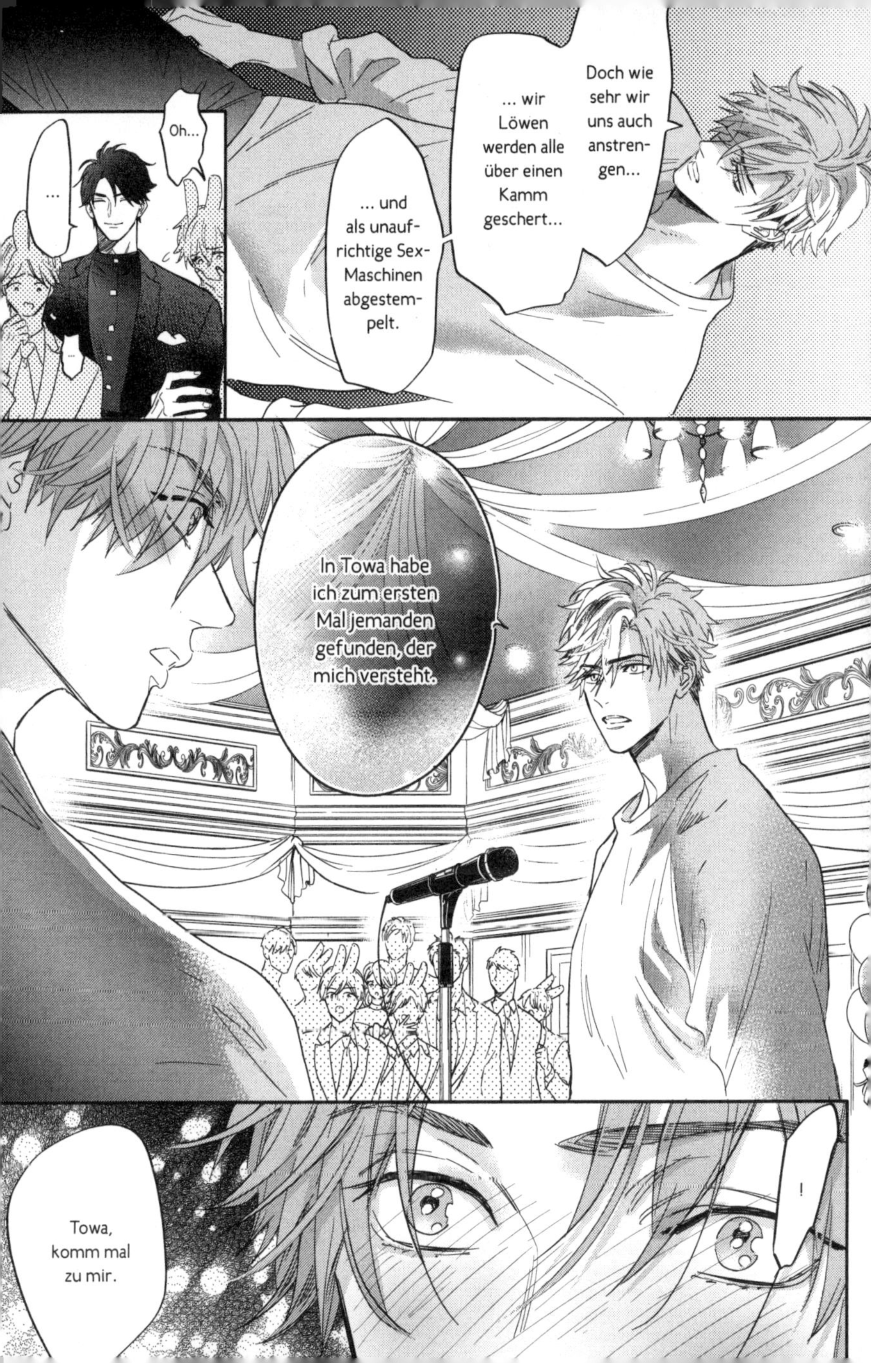
Doch wie sehr wir uns auch anstrengen...
... wir Löwen werden alle über einen Kamm geschert...
... und als unaufrichtige Sex-Maschinen abgestempelt.
Oh...
...
...
In Towa habe ich zum ersten Mal jemanden gefunden, der mich versteht.
!
Towa, komm mal zu mir.

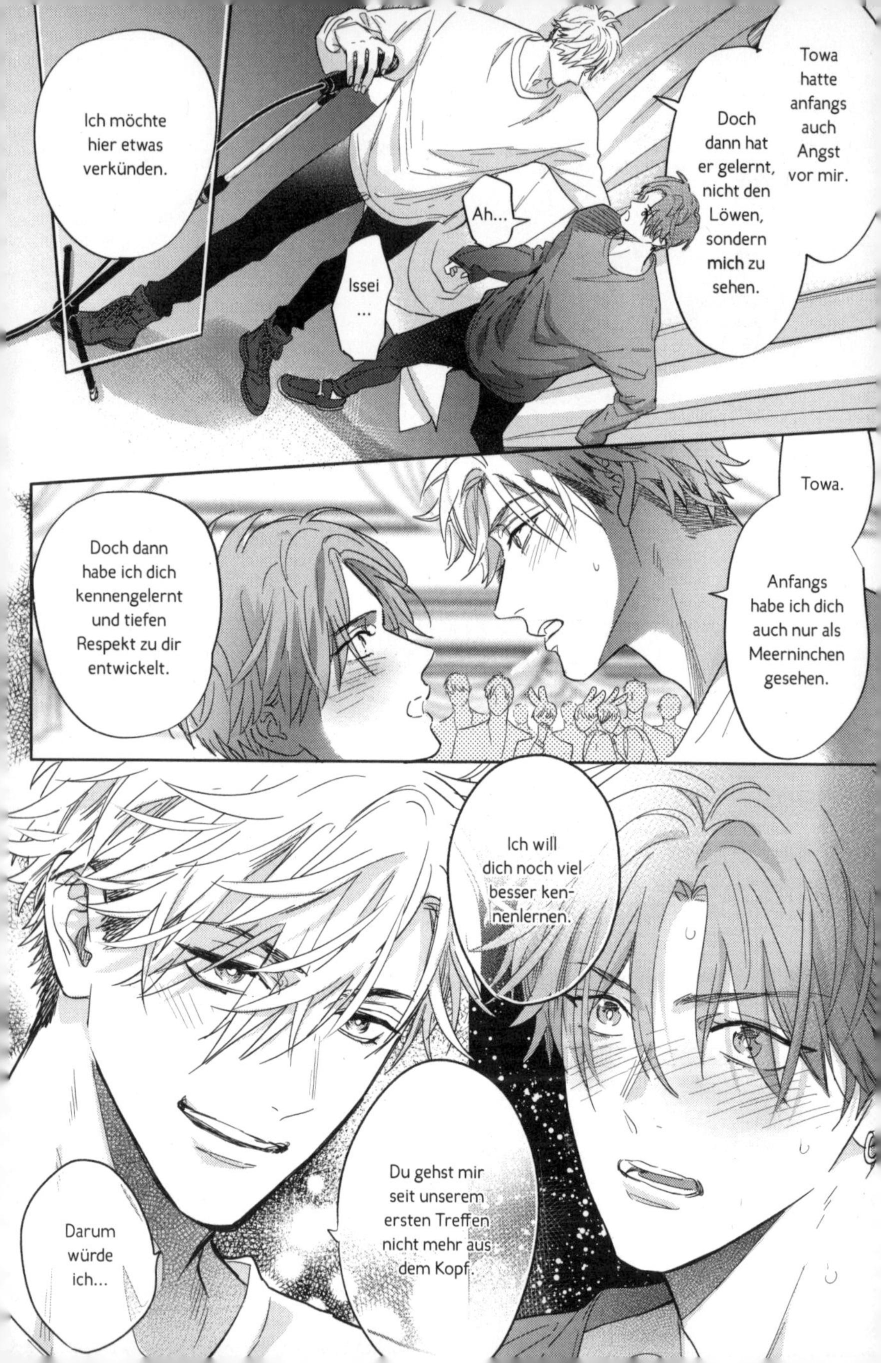
Towa hatte anfangs auch Angst vor mir.
Doch dann hat er gelernt, nicht den Löwen, sondern **mich** zu sehen.
Ah...
Issei ...
Ich möchte hier etwas verkünden.
Towa.
Anfangs habe ich dich auch nur als Meerninchen gesehen.
Doch dann habe ich dich kennengelernt und tiefen Respekt zu dir entwickelt.
Ich will dich noch viel besser kennenlernen.
Du gehst mir seit unserem ersten Treffen nicht mehr aus dem Kopf.
Darum würde ich...

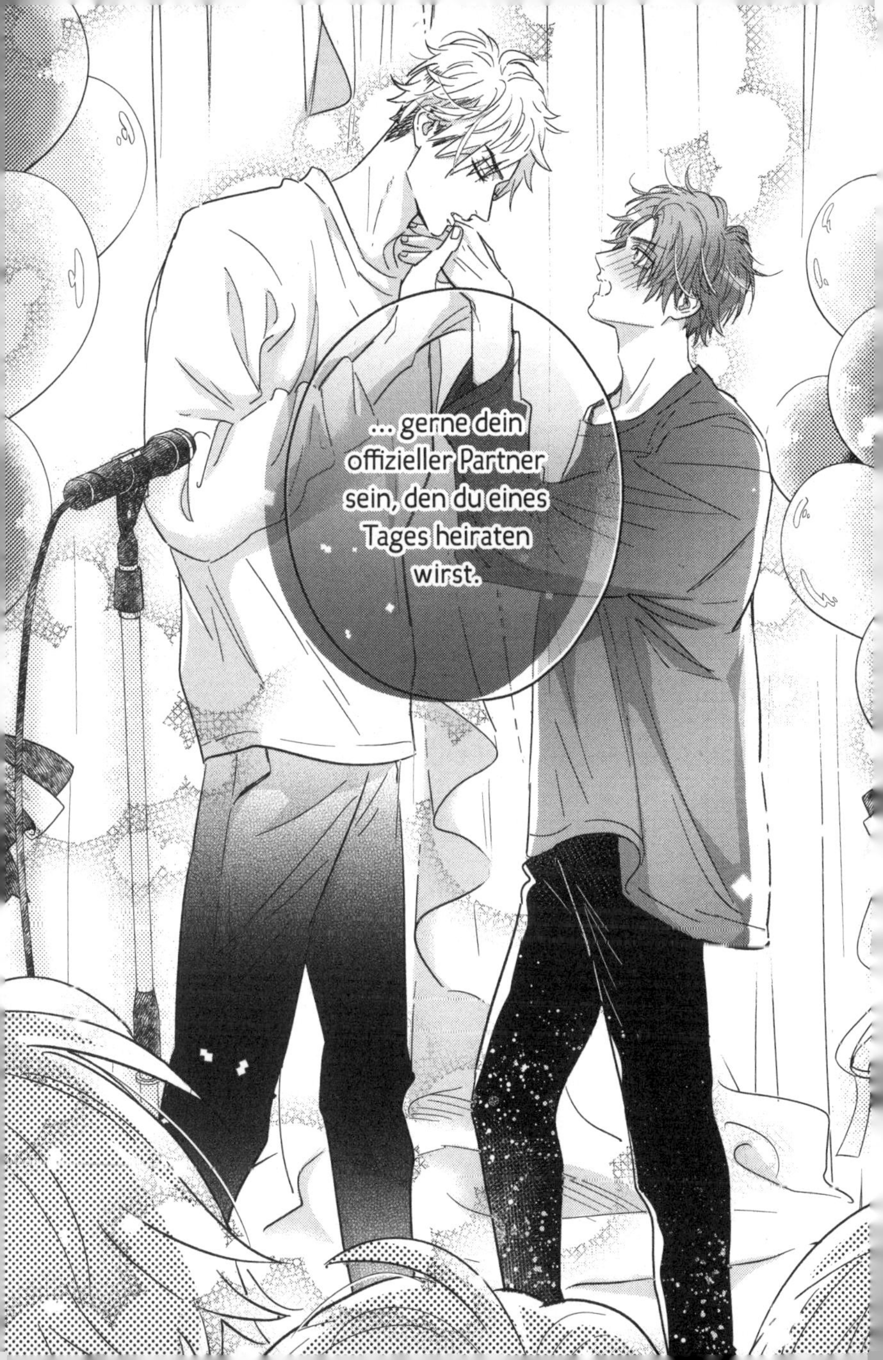
... gerne dein offizieller Partner sein, den du eines Tages heiraten wirst.

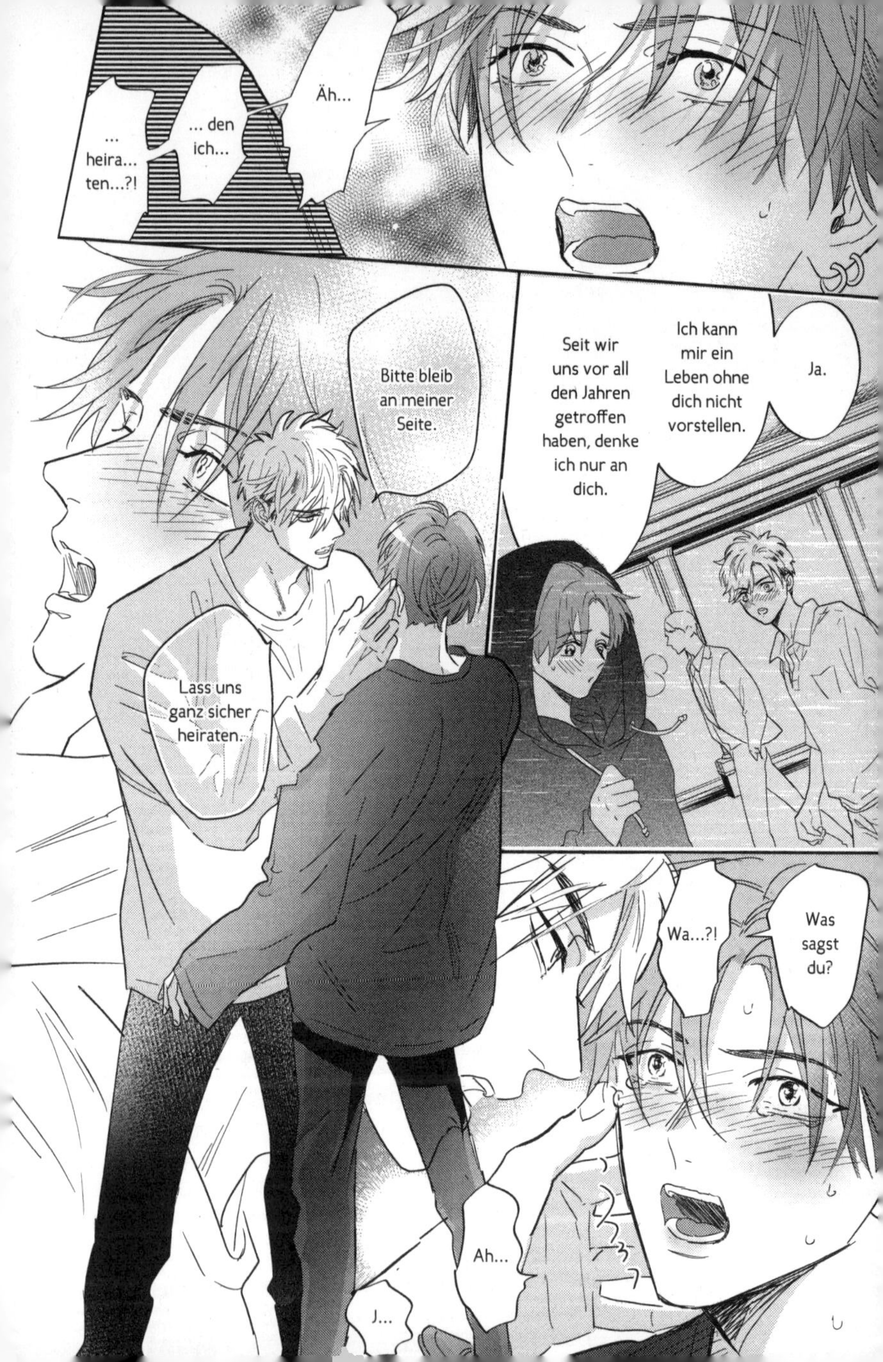
Äh...
... den ich...
... heira... ten...?!
Ja.
Ich kann mir ein Leben ohne dich nicht vorstellen.
Seit wir uns vor all den Jahren getroffen haben, denke ich nur an dich.
Bitte bleib an meiner Seite.
Lass uns ganz sicher heiraten.
Was sagst du?
Wa...?!
Ah...
J...

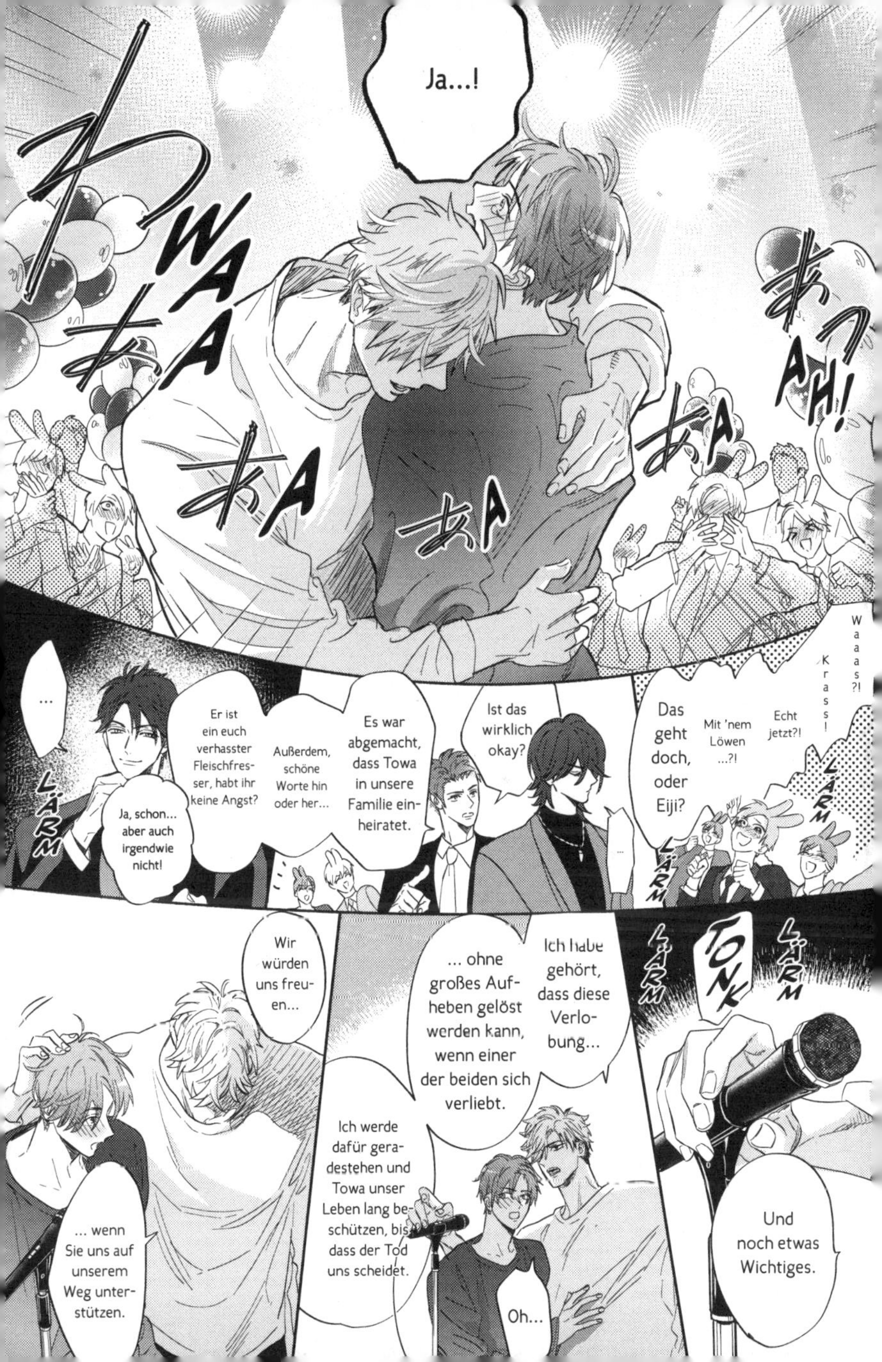
Ja...!
WAA
AAH!
Waaas?!
Krass!
Das geht doch, oder Eiji?
Mit 'nem Löwen ...?!
Echt jetzt?!
LÄRM
Ist das wirklich okay?
...
Es war abgemacht, dass Towa in unsere Familie einheiratet.
Außerdem, schöne Worte hin oder her...
Er ist ein euch verhasster Fleischfresser, habt ihr keine Angst?
Ja, schon... aber auch irgendwie nicht!
...
LÄRM
TONK
LÄRM
Und noch etwas Wichtiges.
Ich habe gehört, dass diese Verlobung...
... ohne großes Aufheben gelöst werden kann, wenn einer der beiden sich verliebt.
Ich werde dafür geradestehen und Towa unser Leben lang beschützen, bis dass der Tod uns scheidet.
Oh...
Wir würden uns freuen...
... wenn Sie uns auf unserem Weg unterstützen.

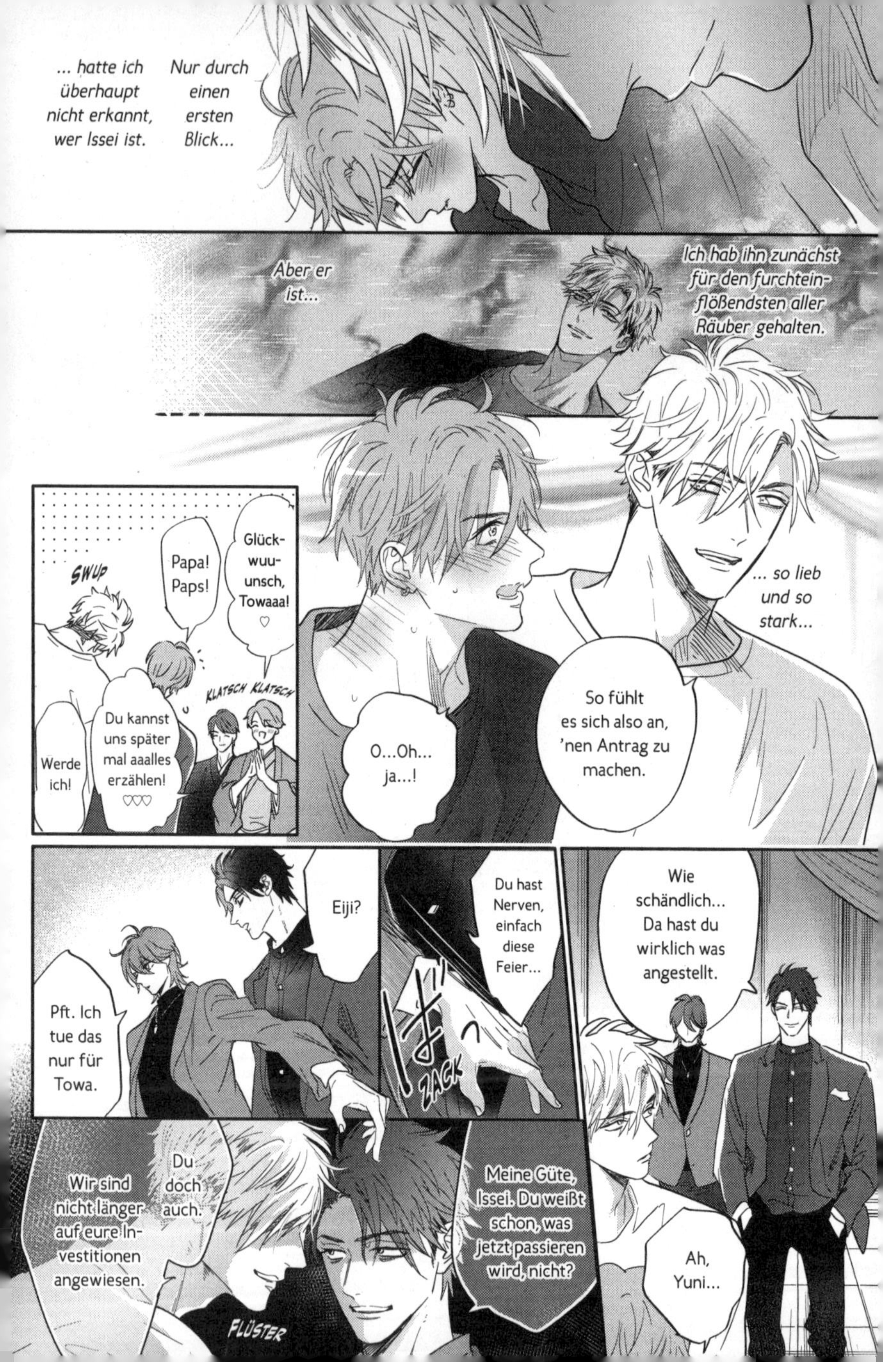
Nur durch einen ersten Blick...
... hatte ich überhaupt nicht erkannt, wer Issei ist.
Ich hab ihn zunächst für den furchteinflößendsten aller Räuber gehalten.
Aber er ist...
... so lieb und so stark...
So fühlt es sich also an, 'nen Antrag zu machen.
O...Oh... ja...!
Glück-wuu-unsch, Towaaa! ♡
Papa! Paps!
SWUP
KLATSCH KLATSCH
Du kannst uns später mal aaalles erzählen! ♡♡♡
Werde ich!
Wie schändlich... Da hast du wirklich was angestellt.
Ah, Yuni...
Du hast Nerven, einfach diese Feier...
ZACK
Eiji?
Pft. Ich tue das nur für Towa.
Meine Güte, Issei. Du weißt schon, was jetzt passieren wird, nicht?
Du doch auch.
Wir sind nicht länger auf eure Investitionen angewiesen.
FLÜSTER

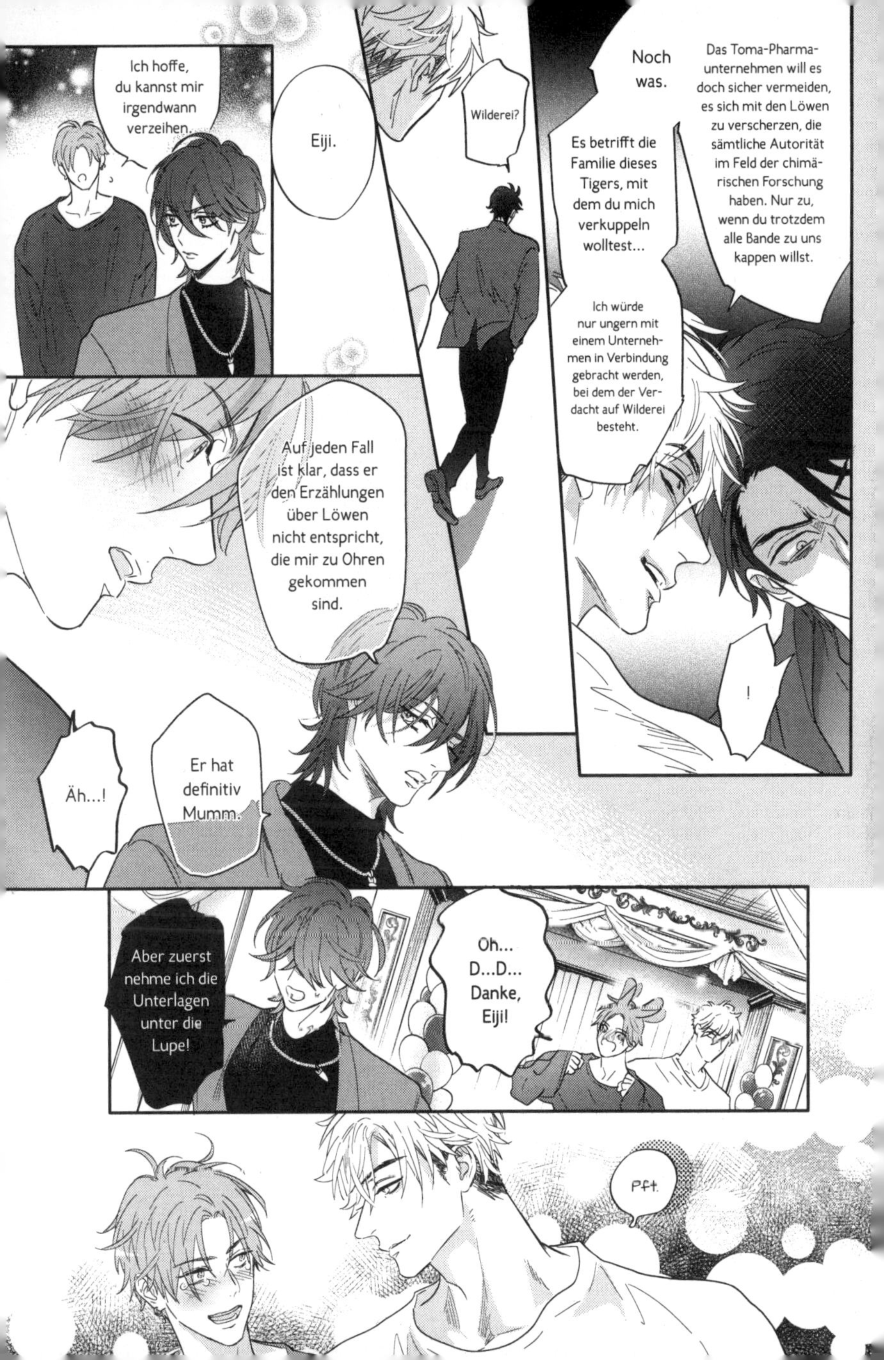
Noch was.
Das Toma-Pharma-unternehmen will es doch sicher vermeiden, es sich mit den Löwen zu verscherzen, die sämtliche Autorität im Feld der chimärischen Forschung haben. Nur zu, wenn du trotzdem alle Bande zu uns kappen willst.
Es betrifft die Familie dieses Tigers, mit dem du mich verkuppeln wolltest…
Ich würde nur ungern mit einem Unternehmen in Verbindung gebracht werden, bei dem der Verdacht auf Wilderei besteht.
!
Wilderei?
Eiji.
Ich hoffe, du kannst mir irgendwann verzeihen.
Auf jeden Fall ist klar, dass er den Erzählungen über Löwen nicht entspricht, die mir zu Ohren gekommen sind.
Er hat definitiv Mumm.
Äh…!
Oh… D…D… Danke, Eiji!
Aber zuerst nehme ich die Unterlagen unter die Lupe!
Pft.

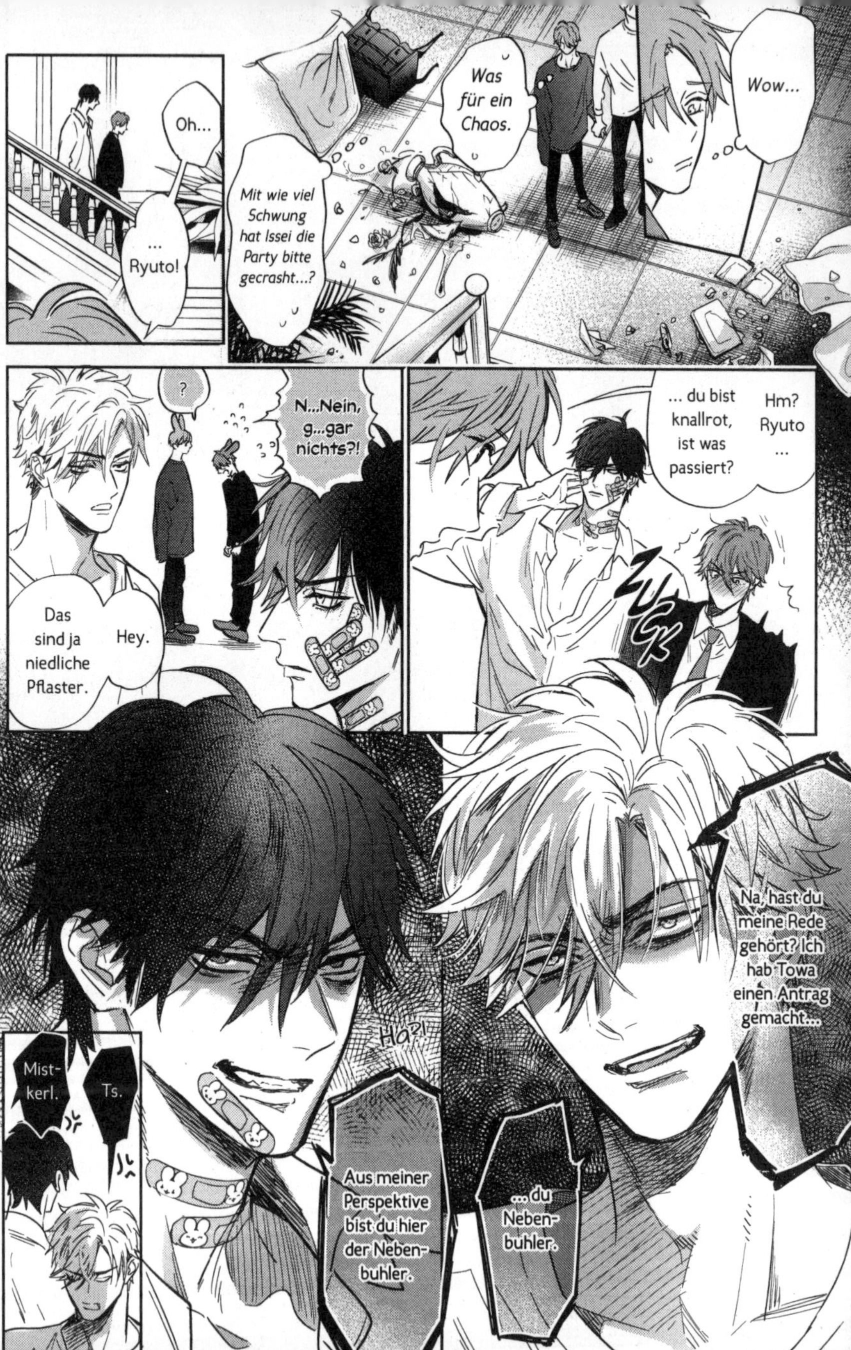
Wow...
Was für ein Chaos.
Mit wie viel Schwung hat Issei die Party bitte gecrasht...?
Oh...
... Ryuto!
Hm? Ryuto ...
... du bist knallrot, ist was passiert?
ZUCK
N...Nein, g...gar nichts?!
?
Hey.
Das sind ja niedliche Pflaster.
Na, hast du meine Rede gehört? Ich hab Towa einen Antrag gemacht...
Ha?!
Aus meiner Perspektive bist du hier der Nebenbuhler.
... du Nebenbuhler.
Ts.
Mist-kerl.

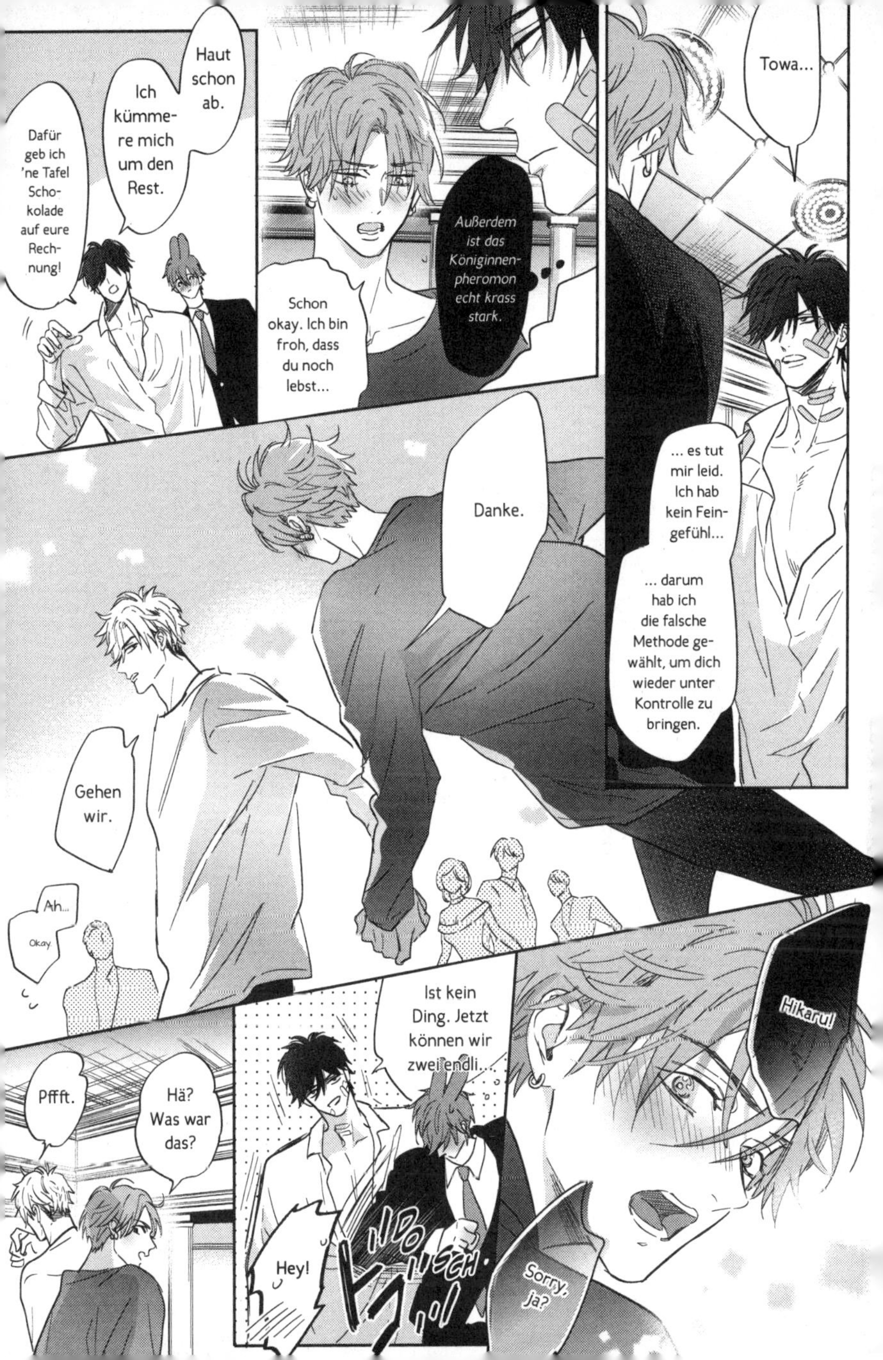
Towa...
... es tut mir leid. Ich hab kein Feingefühl...
... darum hab ich die falsche Methode gewählt, um dich wieder unter Kontrolle zu bringen.
Außerdem ist das Königinnenpheromon echt krass stark.
Schon okay. Ich bin froh, dass du noch lebst...
Haut schon ab.
Ich kümmere mich um den Rest.
Dafür geb ich 'ne Tafel Schokolade auf eure Rechnung!
Danke.
Gehen wir.
Ah... Okay.
Hikaru!
Sorry, ja?
Ist kein Ding. Jetzt können wir zwei endli...
DOSCH
Hey!
Hä? Was war das?
Pffft.

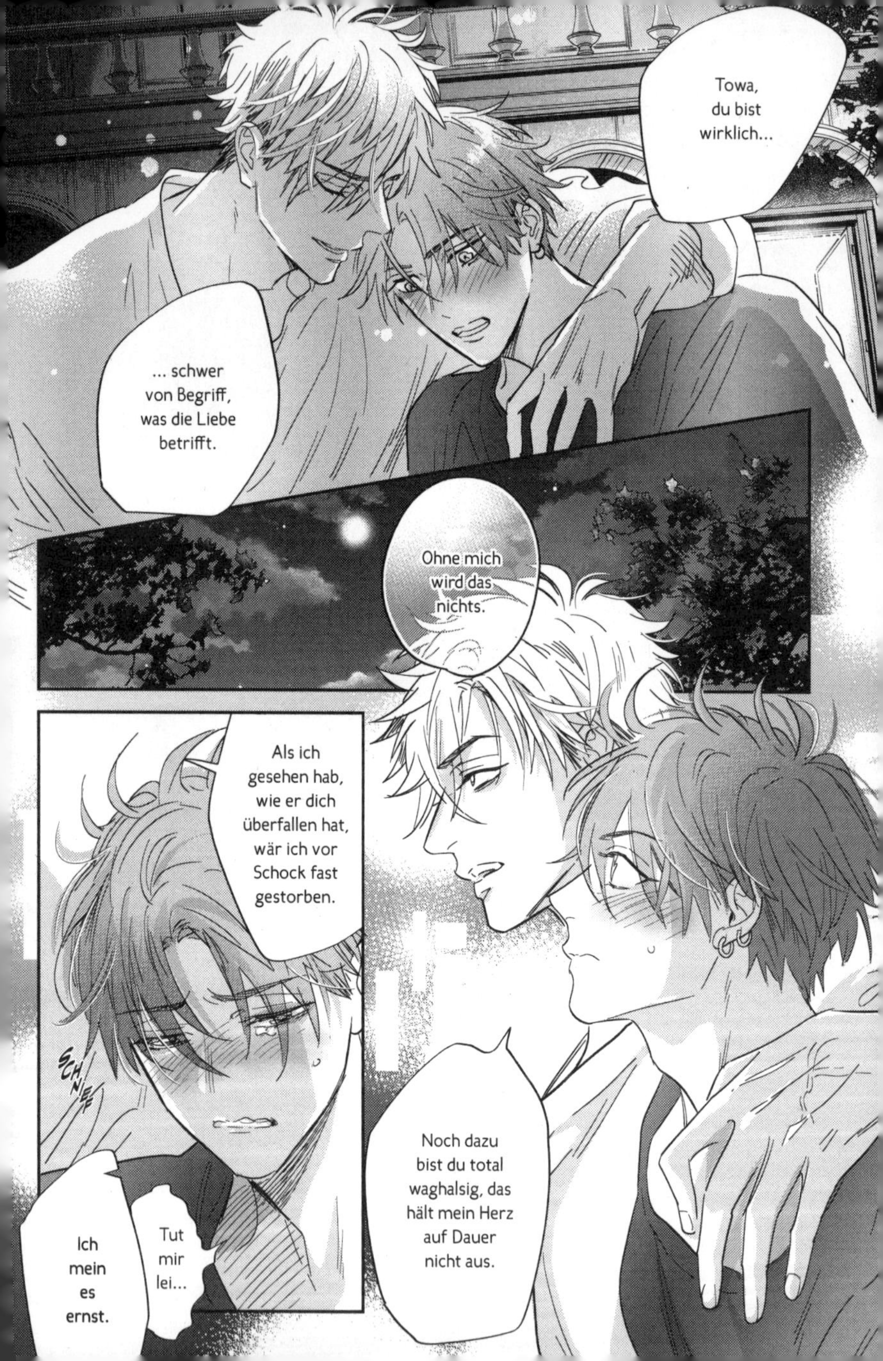
Towa, du bist wirklich...
... schwer von Begriff, was die Liebe betrifft.
Ohne mich wird das nichts.
Als ich gesehen hab, wie er dich überfallen hat, wär ich vor Schock fast gestorben.
Noch dazu bist du total waghalsig, das hält mein Herz auf Dauer nicht aus.
SCHNIEF
Tut mir lei...
Ich mein es ernst.

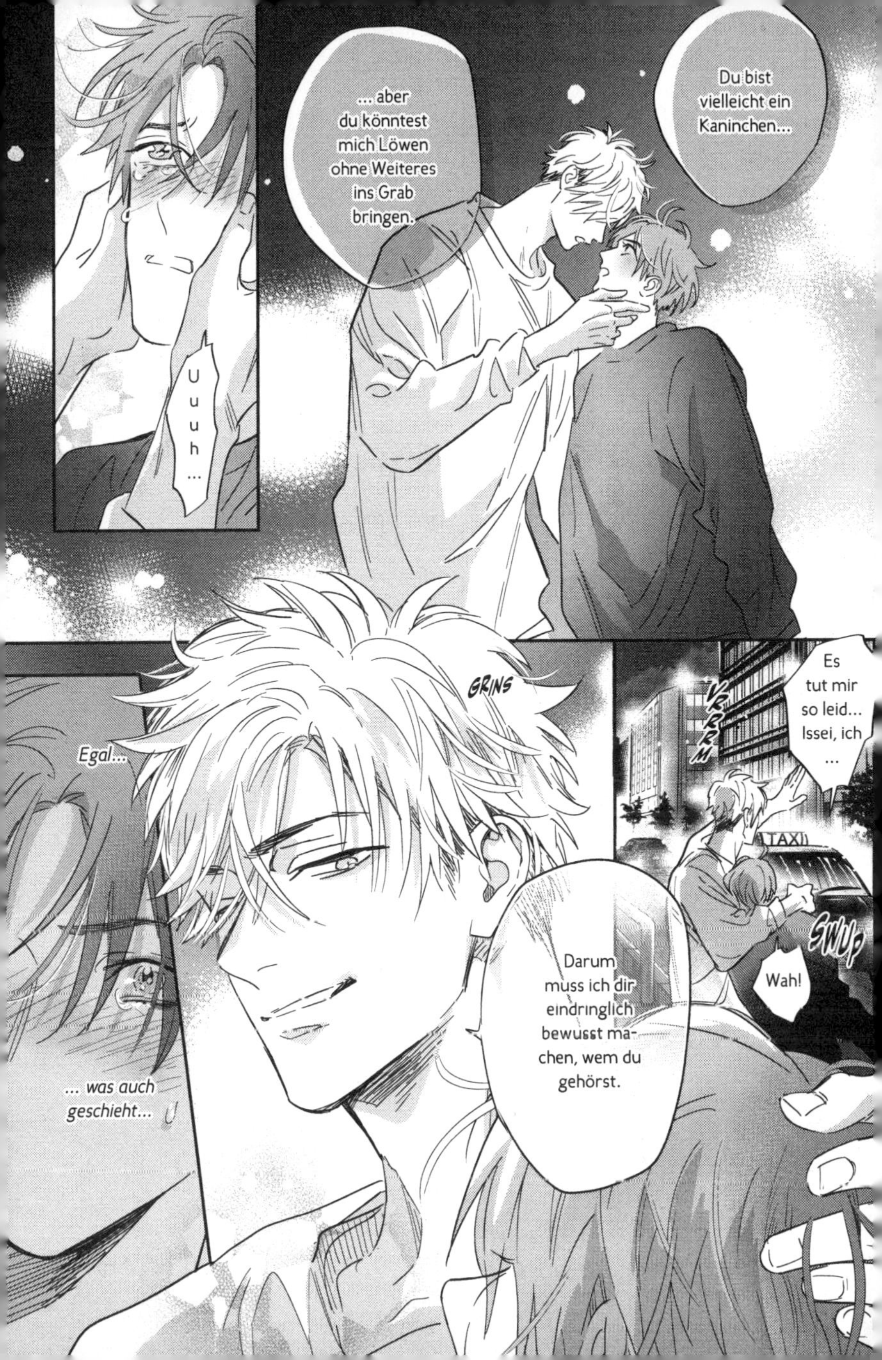
Du bist vielleicht ein Kaninchen...
... aber du könntest mich Löwen ohne Weiteres ins Grab bringen.
Uuuh ...
Es tut mir so leid... Issei, ich ...
VRRRM
TAXI
SWUP
Wah!
GRINS
Darum muss ich dir eindringlich bewusst machen, wem du gehörst.
Egal...
... was auch geschieht...

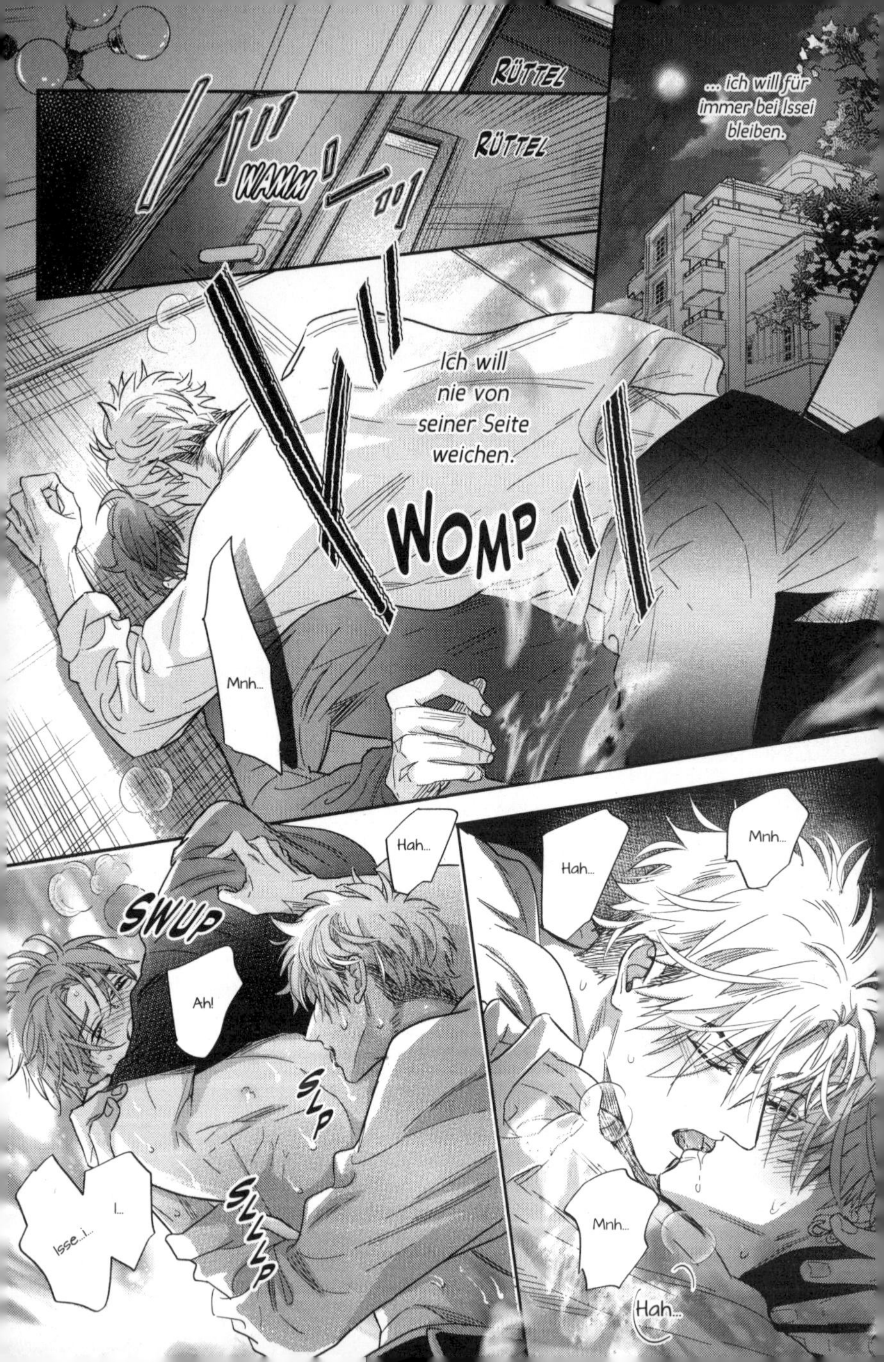
... ich will für immer bei Issei bleiben.
RÜTTEL
RÜTTEL
WAMM
Ich will nie von seiner Seite weichen.
WOMP
Mnh...
Mnh...
Hah...
Mnh...
Hah...
Hah...
SWUP
Ah!
SLP
SLLLP
I...
Isse...i...

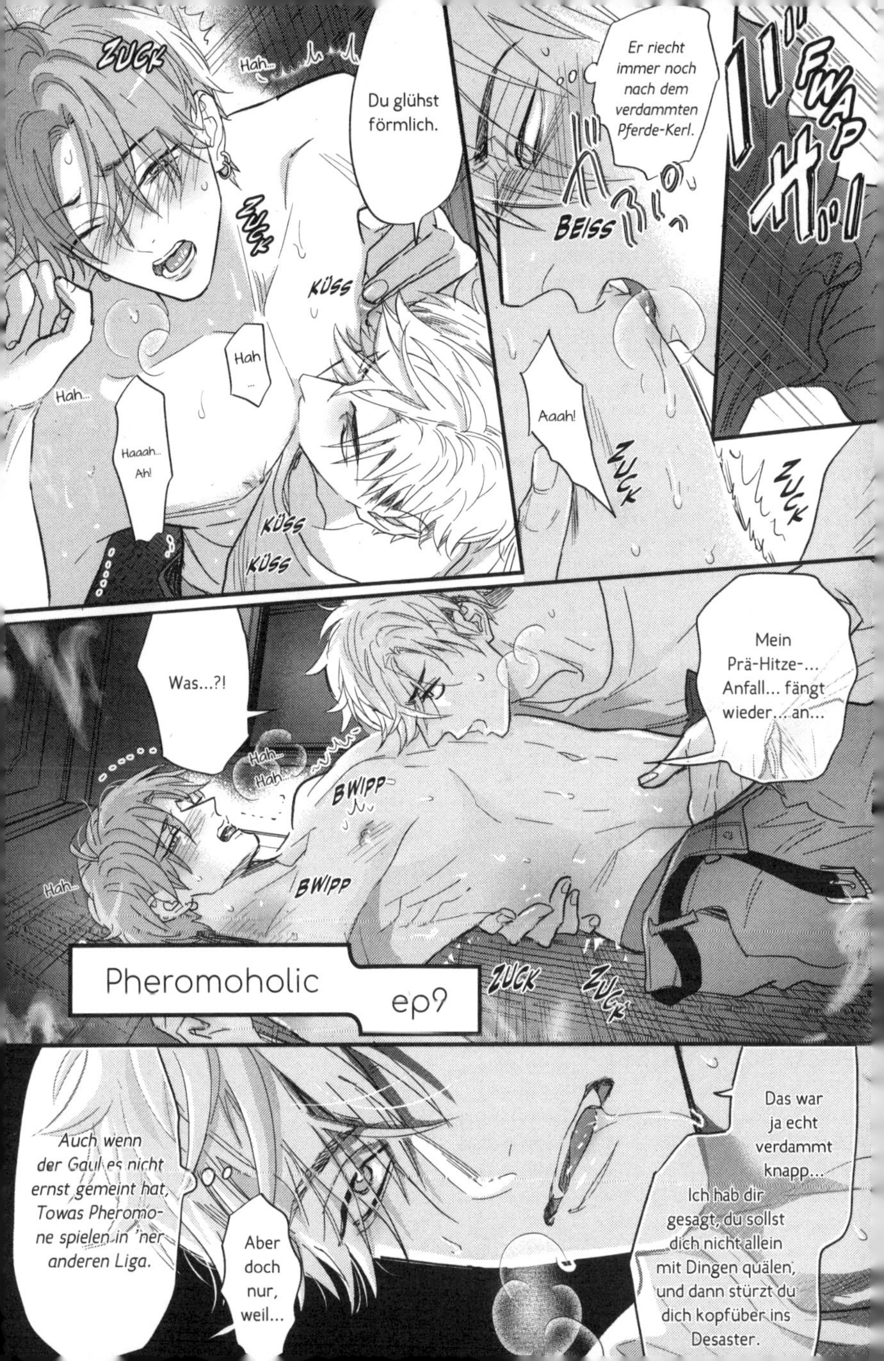
FWAP
Er riecht immer noch nach dem verdammten Pferde-Kerl.
BEISS
Aaah!
ZUCK
ZUCK
Du glühst förmlich.
ZUCK
Hah...
ZUCK
KÜSS
Hah ...
Hah...
Haaah... Ah!
KÜSS
KÜSS
Mein Prä-Hitze-... Anfall... fängt wieder... an...
Was...?!
Hah... Hah...
BWIPP
BWIPP
Hah...
ZUCK
ZUCK
Pheromoholic ep9
Das war ja echt verdammt knapp...
Ich hab dir gesagt, du sollst dich nicht allein mit Dingen quälen, und dann stürzt du dich kopfüber ins Desaster.
Aber doch nur, weil...
Auch wenn der Gaul es nicht ernst gemeint hat, Towas Pheromone spielen in 'ner anderen Liga.

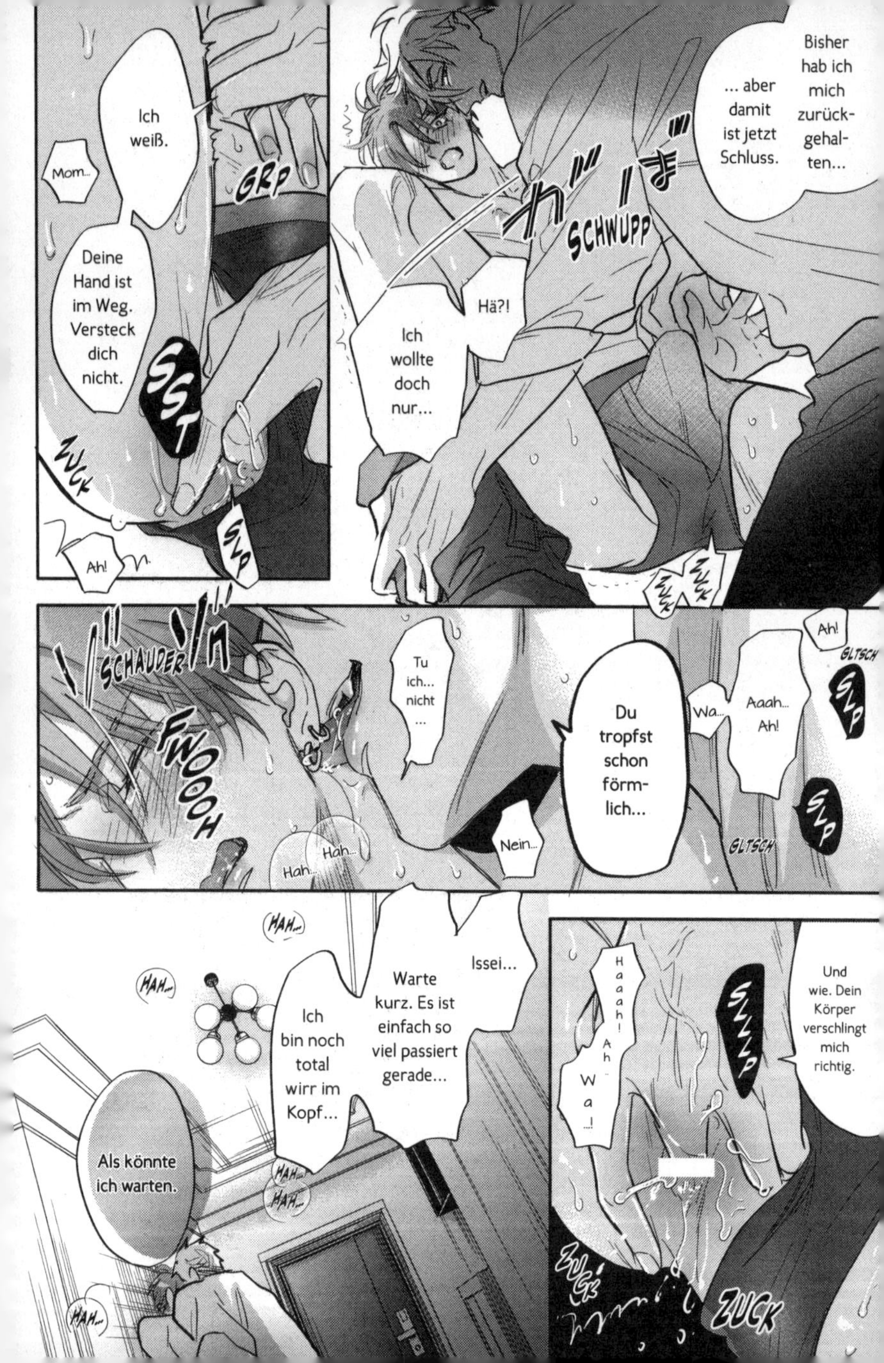
Bisher hab ich mich zurückgehalten…
… aber damit ist jetzt Schluss.
SCHWUPP
Hä?!
Ich wollte doch nur…
ZUCK
ZUCK
Ich weiß.
Mom…
GRP
Deine Hand ist im Weg. Versteck dich nicht.
SST
ZUCK
SLP
Ah!
Ah!
GLTSCH
SLP
Aaah… Ah!
Wa…
Du tropfst schon förmlich…
SLP
GLTSCH
Nein…
Tu ich… nicht …
SCHAUDER
FWOOOH
Hah…
Hah…
Und wie. Dein Körper verschlingt mich richtig.
SLLLP
Haaaah! Ah… Wa…!
ZUCK
ZUCK
Issei…
Warte kurz. Es ist einfach so viel passiert gerade…
Ich bin noch total wirr im Kopf…
HAH…
HAH…
HAH…
HAH…
Als könnte ich warten.
HAH…

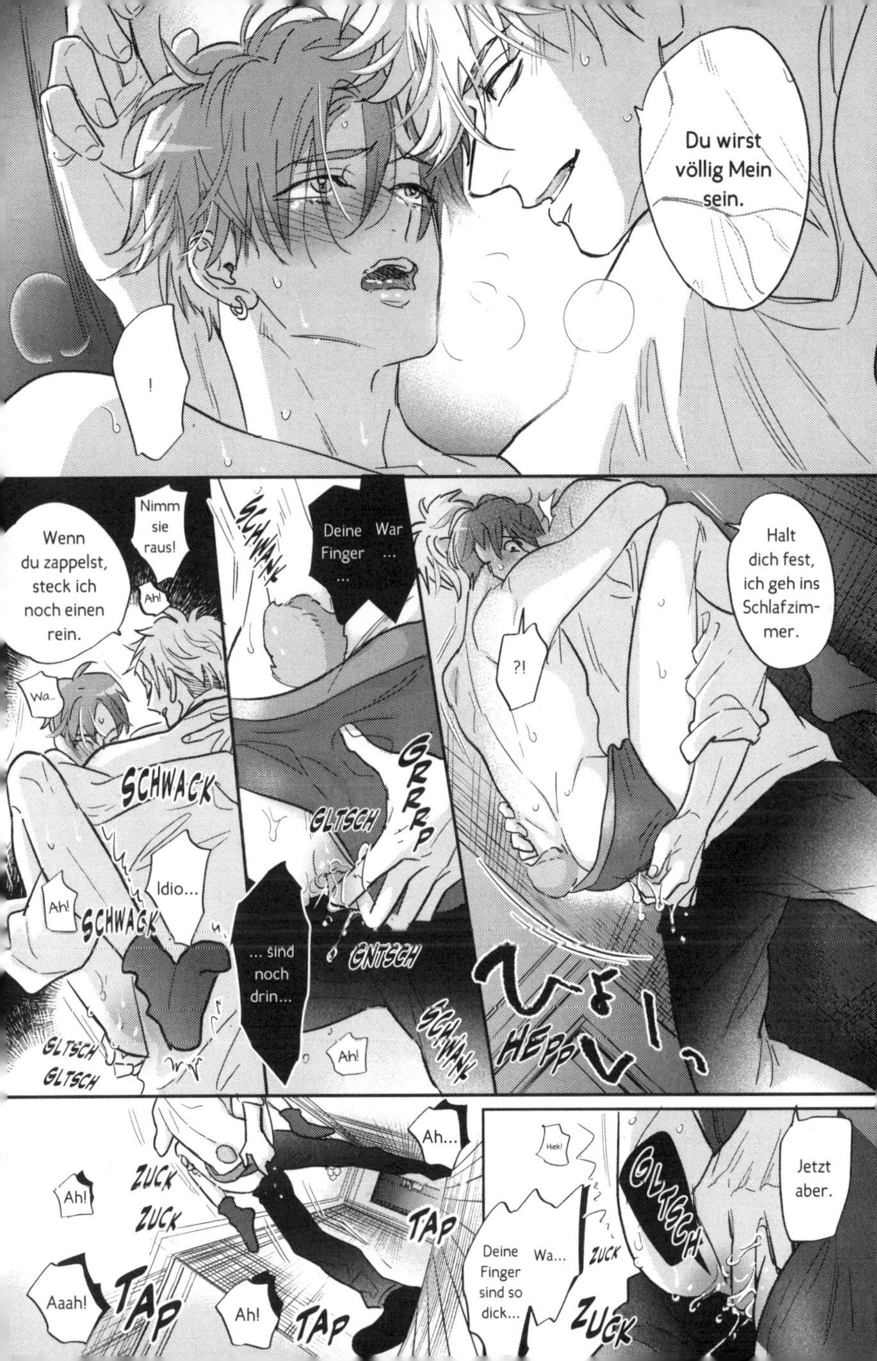
Du wirst völlig Mein sein.
!
Halt dich fest, ich geh ins Schlafzim-mer.
?!
HEPP
SCHWANK
War ...
Deine Finger ...
GRRRP
GLTSCH
... sind noch drin...
GNTSCH
Ah!
SCHWANK
Nimm sie raus!
Wenn du zappelst, steck ich noch einen rein.
Ah!
Wa...
SCHWACK
Idio...
Ah!
SCHWACK
GLTSCH GLTSCH
Jetzt aber.
Hiek!
GLTSCH
Wa...
Deine Finger sind so dick...
ZUCK
ZUCK
Ah...
TAP
Ah!
ZUCK ZUCK
Aaah!
TAP
Ah!
TAP

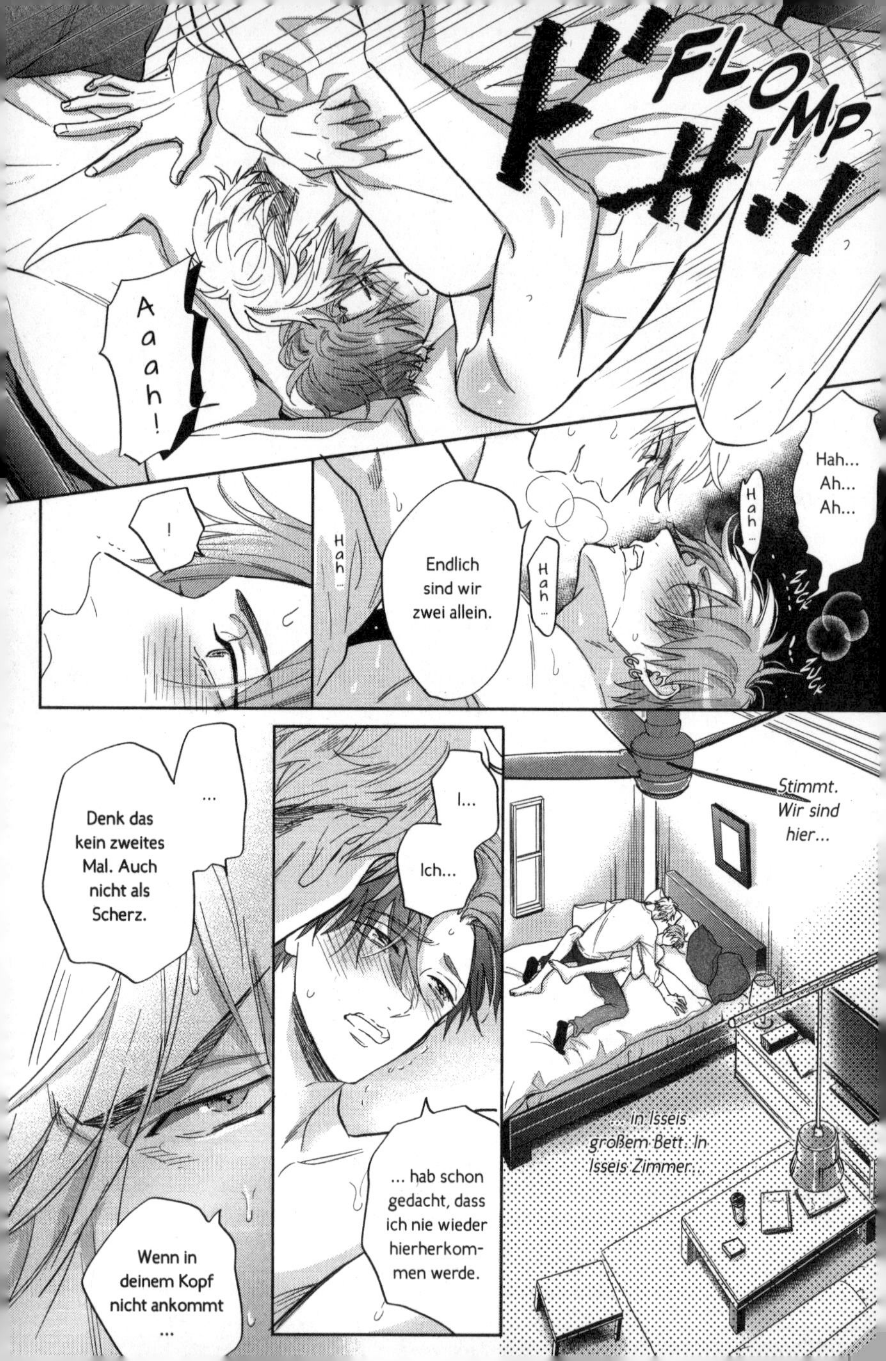

FLOMP
Aaaah!
Hah... Ah... Ah...
Hah...
Hah...
Endlich sind wir zwei allein.
Hah...
!
Stimmt. Wir sind hier...
... in Isseis großem Bett. In Isseis Zimmer.
I...
Ich...
... hab schon gedacht, dass ich nie wieder hierherkommen werde.
...
Denk das kein zweites Mal. Auch nicht als Scherz.
Wenn in deinem Kopf nicht ankommt ...

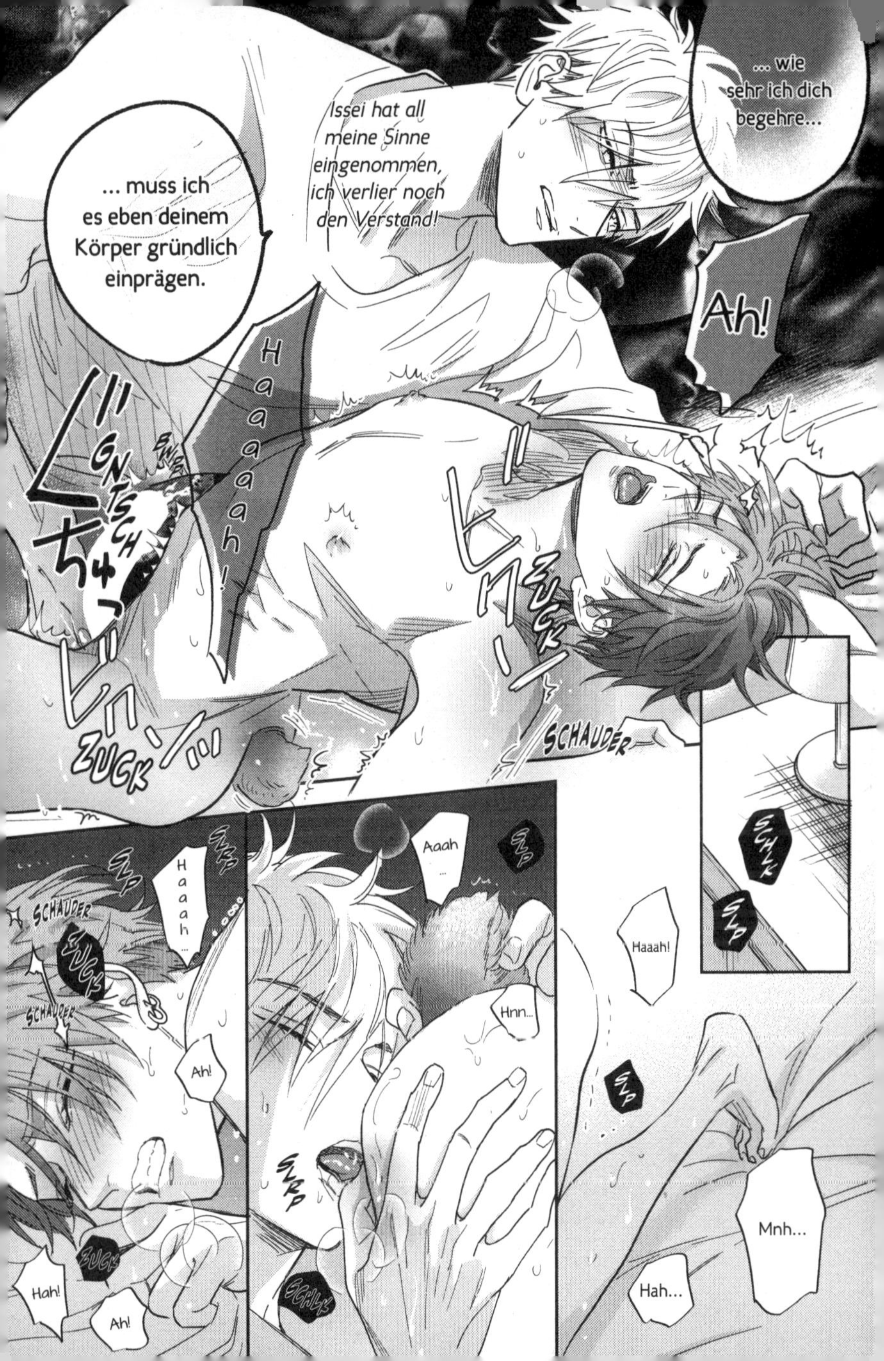
... wie sehr ich dich begehre...
Issei hat all meine Sinne eingenommen, ich verlier noch den Verstand!
... muss ich es eben deinem Körper gründlich einprägen.
Ah!
Haaaaaaaah!
GNTSCH
ZUCK
SCHAUDER
ZUCK
SCHLK
SLP
Haaah!
SLP
Mnh...
Hah...
Aaah ...
SLP
Hnn...
SLRP
SCHLK
SLRP
SLP
Haaaah ...
SCHAUDER
ZUCK
SCHAUDER
Ah!
ZUCK
Hah!
Ah!

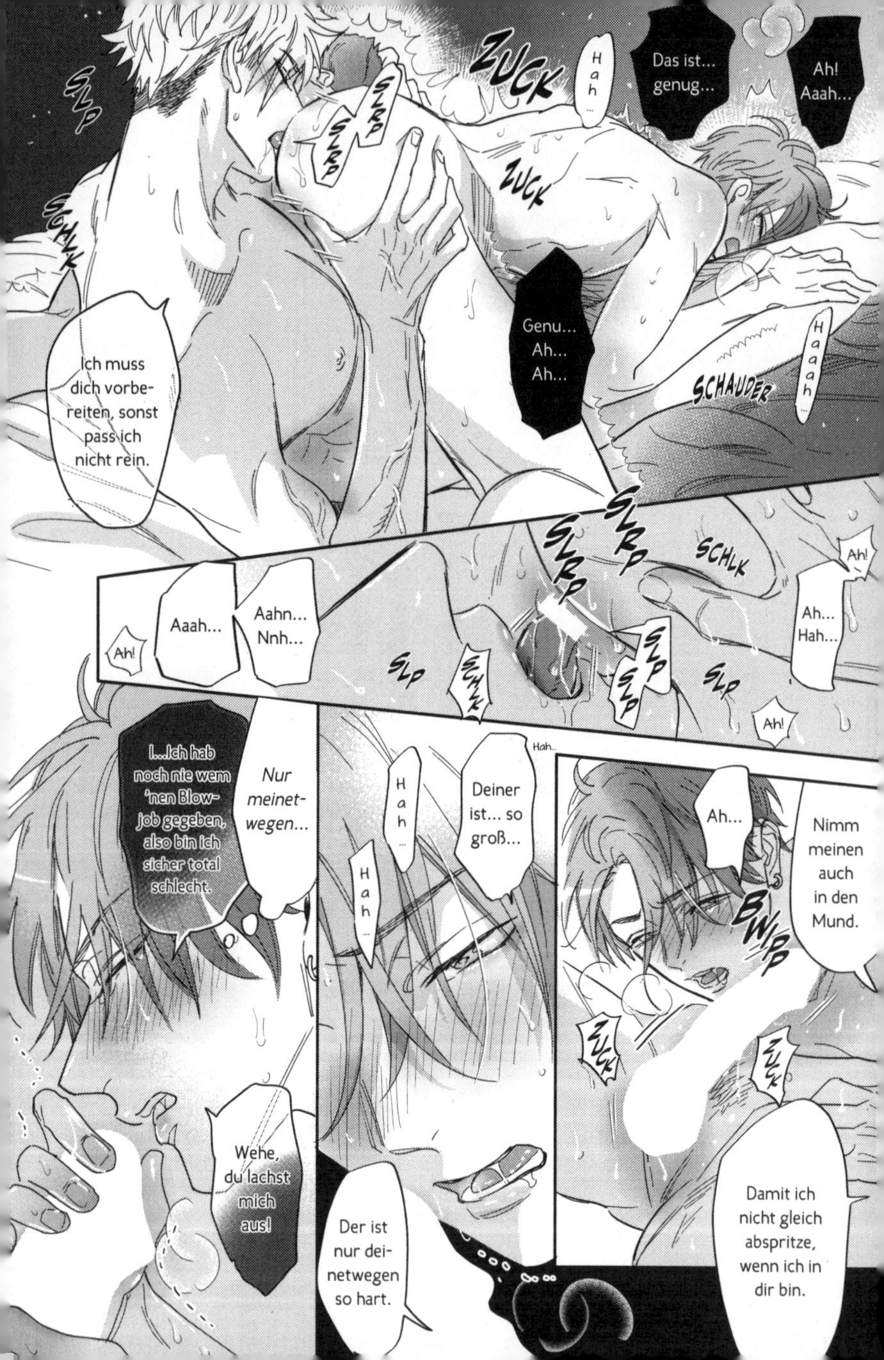
Ah! Aaah…
Das ist… genug…
Hah…
ZUCK
SLRP
SLRP
SLP
ZUCK
SCHLK
Genu… Ah… Ah…
Haaaah…
SCHAUDER
Ich muss dich vorbereiten, sonst pass ich nicht rein.
SLRP
SLRP
SCHLK
Ah!
Ah… Hah…
SLP
SLP
SLP
SCHLK
SLP
Ah!
Aahn… Nnh…
Aaah…
Ah!
Nimm meinen auch in den Mund.
Ah…
BWIPP
ZUCK
ZUCK
Damit ich nicht gleich abspritze, wenn ich in dir bin.
Hah…
Deiner ist… so groß…
Hah…
Hah…
Der ist nur deinetwegen so hart.
Nur meinetwegen…
I…Ich hab noch nie wem 'nen Blowjob gegeben, also bin ich sicher total schlecht.
Wehe, du lachst mich aus!

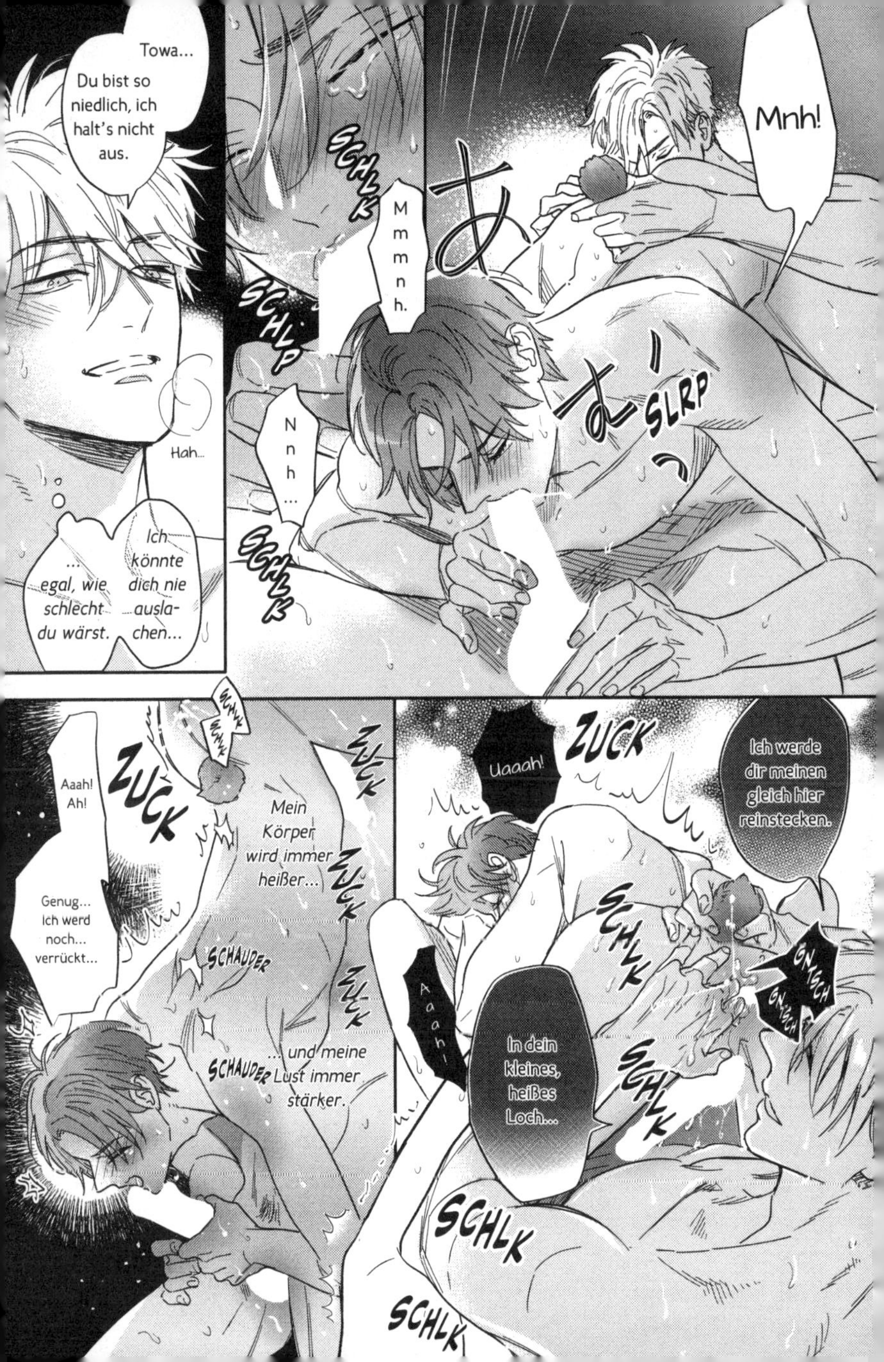
Mnh!
SCHLK
Mmmnh.
SCHLP
SLRP
Nnh...
SCHLK
Towa... Du bist so niedlich, ich halt's nicht aus.
Hah...
Ich könnte dich nie auslachen...
... egal, wie schlecht du wärst.
Ich werde dir meinen gleich hier reinstecken.
ZUCK
Uaaah!
SCHLK
GNTSCH GNTSCH
Aaah!
In dein kleines, heißes Loch...
SCHLK
SCHLK
SCHLK
SCHLK SCHLK
ZUCK
Aaah! Ah!
ZUCK
Mein Körper wird immer heißer...
ZUCK
Genug... Ich werd noch... verrückt...
SCHAUDER
ZUCK
... und meine Lust immer stärker.
SCHAUDER

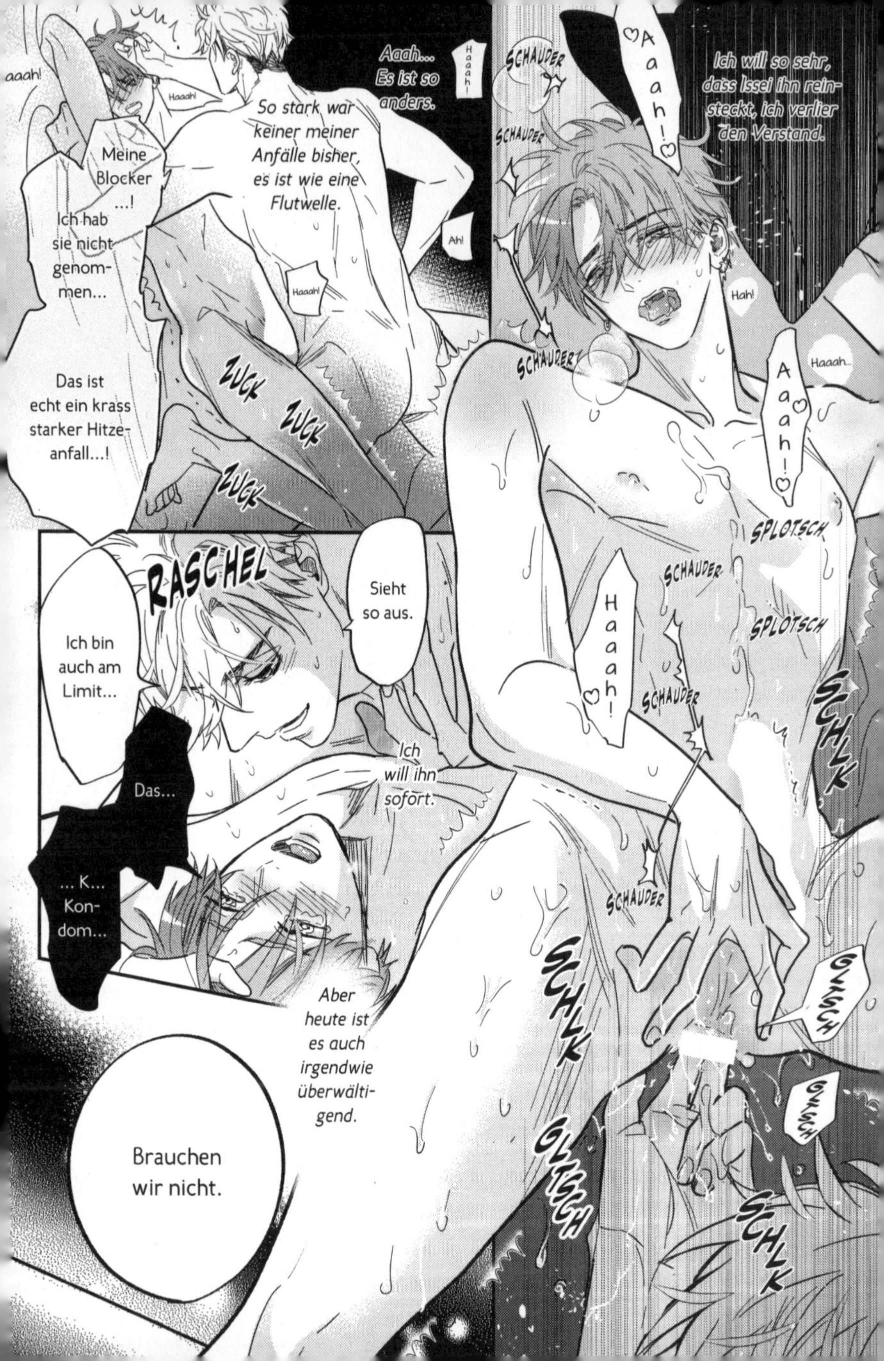

Ich will so sehr, dass Issei ihn reinsteckt, ich verlier den Verstand.
Aaah!
SCHAUDER
SCHAUDER
SCHAUDER!
Hah!
Haaah...
Aaah!
SPLOTSCH
SCHAUDER
SPLOTSCH
Haaah!
SCHAUDER
SCHLK
SCHAUDER
GLITSCH
GLITSCH
SCHLK
GLITSCH
SCHLK
Haaah!
Aaah... Es ist so anders.
So stark war keiner meiner Anfälle bisher, es ist wie eine Flutwelle.
Ah!
Haaah!
Haaah!
aaah!
Meine Blocker ...!
Ich hab sie nicht genommen...
Das ist echt ein krass starker Hitzeanfall...!
ZUCK
ZUCK
ZUCK
RASCHEL
Sieht so aus.
Ich bin auch am Limit...
Ich will ihn sofort.
Das...
... K... Kondom...
Aber heute ist es auch irgendwie überwältigend.
Brauchen wir nicht.

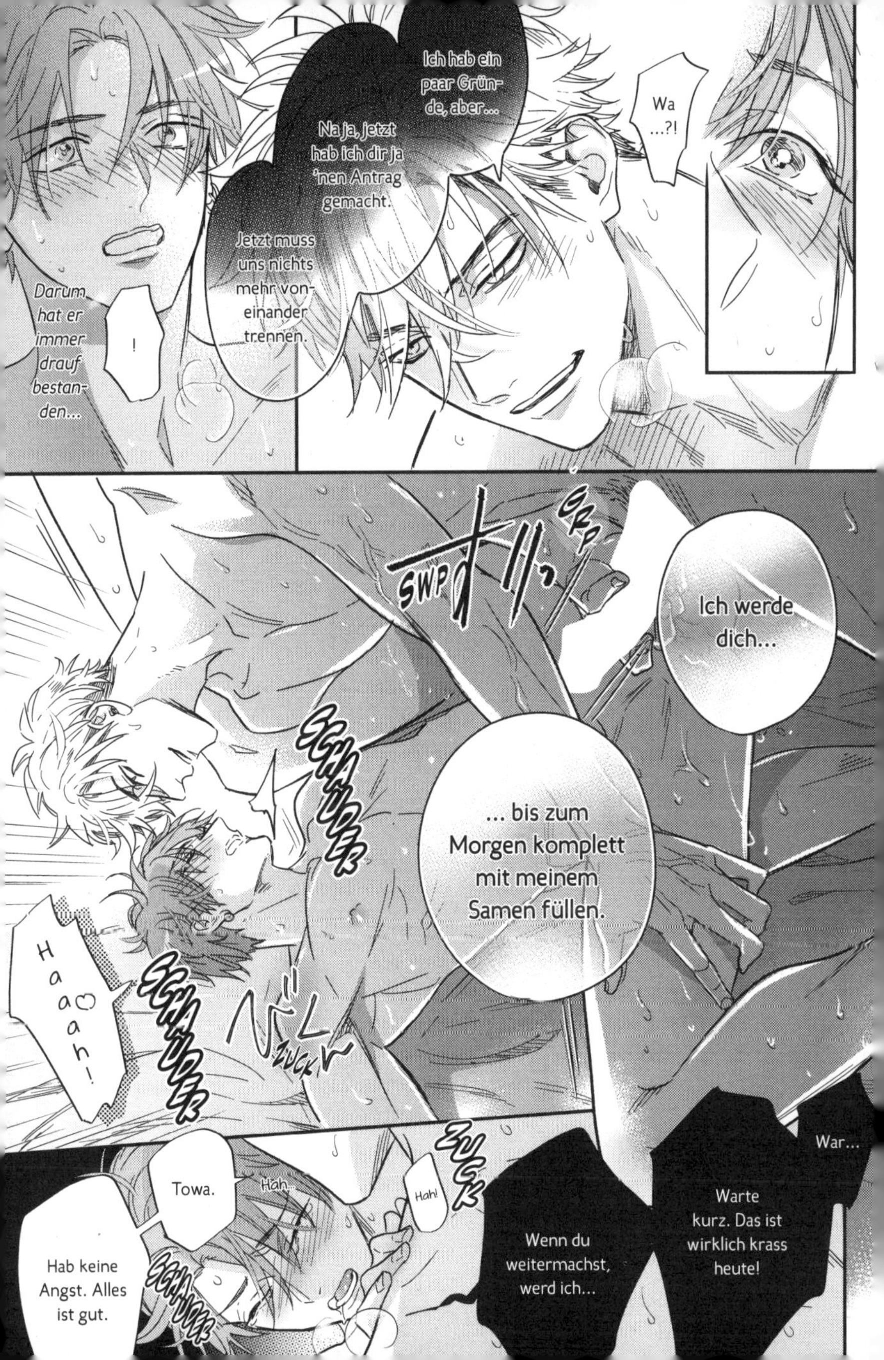
Wa ...?!
Ich hab ein paar Gründe, aber...
Na ja, jetzt hab ich dir ja 'nen Antrag gemacht.
Jetzt muss uns nichts mehr voneinander trennen.
!
Darum hat er immer drauf bestanden...
GRP
SWP
Ich werde dich...
... bis zum Morgen komplett mit meinem Samen füllen.
SCHAUDER
SCHAUDER
ZUCK
Haaah!
War...
Warte kurz. Das ist wirklich krass heute!
Wenn du weitermachst, werd ich...
ZUCK
Hah!
Hah...
Towa.
Hab keine Angst. Alles ist gut.
SCHAUDER

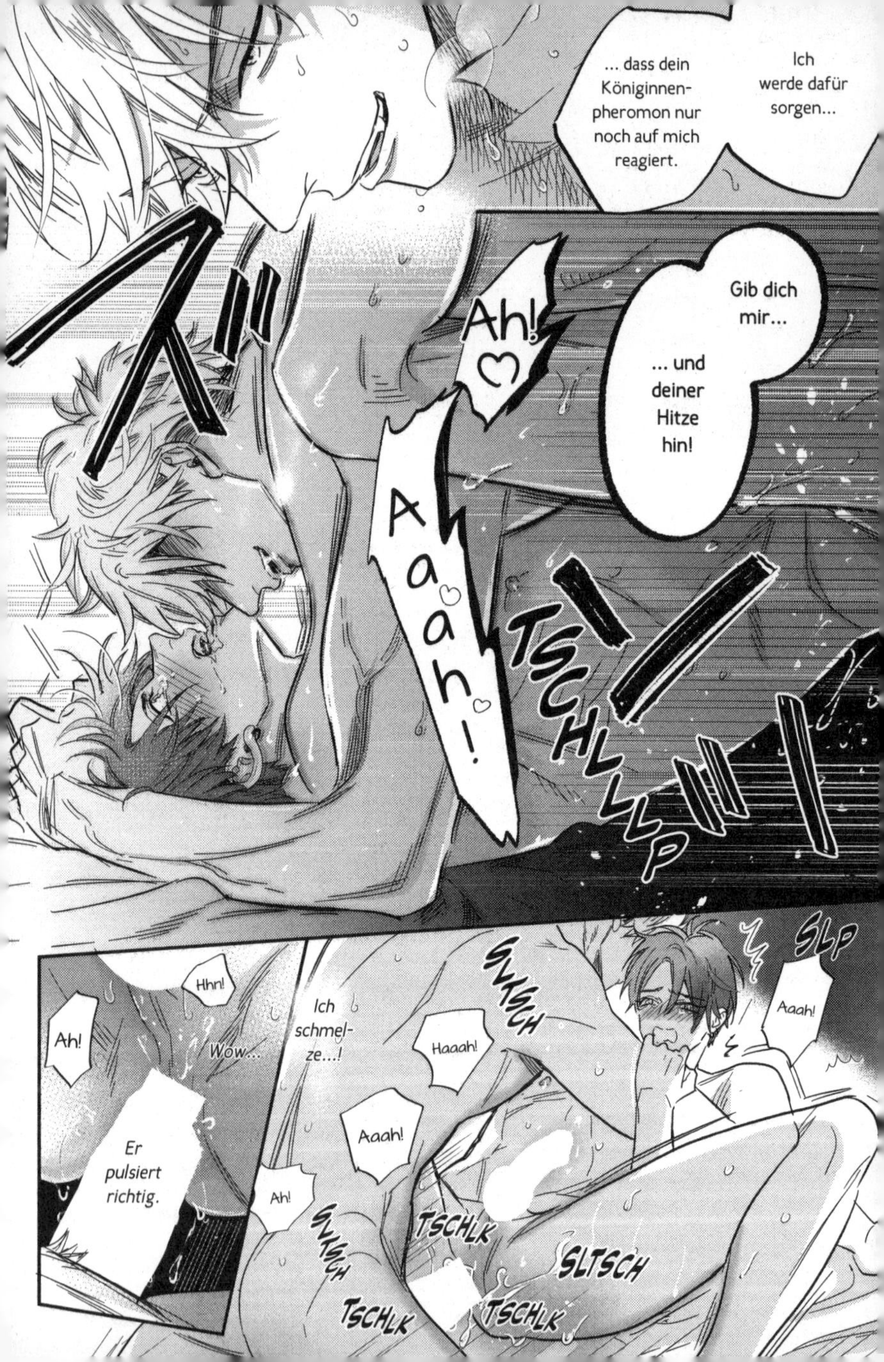
Ich werde dafür sorgen...
... dass dein Königinnen-pheromon nur noch auf mich reagiert.
Gib dich mir...
... und deiner Hitze hin!
Ah! ♡
Aaaah!
TSCHLLLP
SLP
Aaah!
SLTSCH
Haaah!
Ich schmel-ze...!
Wow...
Hhn!
Ah!
Aaah!
Er pulsiert richtig.
Ah!
SLTSCH
TSCHLK
SLTSCH
TSCHLK
TSCHLK

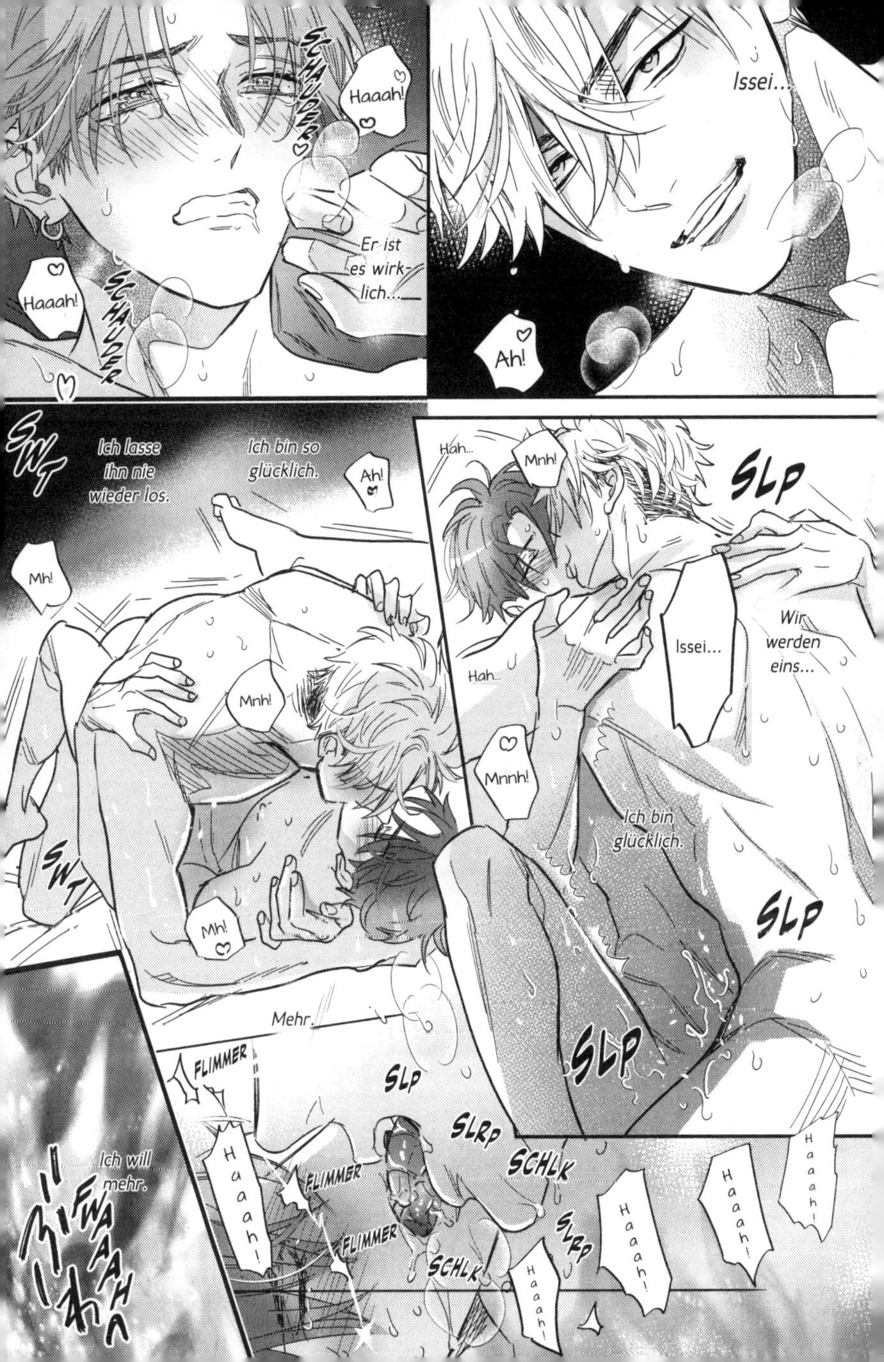

Issei...
Ah!
Haaah!
SCHAUDER
Er ist es wirklich...
Haaah!
SCHAUDER
Hah...
Mnh!
SLP
Issei...
Wir werden eins...
Hah...
Mnnh!
Ich bin glücklich.
SLP
SLP
Ich bin so glücklich.
Ah!
Ich lasse ihn nie wieder los.
SWT
Mh!
Mnh!
SWT
Mh!
Mehr.
Haaah!
Haaah!
Haaah!
Haaah!
SLRP
SCHLK
SLRP
SCHLK
SLP
FLIMMER
FLIMMER
FLIMMER
Haaah!
Ich will mehr.

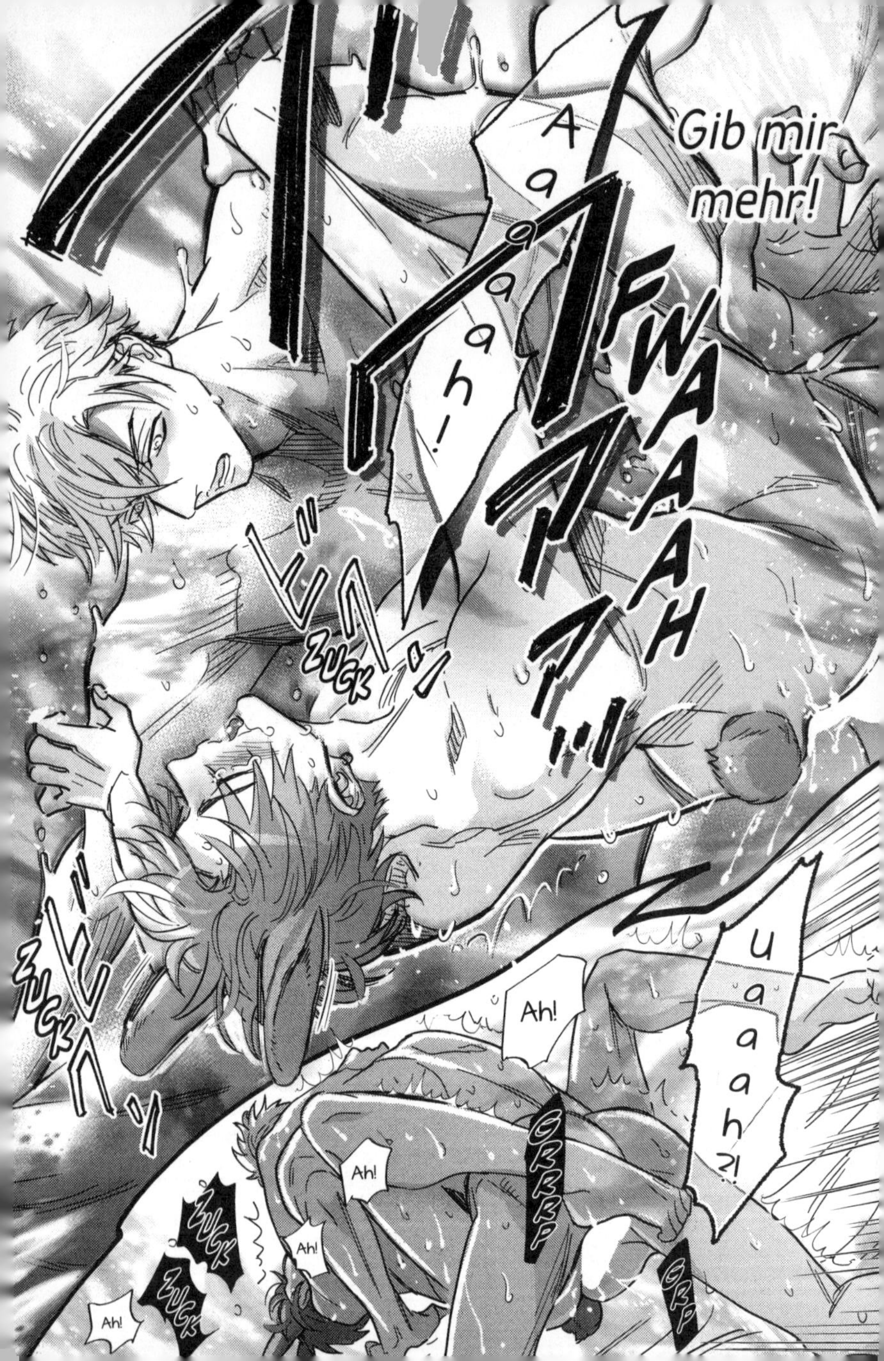
Gib mir mehr!
Aaaaah!
FWAAAH
ZUCK
ZUCK
Uaaaah?!
Ah!
Ah!
Ah!
ZUCK
ZUCK
Ah!

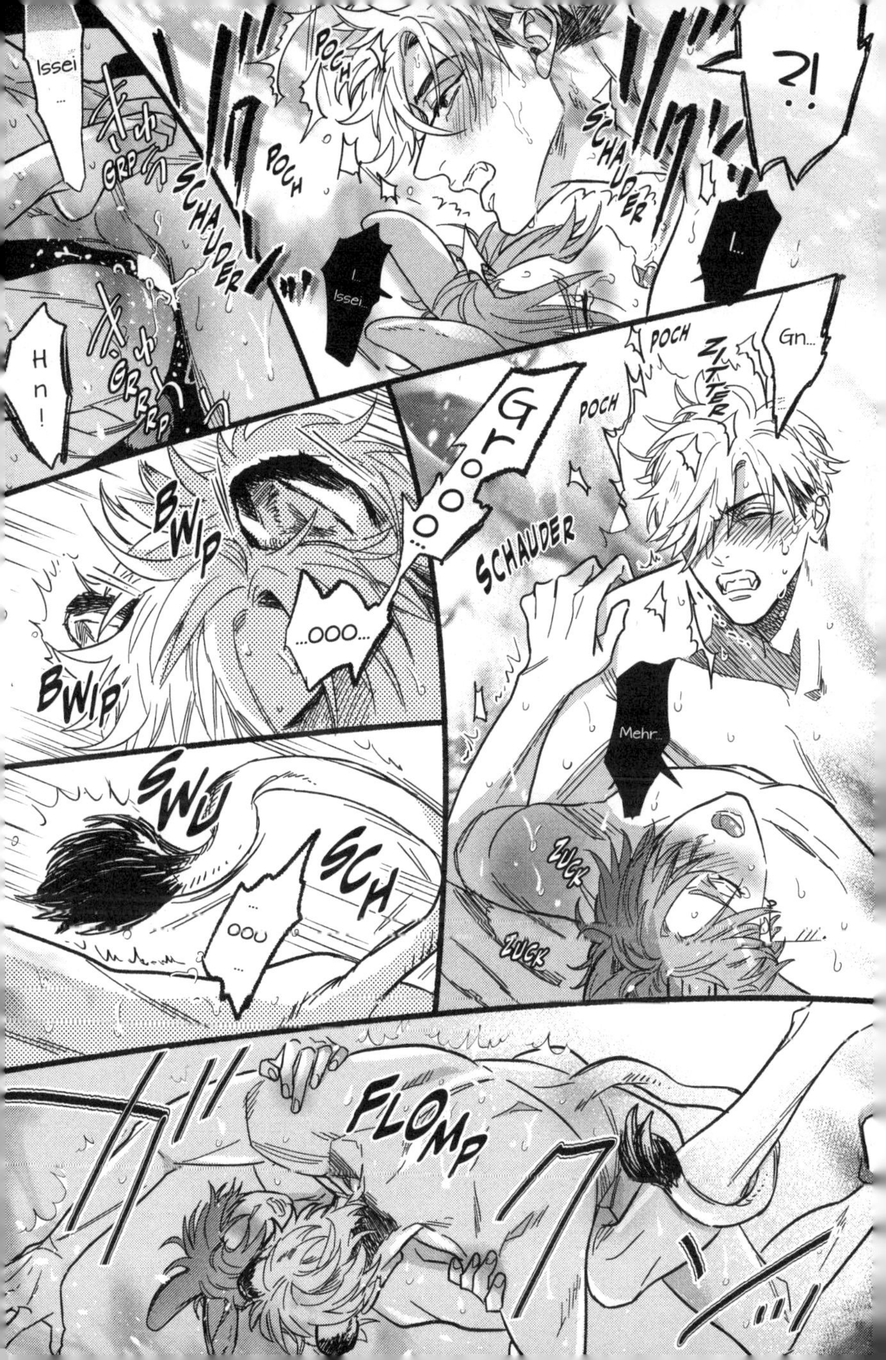
?!
SCHAUDER
I…
POCH
POCH
I… Issei…
SCHAUDER
Issei …
GRP
GRRRP
Hn!
Gn…
POCH
ZITTER
POCH
SCHAUDER
Mehr…
ZUCK
ZUCK
Grooo…
…OOO…
BWIP
BWIP
SWUSCH
… OOU …
FLOMP

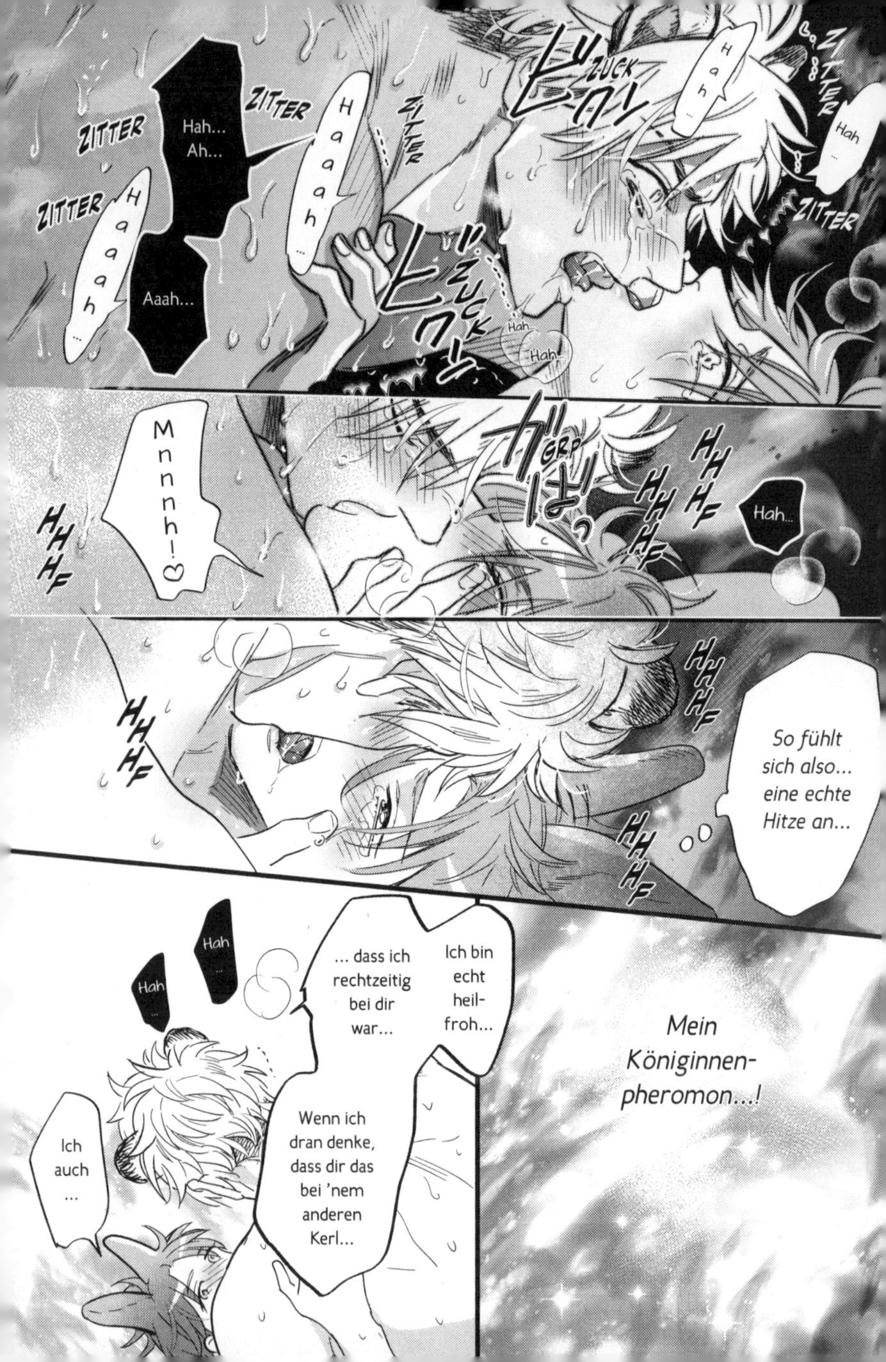
ZITTER
Hah...
ZUCK
Hah...
ZITTER
ZITTER
Haaaah...
ZITTER
Hah...
Ah...
ZITTER
Haaaah...
ZITTER
Aaah...
ZUCK
Hah...
Hah...
HHHF
Hah...
GRP
HHHF
Mnnnh!♡
HHHF
HHHF
So fühlt sich also... eine echte Hitze an...
HHHF
HHHF
Mein Königinnen-pheromon...!
Ich bin echt heil-froh...
... dass ich rechtzeitig bei dir war...
Hah...
Hah...
Wenn ich dran denke, dass dir das bei 'nem anderen Kerl...
Ich auch ...

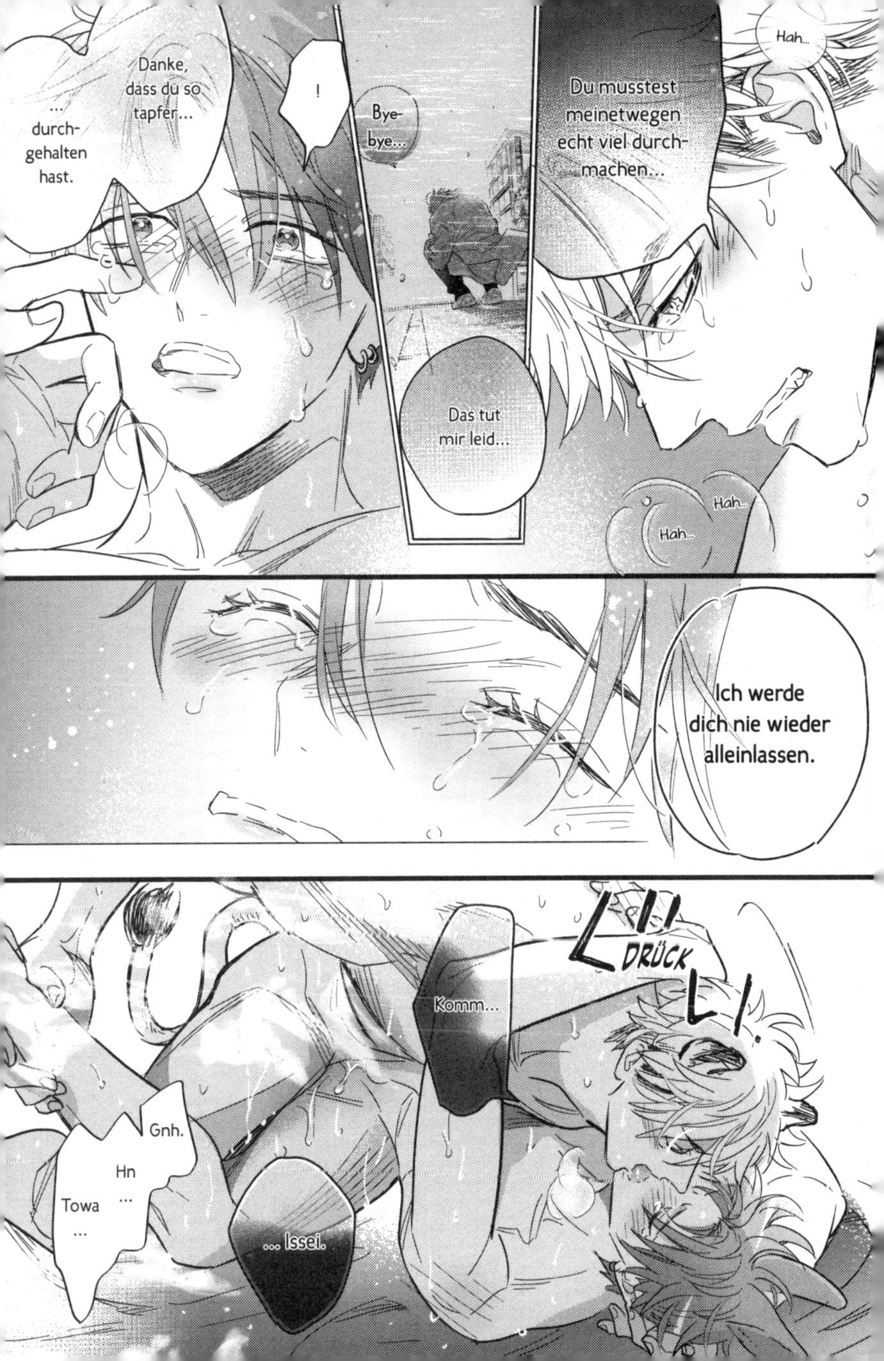
Hah...
Du musstest meinetwegen echt viel durchmachen...
Bye-bye...
!
Danke, dass du so tapfer...
... durchgehalten hast.
Das tut mir leid...
Hah...
Hah...
Ich werde dich nie wieder alleinlassen.
DRÜCK
Komm...
... Issei.
Gnh.
Hn ...
Towa ...

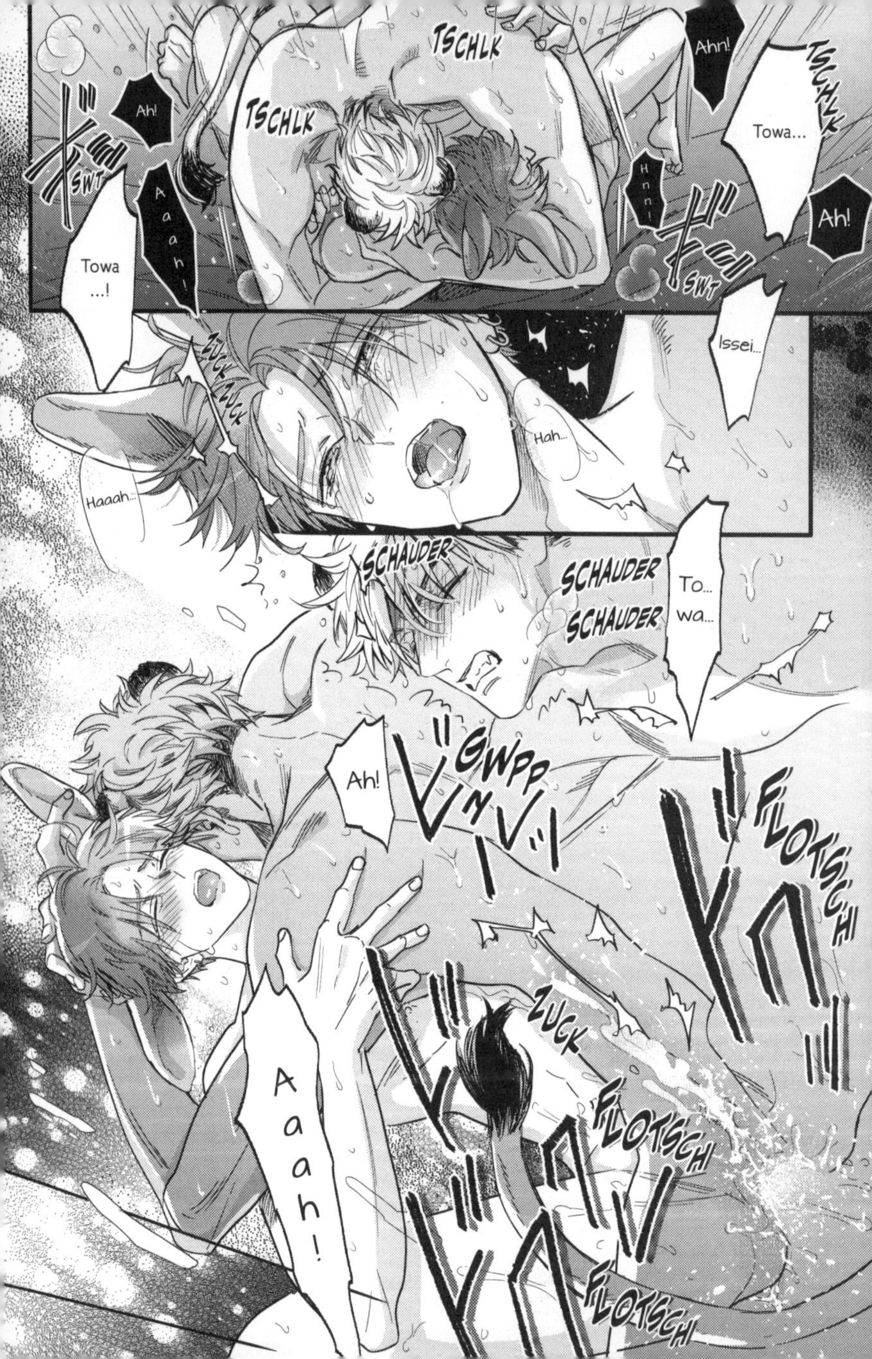
Ahn!
TSCHLK
Towa...
Ah!
Hnn!
SWT
TSCHLK
Ah!
SWT
Aaaah!
Towa ...!
Issei...
Hah...
ZUCK ZUCK
Haaah...
To... wa...
SCHAUDER SCHAUDER
SCHAUDER
FLOTSCH
GWPP
Ah!
ZUCK
FLOTSCH
FLOTSCH
Aaaah!

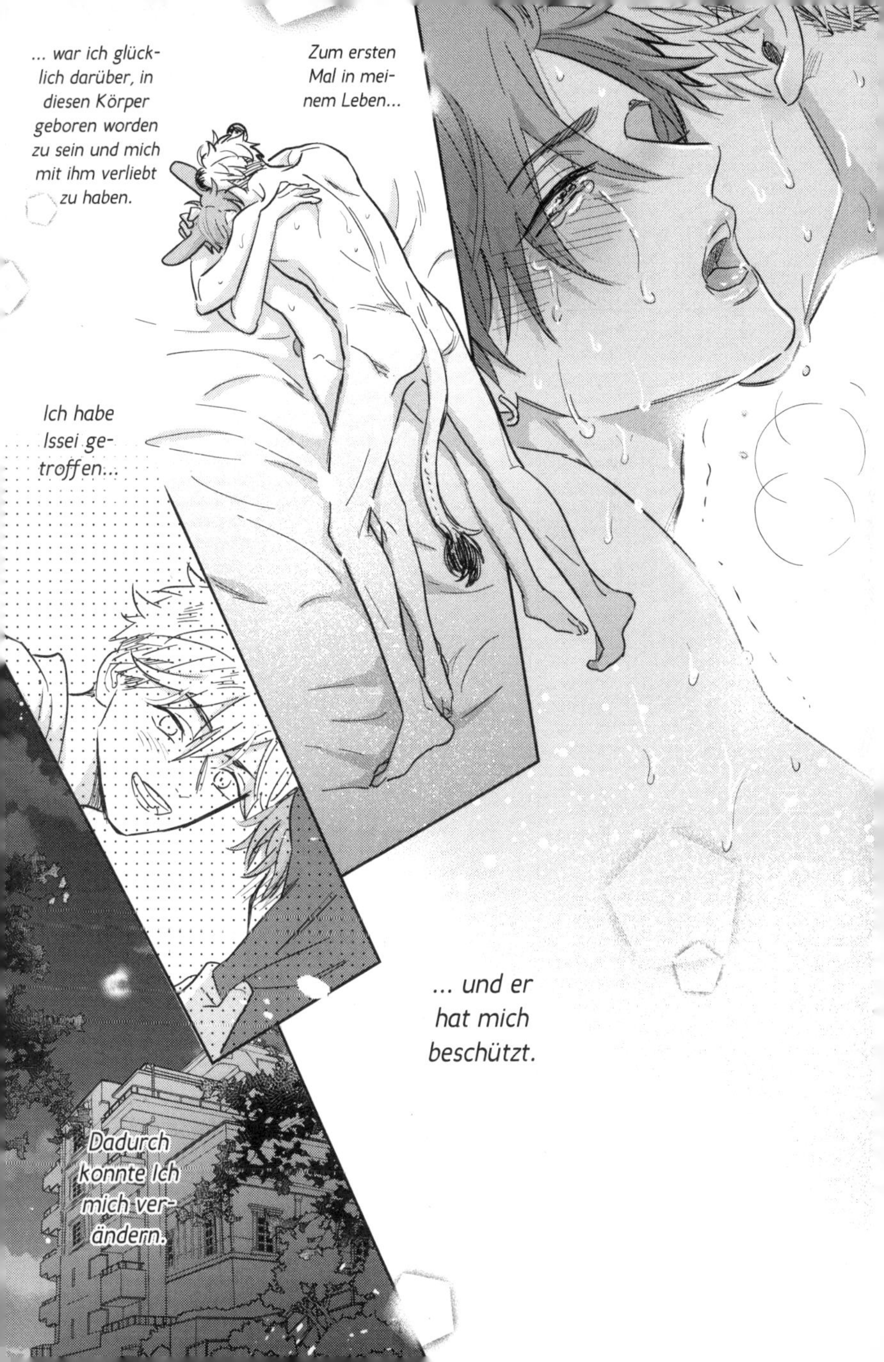
Zum ersten Mal in meinem Leben...
... war ich glücklich darüber, in diesen Körper geboren worden zu sein und mich mit ihm verliebt zu haben.
Ich habe Issei getroffen...
... und er hat mich beschützt.
Dadurch konnte Ich mich verändern.

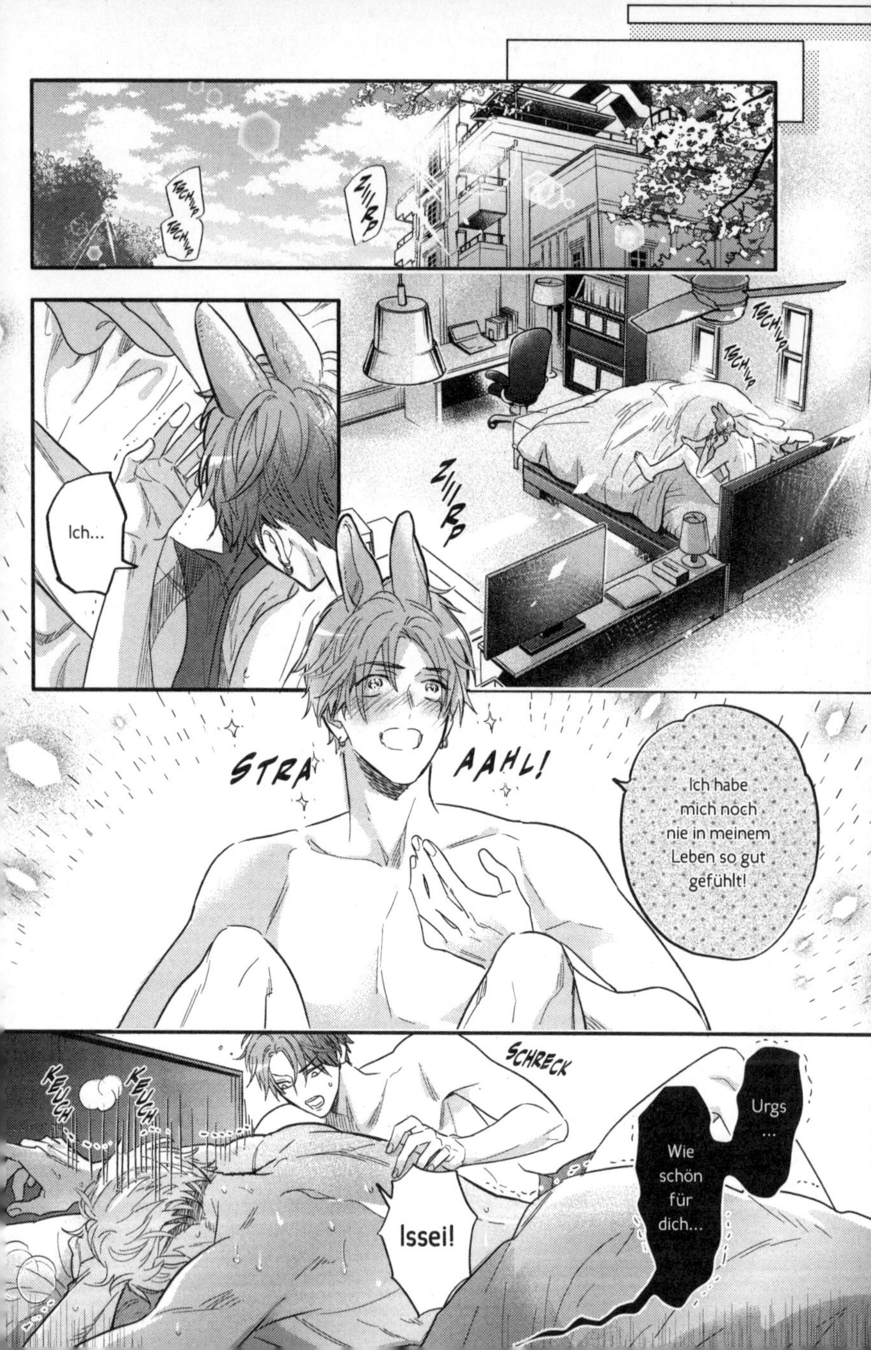
ZIIIRP
TSCHIVP
TSCHIVP
TSCHIVP
TSCHIVP
ZIIIRP
Ich...
STRA AAHL!
Ich habe mich noch nie in meinem Leben so gut gefühlt!
SCHRECK
KEUCH
KEUCH
Issei!
Urgs ...
Wie schön für dich...

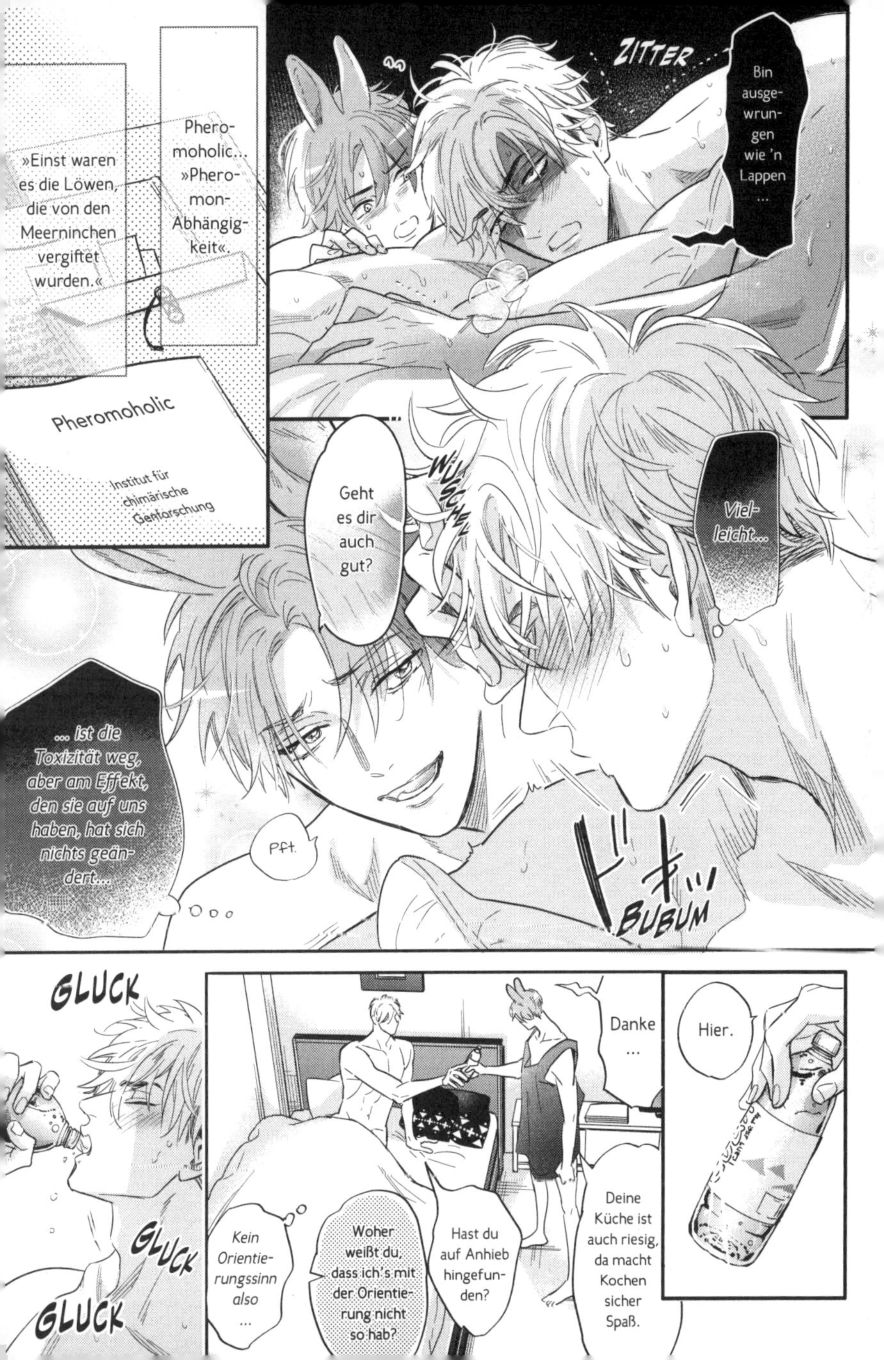

ZITTER
Bin ausgewrungen wie 'n Lappen …
Pheromoholic… »Pheromon-Abhängigkeit«.
»Einst waren es die Löwen, die von den Meerninchen vergiftet wurden.«
Pheromoholic
Institut für chimärische Genforschung
Vielleicht…
WUSCHEL
Geht es dir auch gut?
… ist die Toxizität weg, aber am Effekt, den sie auf uns haben, hat sich nichts geändert…
Pft.
BUBUM
Hier.
Danke …
Deine Küche ist auch riesig, da macht Kochen sicher Spaß.
Hast du auf Anhieb hingefunden?
Woher weißt du, dass ich's mit der Orientierung nicht so hab?
Kein Orientierungssinn also …
GLUCK
GLUCK
GLUCK

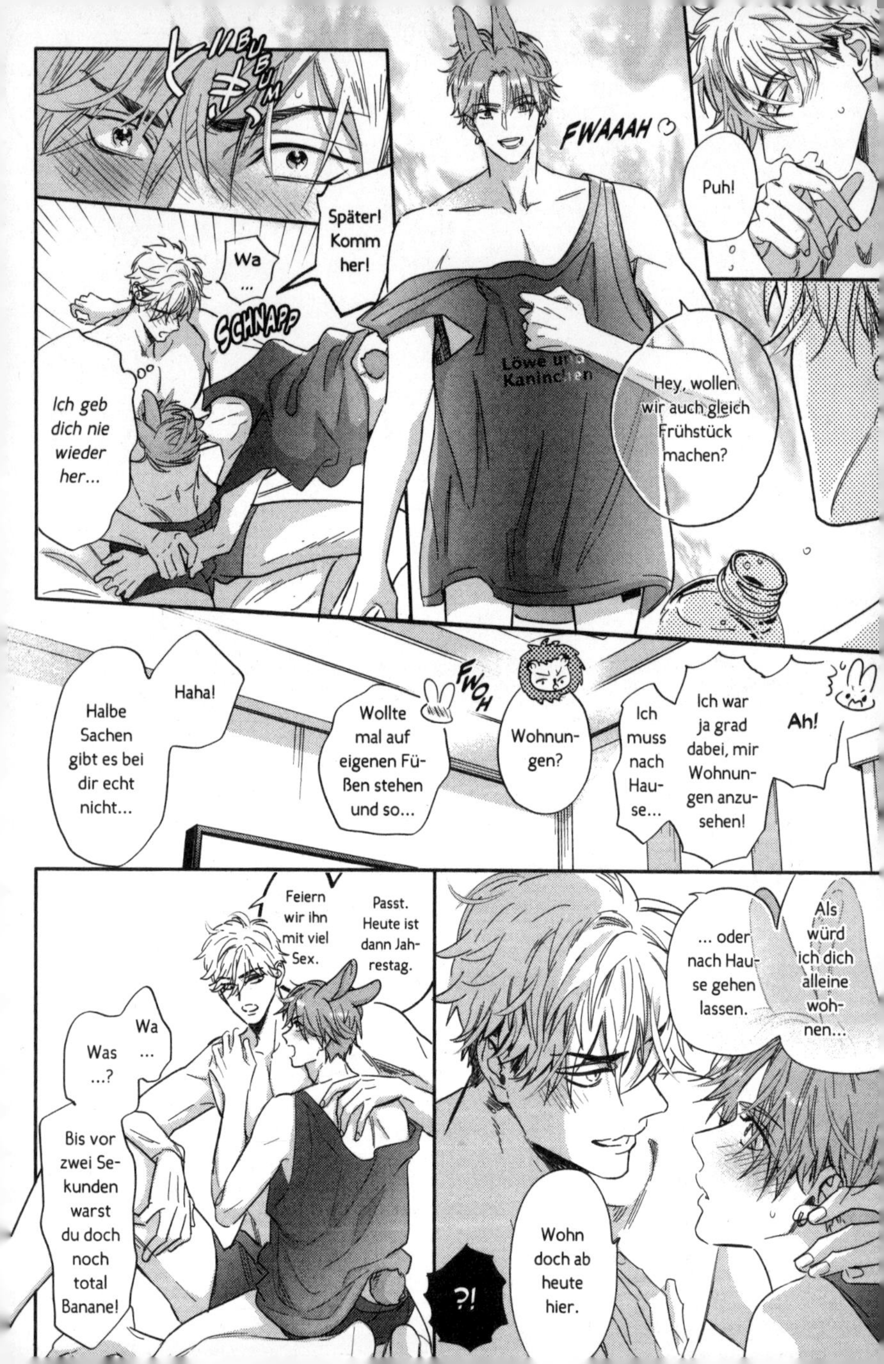

Puh!
FWAAAH
Hey, wollen wir auch gleich Frühstück machen?
Löwe und Kaninchen
BUBUMM
Später! Komm her!
Wa ...
SCHNAPP
Ich geb dich nie wieder her...
Ah!
Ich war ja grad dabei, mir Wohnungen anzusehen!
Ich muss nach Hause...
Wohnungen?
FWOH
Wollte mal auf eigenen Füßen stehen und so...
Haha!
Halbe Sachen gibt es bei dir echt nicht...
Als würd ich dich alleine wohnen...
... oder nach Hause gehen lassen.
Wohn doch ab heute hier.
?!
Passt. Heute ist dann Jahrestag.
Feiern wir ihn mit viel Sex.
Wa ...
Was ...?
Bis vor zwei Sekunden warst du doch noch total Banane!

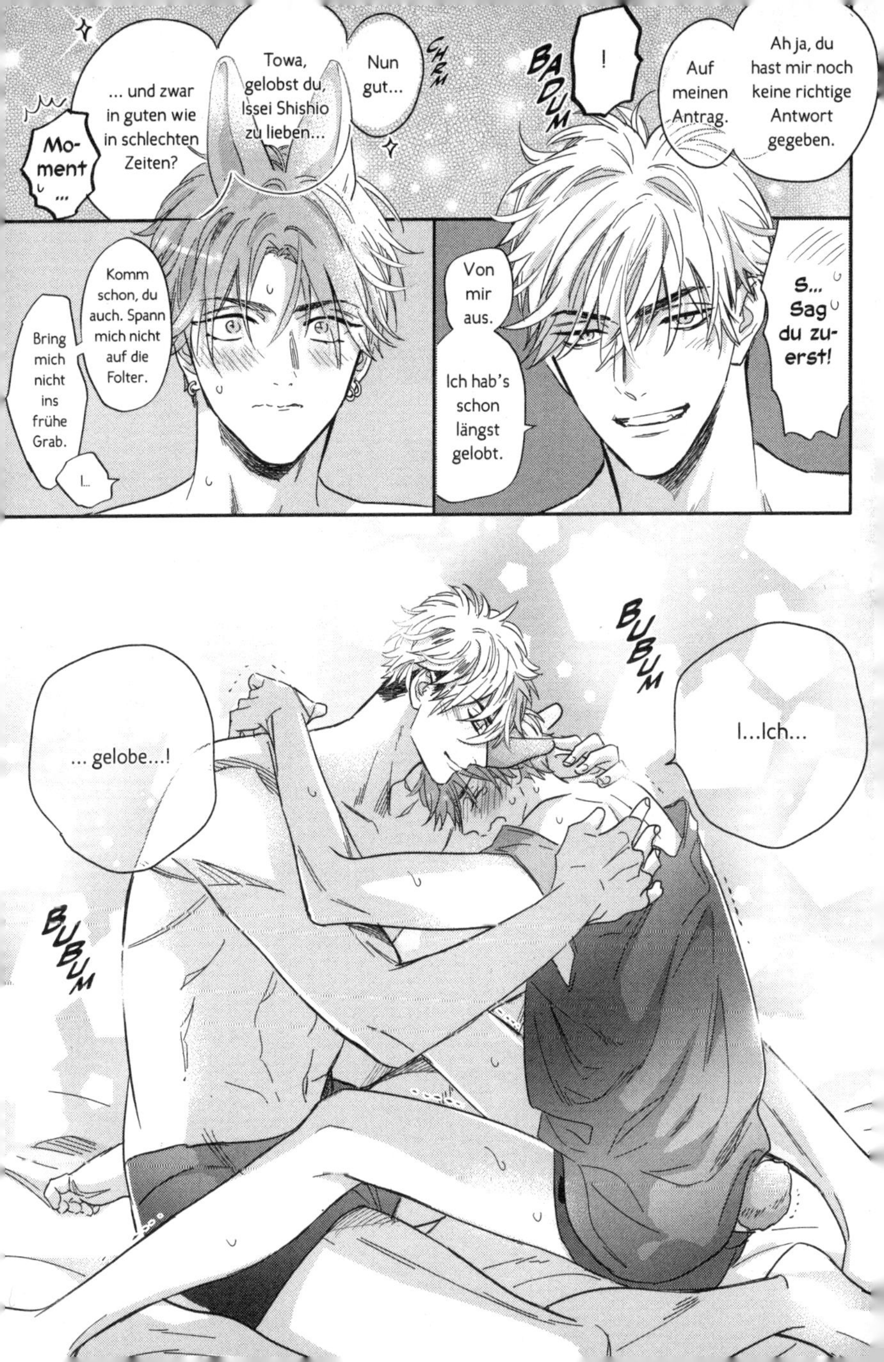
Ah ja, du hast mir noch keine richtige Antwort gegeben.
Auf meinen Antrag.
!
BADUM
CHRM
Nun gut...
Towa, gelobst du, Issei Shishio zu lieben...
... und zwar in guten wie in schlechten Zeiten?
Moment ...
S... Sag du zuerst!
Von mir aus.
Ich hab's schon längst gelobt.
Komm schon, du auch. Spann mich nicht auf die Folter.
Bring mich nicht ins frühe Grab.
I...
BUBUM
I...Ich...
... gelobe...!
BUBUM

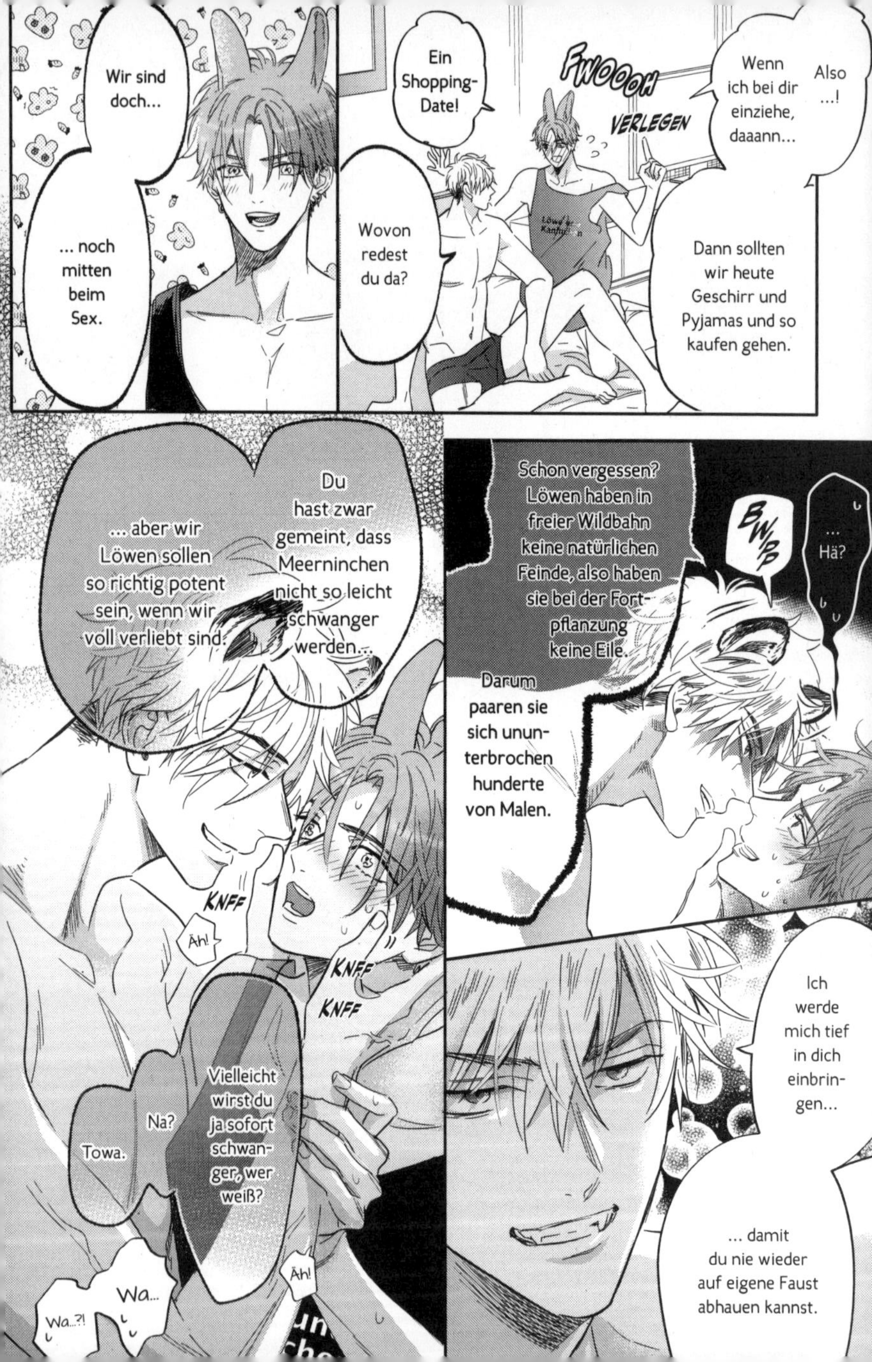

Also ...!
Wenn ich bei dir einziehe, daaann...
FWOOOH
VERLEGEN
Ein Shopping-Date!
Dann sollten wir heute Geschirr und Pyjamas und so kaufen gehen.
Wovon redest du da?
Wir sind doch...
... noch mitten beim Sex.
... Hä?
BWP
Schon vergessen? Löwen haben in freier Wildbahn keine natürlichen Feinde, also haben sie bei der Fortpflanzung keine Eile.
Darum paaren sie sich ununterbrochen hunderte von Malen.
Du hast zwar gemeint, dass Meerninchen nicht so leicht schwanger werden...
... aber wir Löwen sollen so richtig potent sein, wenn wir voll verliebt sind.
KNFF
Äh!
KNFF
KNFF
Vielleicht wirst du ja sofort schwanger, wer weiß?
Na?
Towa.
Äh!
Wa...
Wa...?!
Ich werde mich tief in dich einbringen...
... damit du nie wieder auf eigene Faust abhauen kannst.

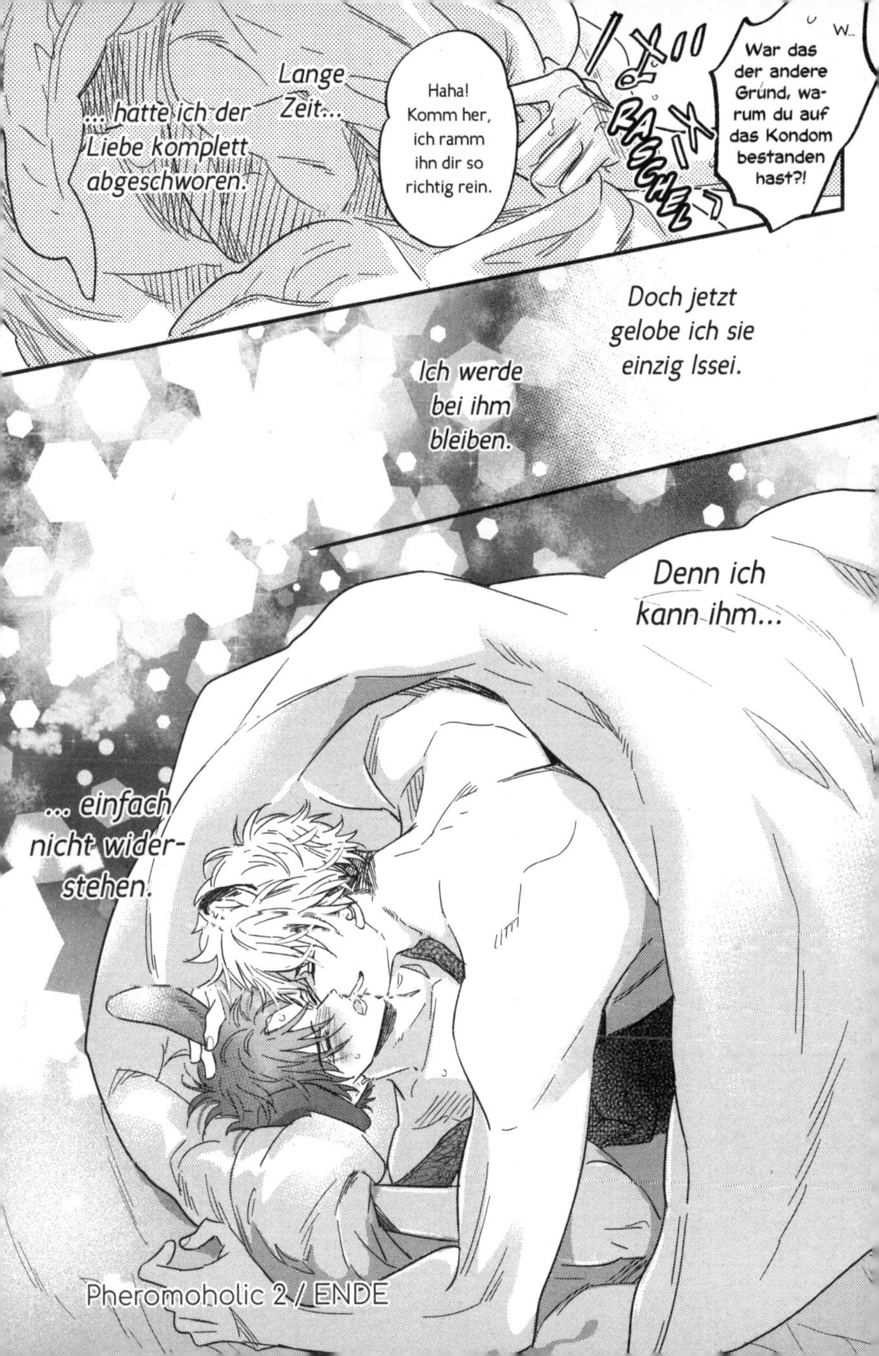
W...
War das der andere Grund, warum du auf das Kondom bestanden hast?!
RASCHEL
Haha! Komm her, ich ramm ihn dir so richtig rein.
Lange Zeit...
... hatte ich der Liebe komplett abgeschworen.
Doch jetzt gelobe ich sie einzig Issei.
Ich werde bei ihm bleiben.
Denn ich kann ihm...
... einfach nicht widerstehen.
Pheromoholic 2 / ENDE

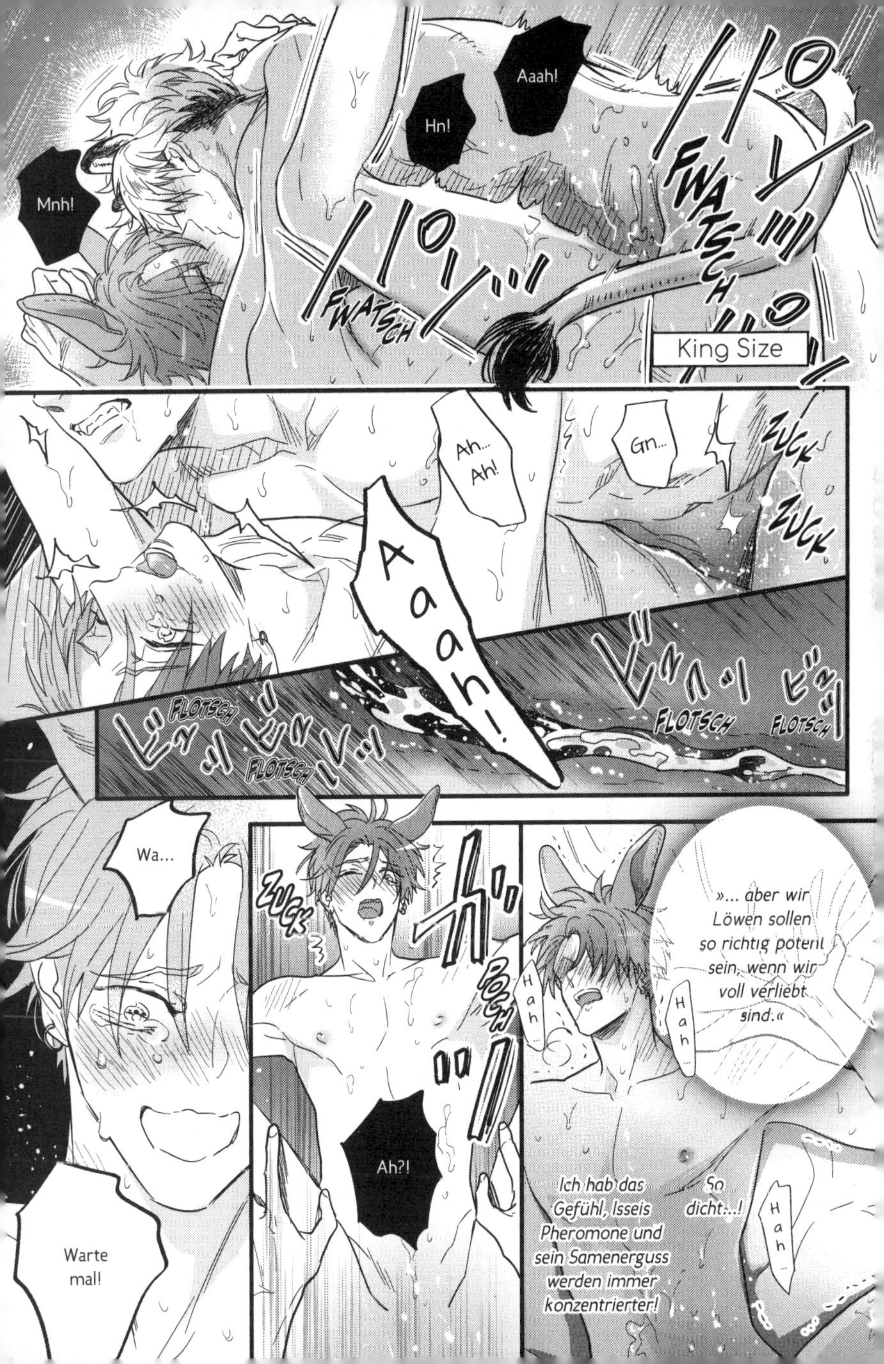
FWATSCH
Aaah!
Hn!
FWATSCH
Mnh!
King Size
ZUCK
ZUCK
Gn...
Ah... Ah!
Aaaah!
FLOTSCH
FLOTSCH
FLOTSCH
FLOTSCH
»... aber wir Löwen sollen so richtig potent sein, wenn wir voll verliebt sind.«
Hah...
Hah...
So dicht...!
Hah...
Ich hab das Gefühl, Isseis Pheromone und sein Samenerguss werden immer konzentrierter!
POCH
ZUCK
Ah?!
Wa...
Warte mal!

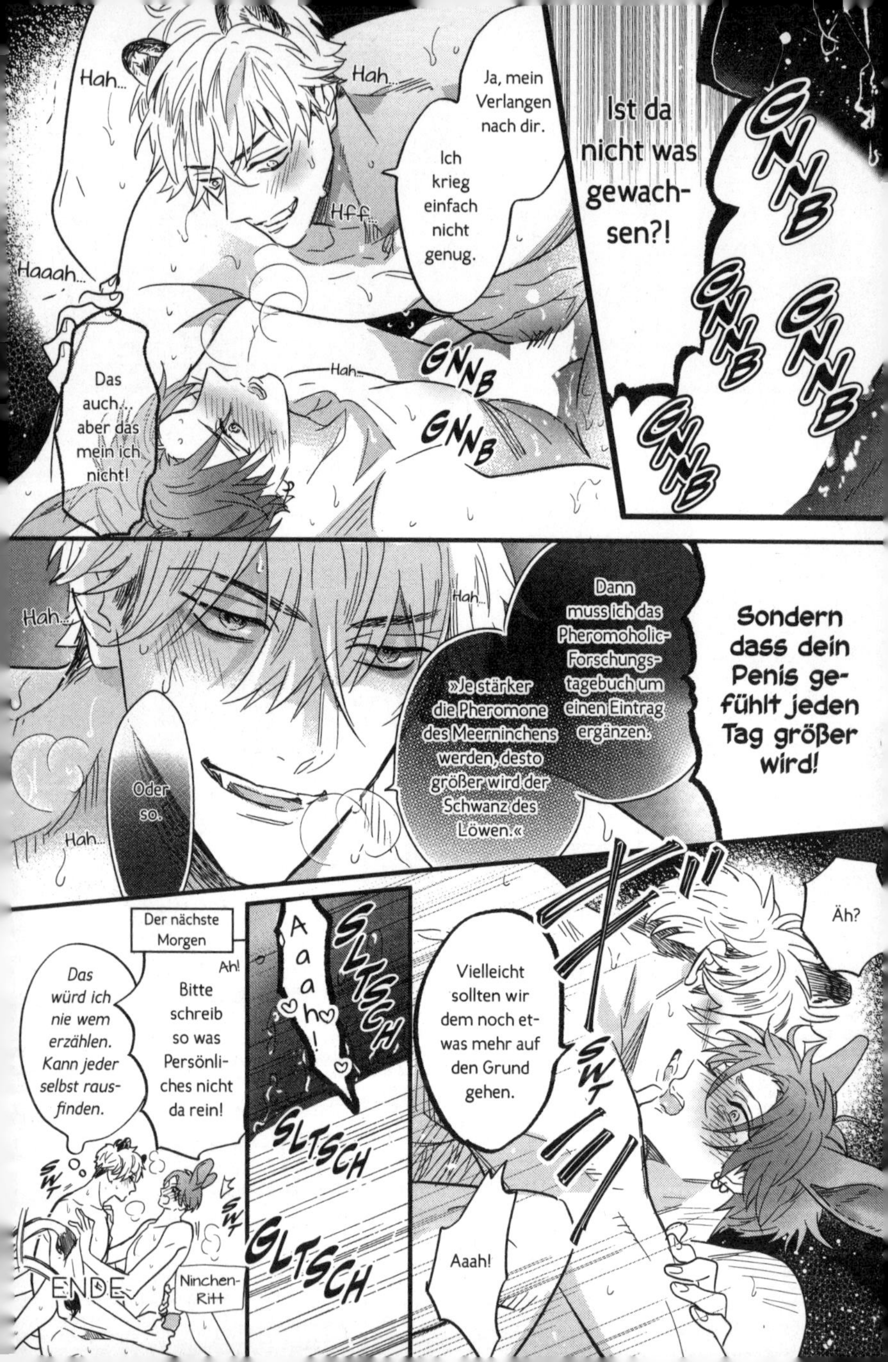
Ist da nicht was gewach-sen?!
GNNB GNNB GNNB GNNB
Ja, mein Verlangen nach dir.
Ich krieg einfach nicht genug.
Hah...
Hff...
Hah...
Haaah...
Das auch... aber das mein ich nicht!
GNNB GNNB
Hah...
Sondern dass dein Penis ge-fühlt jeden Tag größer wird!
Dann muss ich das Pheromoholic-Forschungs-tagebuch um einen Eintrag ergänzen.
»Je stärker die Pheromone des Meerninchens werden, desto größer wird der Schwanz des Löwen.«
Hah...
Oder so.
Hah...
Hah...
Äh?
Vielleicht sollten wir dem noch et-was mehr auf den Grund gehen.
SWT
Aaah!
SLTSCH
Aaah!
SLTSCH
GLTSCH
Der nächste Morgen
Ah!
Bitte schreib so was Persönli-ches nicht da rein!
Das würd ich nie wem erzählen. Kann jeder selbst raus-finden.
SWT
SWT
Ninchen-Ritt
ENDE

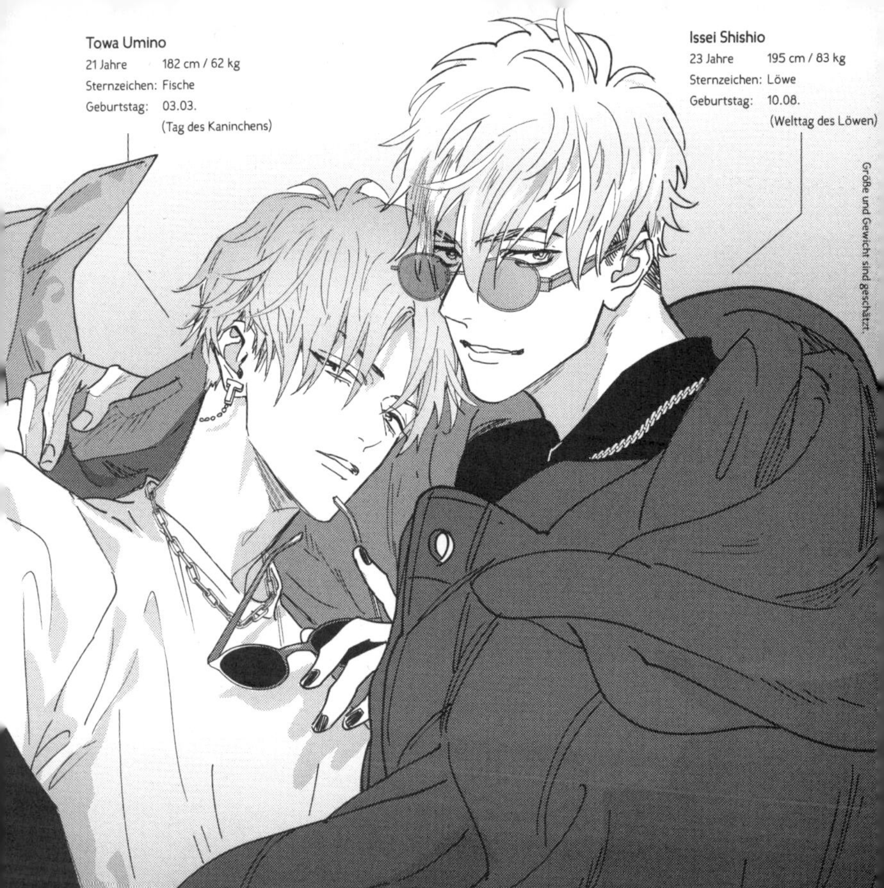

Guten Tag, hier ist Wataru Nagi.
Vielen Dank, dass ihr Band 2 von »Pheromoholic« gelesen habt! Es hat zwei Bände gedauert, aber IseTowa (Isseis und Towas Pärchenname) haben es zu ihrem Happy End geschafft…!

Es ist das erste Mal, dass ich in längerer Form über ein Ship zeichnen konnte, also habe ich mir echt viele Gedanken gemacht und noch tausende Ideen im Kopf, die ich gerne im Manga untergebracht hätte. Zum Beispiel wie IseTowa an einem freien Tag auf ein Date gehen, wie ihr Zusammenleben aussieht, mehr Fakten über Löwen und Kaninchen, noch mehr heißen Morgensex… Ich hatte also noch einen Berg an Ideen. Schlussendlich würde ich mich aber einfach freuen, wenn ihr beim Lesen der Geschichte Spaß hattet.

Ich habe mir auch viel Mühe dabei gegeben, jeden einzelnen Charakter in IseTowas Umfeld mit Liebe zum Detail zu zeichnen und ihnen viel Persönlichkeit und Leben einzuhauchen. Wenn ihr einen davon ins Herz geschlossen habt, wäre ich sehr glücklich.

Ich hoffe, dass wir uns irgendwann wieder in der Welt von »Pheromoholic« treffen!

Wataru Nagi ♡

Besonderer Dank geht an:

Alle Leser*innen! Meinen Redakteur ♡, den Chefredakteur, an alle Vertriebe, die Produktionsleitung, alle Mitarbeiter*innen des Verlags und die Druckerei!
Shima SILO für das Design der Printausgabe! Hachi Inami für das Design der Magazinveröffentlichung!
Alle, die mir beim Manuskript zur Hand gegangen sind:
Hintergründe: S; Rastern & Schwärzen: Minao
Hilfe bei den Hintergründen: Nishi Asai; Flat Coloring, Rastern und Schwärzen: Nakatake

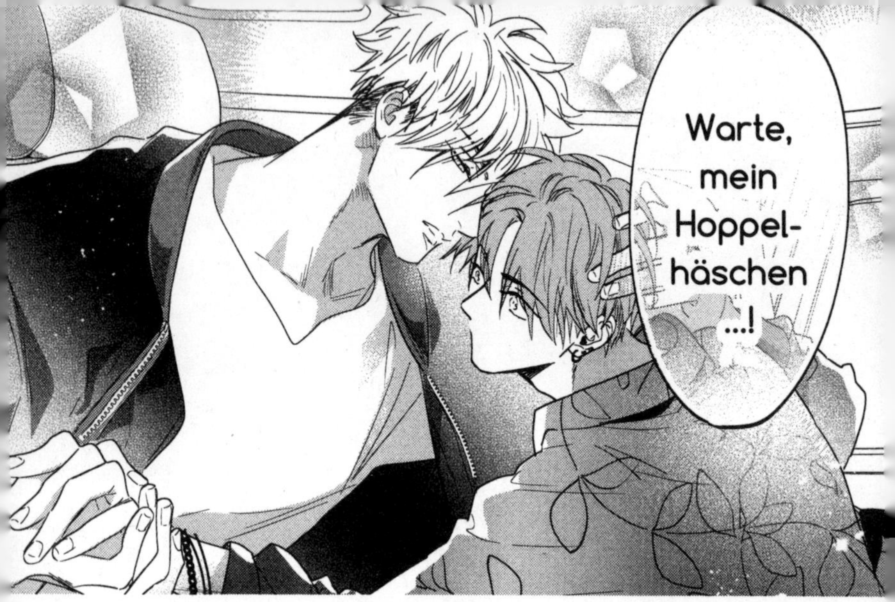

PHEROMO HOLIC ist eine japanische Serie, die originalgetreu von »hinten« nach »vorne« und von rechts nach links gelesen wird! Schlagt das Buch also »hinten« auf und blättert Seite für Seite nach »vorne« weiter! Auch die Bilder und Sprechblasen werden von rechts oben nach links unten gelesen, wie es in der Grafik gezeigt wird! HAYABUSA wünscht gute Unterhaltung!

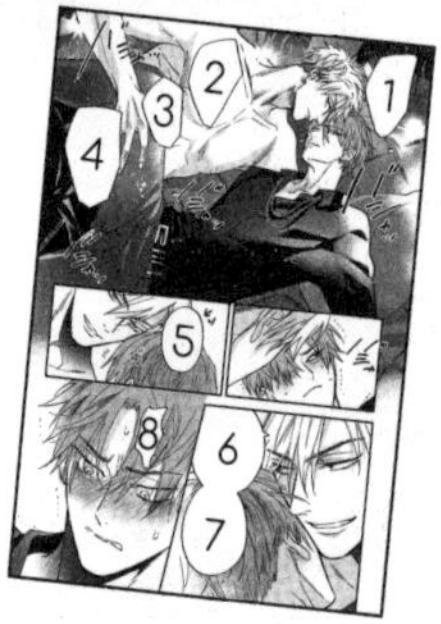

HAYABUSA
Carlsen Verlag GmbH · Hamburg 2023
Aus dem Japanischen von Christina Rinnerthaler
PHEROMO HOLIC vol.2

Originally published in Japan in 2020 by Libre Inc., Tokyo.
German translation rights arranged with Libre Inc., Tokyo, through TOHAN CORPORATION, Tokyo.
Original Cover Design: Miya Shima / SILO
Covergestaltung: Sonnenfisch Production – Laura Bartels
Redaktion: Julia Liebetraut
Herstellung: Lena Voigt

ISBN: 978-3-551-62264-8

SMELL THE FALCON'S PHEROMONES
www.hayabusa-manga.de
www.carlsen.de
hayabusa_manga
HayabusaTweets